专业科学视角下的德国职教教师教育

German Vocational Teacher Education
A Look from the Perspective of Professional Scientific

谢莉花　著

同济大学出版社
TONGJI UNIVERSITY PRESS
·上海·

图书在版编目（CIP）数据

专业科学视角下的德国职教教师教育 / 谢莉花著
. -- 上海 : 同济大学出版社 , 2023.9
ISBN 978-7-5765-0634-1

Ⅰ . ①专… Ⅱ . ①谢… Ⅲ . ①职业教育 - 教师教育 - 研究 - 德国 Ⅳ . ① G715

中国国家版本馆 CIP 数据核字 (2023) 第 001822 号

专业科学视角下的德国职教教师教育

谢莉花 著

责任编辑 张 翠
责任校对 徐春莲
装帧设计 张 微 陶春晨

出版发行 同济大学出版社 www.tongjipress.com.cn
（地址：上海市四平路 1239 号 邮编：200092 电话： 021－65985622）
经 销 全国新华书店
印 刷 启东市人民印刷有限公司
开 本 710mm×1000mm 1/16
印 张 20.25
字 数 405 000
版 次 2023 年 9 月第 1 版
印 次 2023 年 9 月第 1 次印刷
书 号 ISBN 978-7-5765-0634-1
定 价 86.00 元

前　言

职教教师教育是职业教育事业的“工作母机”。一个国家实体经济的发达与否，从某个方面可以由该国职业教育的发展程度来证明；而一个国家职业教育质量的高低，某种程度上又可以由职教教师的质量来进行推断。德国不仅有作为“三专业”（职教专业、普教学科、教育专业）专家的职校教师，更有企业师傅配合，共同完成高素质技术技能人才培养。就这点而言，德国职业教育在全世界独树一帜，其背后高质量的职教教师队伍功不可没。德国职教教师教育为其高质量的职教教师队伍建设提供了切实的保障。本书通过考察其有益经验，期待能为我国的职教教师教育提供启发。

笔者对德国职教教师教育的研究源于自身的学习与工作经历。在本科阶段，笔者就读于电气信息工程职教师范专业，就业方向是成为职业学校的专业教师，这也为以后研究职教教师教育提供了直接的感性经验和基础。硕士阶段，对职业教育学的学习帮助笔者正式敲开了职业教育和职教教师教育研究的大门。得益于硕士研究生就读期间的中德职教师资交流项目，笔者有幸在德国留学一年，对德国职业教育有了更多的认识和积累，更结合自身的工科专业背景，重点对专业教学论主题进行了研究，获得了中德双硕士学位。博士阶段，笔者继续硕士阶段的学习和研究，对德国职业资格、课程与教学、教师教育等主题有了更加全面、深入的理解。之后，笔者进入与之前所学较为匹配的工作单位，在工作实践中对职教教师教育有了更深切的感悟，并且这种实践和研究还在持续中。

职教教师教育的研究领域较广，本书着眼于从专业科学视角来观察职教教师教育——这一视角的研究通常是被忽略的，也鲜有系统的研究成果，因为一般认为，职教教师所需学习的学科专业知识，就等同于工程师等专业技术人员所学习的专业科学知识。然而在实践中我们发现，教师所需拥有的包含职业实践经验的职业技术实践知识，显得越来越重要，甚至成为优先项。这使得我们不得不去思考：作为职教教师核心能力，应当如何理解和发展进行专业教学的前提性和基础性知识：学科专业知识？

本书对职业教育发达国家——德国的职教教师教育从基本理念、职教体系、教师队伍、教师教育、专业设置、专业标准、专业课程、学科基础等方面进行阐述和分析，展现专业科学视角下德国职教教师教育的方方面面，同时对其进行普适性规律的提炼，以期为我国职教教师教育提供国际先进理念与经验的参考。

本书由 9 章构成，具体内容如下。

第 1 章主要阐释了专业科学视角下德国职教教师教育的基本理念：学术性与职业性并存。职教教师的学科专业知识是职教教师学科领域内所必备的专业知识，体现着职教教师作为一种独特的专门化职业的基础；而由于职教教师所面向教育类型的跨界性，该专业知识超出了传统学科知识自身范畴且包含职业知识。从专业科学视角来看，德国职教教师教育体现了学术性与职业性兼顾，体现了科学与职业的深度融合、显性与隐性并存。

第 2 章主要讨论了职教教师教育需求侧的德国职业教育体系，明晰本书所研究的职教教师教育是在什么样的背景下展开的、需要达到怎样的程度。内嵌于德国教育体系的职业教育形式多样，这也对职教教师队伍及其教育提出了相应要求。为适应职业教育体系的师资需求，职教教师在结构上体现为学校一元的学校教师队伍，在各级各类职业学校从事校内教育教学工作；针对双元制职业教育另一元的“企业”，企业培训师傅成为另一支师资队伍，因此，以“双师结构、双师素质”为特征的教师队伍建设也是德国职业教育体系对师资需求的回应。

第 3 章主要展现了德国双元制职业教育教师队伍建设的“双师结构”“双师素质”特点。学校环境中的职业学校教师与企业环境中的企业培训师傅在制度上的合理分工、在实践中的协调合作和在职业上的专业化发展，共同促成了德国高质量的职业教育。虽然德国双元制职业教育中的实践教学大部分由企业培训师傅承担，但是职校教师仍然需要具备理论与实践一体化教学的能力。同样，企业培训师傅在实践方面的要求则更加突出。企业培训人员合理的队伍内部构成及各类成员之间有效的协作分工，共同保障了学徒培养所需的完备的企业师资力量。总体上，德国对教师的初始培训较为重视，认为系统化的教育有助于保障教师队伍的工作质量。同时，加强职教教师的职后培训，为教师专业化能力的持续提升提供保障。

第 4 章主要概述了德国职教教师教育的整体状况。德国是职教教师教育融合模式的典型代表国家，要求志在从业者在进入大学阶段学习之前必须具备相应专业的企业实践或相关职业教育培训经历。经过大学阶段在专业、教育、教学方面的系统化培养，所培养出的职业学校（理论）教师是与真实职业世界紧密相连的理论实践一体化专业教师。同时，他们在大学阶段之后的预备期还需要进入州教师教育学院和职业学校进行专业教学能力的锻炼和提升。从中可以看出，德国职教教师教育模式旨在将专业理论、专业实践、教育理论、教育实践四种能力融为一体，在职前培养的各个阶段能力促进的基础上实现最终的融合培养。从办学模式来看，德国职教教师教育由高校、州教师教育学院、职业学校、企业共同参与实施，并且各主体之间责权清晰：大学前阶段由企业参与；第一个阶段（大学学习阶段）是由综合性高校或师范院校具体实施的专业化培养；第二个阶段（预备阶段）是在州教师教育学院及职业学校中开展的教师入职前教育实践与反思；第三个阶段（职业阶段）属于继续教育与培训阶段，通常由州教师进修学院与企业作为“双主体”联合承担培训任务。

第 5 章主要分析了德国职教教师教育的专业设置及专业标准。职业性专业的设置是开展职教教师教育的基础。与传统的学科性专业不同，职业性专业是在职业领域基础上建立起来的培养未来职教教师在职业性技术、工作和教育领域内行动能力的学业门类。因而，狭义的职业性专业主要涵盖了专业科学与专业教学方面的知识，而广义的理解则包含培养职教教师所需的全部知识。德国职业性专业在其内涵、标准、培养目标与内容等方面具有较强的职业特色。作为职教教师专业教育基准的“职业性专业标准”是德国职教教师在专业科学及专业教学领域发展的根基，其开发的核心问题在于科学取向还是职业取向。当前已开发的标准在突出职教教师教育的专业性与职业性、融合专业科学与职业知识等方面已经取得了一定突破，未来还需继续发展作为其理论基准的“职业科学”，为职教教师特有的“职业性专业”提供学科根基与内容源泉。

第 6 章主要聚焦于德国职教教师教育的专业内容。职业性专业课程是德国针对职教师资培养的特色课程，具体又涉及专业课程和专业教学论课程。职业性专业课程体现了职教教师教育的“学术性”与“职业性”，而专业教学论课程则体现了“学术性”“职业性”与“师范性”的融合。德国不同职教教师教育模式下的专业课程目标体现了专业能力和核心能力的综合性，课程结构由系统性和关联性较强的模块组成且强调理实一体，课程内容覆盖了职业工作、技术、教育的各个方面且相互关联，教学组织和教学方法也呈现多样化，教学评价以提高学生综合能力、解决问题能力为导向。

第 7 章主要探讨了德国职教教师教育的学科基础：职业科学的发展。“职业科学”作为在德国发展了几十年并尝试建立的职教教师教育的学科基础之一，在内涵理解与研究范畴上得到了逐步扩展与丰富，并且建立了与职业工作内容和职业教育课程内容的紧密关联。德国职教师资培养中职业科学课程的框架与内容的构建，尤其是其中职业技术与工作内容及职业学习过程与资格化过程内容的融入，使得职教师资培养突破了传统专业科学模式，构建了职教师资特色的“专业科学”。由于学科内涵的变化及偏移，职业知识挖掘的复杂性及学术后备力量补充乏力等方面的问题，“职业科学”在实践层面虽然有较大需求并得到了进一步的发展，但在理论层面的正式建立还面临着巨大的挑战。未来，“工作导向”的基本原则、职业资格研究方法作为方法性工具、有利于开展职业科学研究活动的分析模型以及职业教育与职教教师教育中专业科学知识的深入开发，是“职业科学”进一步发展的方法与内容。

第 8 章主要梳理和展望了德国职教教师教育的当前挑战和未来发展。德国职教教师教育一方面体现了各个教育阶段的系统衔接，统一的教育与专业标准的共同遵循，职业性、专业性 / 学术性、师范性的三性融合的基本原则；另一方面在新的时代发展背景下，德国职教教师也面临着不断变化的高度专业性和教育教学性的挑战。为实现高质量职教教师队伍的建设，德国采取了相应的措施，包括为实现数量上的提升，拓展新目标群体，吸引师范插班生，提升学业成功率；为实现质量上的发展，认证师范专业，加强学校实践，融入时代新主题，促进高质量教师教育项目等。

第 9 章主要总结了德国职教教师教育的核心经验及对我国的启示。当前我国职教教师队伍建设尚不能完全充分适应和引领职业教育的人才培养要求，进一步完善系统化的职教教师教育是解决问题的根本策略。借鉴德国经验，我们需厘清教师队伍职责和任务，为提升相应能力提供依据。职教教师教育发展也应在体系上全面构建职前、入职和职后职教教师教育体系，保障专业化的教师队伍；在数量上扩展生源目标群体、提升职教师资专业吸引力、提高专业对口就业率；在质量上实施教师职前教育的专业认证和专业标准遵循、依据目标群体合理设计课程、提升教师的能力融合性与发展性。具体到专业科学教育层面，在主导理念建设上需突出学术性与职业性并重的思想；在专业标准建设上奠定教师专业教育的基准线；在课程内容建设上尤其需要打造特色性的三性融合课程；在基准科学建设上，探索职业性的专业科学及专业教学论建设,夯实职教教师教育的学科基础。

最后，本书的附录部分介绍了德国职教教师教育的重要框架文件（尤其是涉及专业科学的相关规定）和具体专业课程设置，补充提供正文中所阐释相关内容的原文资料。

本书部分内容是在作者已发表的学术论文基础上修订而成。已毕业的我的硕士研究生陈慧梅为本书做了基础的整理工作，唐慧博士做了附录资料的翻译核对工作，在此一并表示感谢。感谢同济大学出版社及本书的责任编辑张翠老师为本书出版所提供的专业支持。希望本书能对读者理解德国职教教师教育和借鉴相关经验有所帮助。受笔者自身研究视野和研究水平的限制，对德国职教教师教育相关背景和细节的理解可能不够到位，书中内容难免存在不足之处，也敬请广大读者不吝赐教。

谢莉花

2022 年 6 月

目 录

前 言

第 1 章 | 德国职教教师教育的基本理念
一、教师知识的理论基础 ……12
二、专业科学视角的职教教师知识研究 ……17
三、职教教师学术性与职业性并存的知识观 ……19
四、德国职教教师教育学术性与职业性并存的基本理念 ……23

第 2 章 | 作为职教教师教育需求侧的德国职业教育体系
一、德国教育体系概览 ……28
二、德国职业教育与培训体系概述 ……32
三、德国职业教育的专业建设 ……38

第 3 章 | 德国职教教师队伍的体系建设
一、德国职教教师队伍的建设背景 ……54
二、德国职教教师的双师结构与能力要求 ……56
三、德国职业学校教师的定位与培养 ……58
四、德国企业培训师傅的定位与培养 ……63

第 4 章 | 德国职教教师教育的整体概貌
一、德国职教教师培养轮廓与模式 ……76
二、德国职教教师教育阶段与任务 ……82
三、德国职教教师大学教育机构及规模 ……90

第 5 章 | 德国职教教师教育的专业设置及专业标准
一、德国职教教师教育职业性专业的设置 ……96
二、德国职教教师教育职业性专业标准的开发 ……103

第 6 章 | **德国职教教师教育的课程体系及专业课程**

一、德国职教教师教育的课程体系 …… 132

二、德国职教教师教育的专业课程 …… 135

第 7 章 | **德国职教教师教育的学科基础：职业科学的发展**

一、职业科学的内涵与研究领域 …… 150

二、职业科学在职业工作与教育中的实践现状 …… 162

三、学术共同体内关于职业科学的发展与讨论 …… 177

第 8 章 | **德国职教教师教育面临的现实挑战与发展趋势**

一、德国职教教师增量需求的应对措施 …… 188

二、德国职教教师提质需求的应对措施 …… 195

第 9 章 | **德国职教教师教育的经验与启示**

一、教师教育体系层面 …… 202

二、专业科学教育层面 …… 214

结 语

附 录

附录 1 德国职教教师培养与考核框架协定 …… 234

附录 2 德国教师教育中专业科学与专业教学论内容的州级共同要求 236

附录 3 德国职教教师教育 16 个职业性专业的专业要求 …… 241

附录 4 德国不来梅大学职业教育硕士专业课程 …… 294

附录 5 德国弗伦斯堡大学职业教育硕士专业课程 …… 313

第 1 章

德国职教教师教育的基本理念

一、教师知识的理论基础

1. 知识的含义与结构

由于关于知识的定义是建立在不同视角(如哲学、心理学)基础之上的，因此关于知识的定义非常复杂，并没有统一的说法。西方哲学史上关于“知识是什么”的争论分为了三个流派：理性主义流派、经验主义流派和实用主义流派。理性主义流派的代表人物是柏拉图（Plato，前427—前347年）[1]和罗素（Bertrand Arthur William Russell，1872—1970年）[2]，他们认为知识是客观存在的，是独立于人存在的，不依赖人的感觉经验，人不能改变知识。与理性主义流派相对的是经验主义流派，代表人物是培根（Roger Bacon，约1214—1293年）[3]和洛克（John Locke，1632—1704年）[4]，他们主张感觉经验是知识的唯一来源[5]。实用主义流派的代表人物是杜威（John Dewey，1859—1952年），与理性主义流派和经验主义流派不同，该流派没有从主客体的角度出发，而是以工具实用性为判断标准[6]，认为如果该行为结果是令人满意的就是真正有效的知识，否则反之[7]。从以上可以看出，西方哲学视角中的知识是从“对知识的认识方式”这一角度进行探索的。

不同于哲学视角，心理学认识知识的视角则从实证角度出发，探究知识对行为的影响，强调知识应用的情境性。20世纪以来，布鲁纳（Jerome Seymour Bruner）、维果斯基(Lev Vygotsky，1896—1934年)、皮亚杰(Jean Piaget，1896—1980年）等心理学家分别对知识提出不同的看法，主张知识是人对客观世界的一种解释、一种假设，是不断发展的，并不是问题的

---

1 范良火. 教师教学知识发展研究 [M]. 2版. 上海：华东师范大学出版社，2013：12.

2 燕良轼. 传统知识观解构与生命知识观建构 [J]. 高等教育研究，2005，26（7）：17-22.

3 孙兴华. 小学数学教师学科教学知识建构表现的研究 [D]. 长春：东北师范大学，2015.

4 袁广锋. 中学体育教师教学知识发展研究 [D]. 福州：福建师范大学，2006.

5 黄忠敬. 我们应当确立什么样的课程知识观？ [J]. 南京师范大学学报(社会科学版)，2002(6)：66-72.

6 陈向明. 教师实践性知识研究的知识论基础 [J]. 教育学报，2009，5（2）：47-55.

7 杜威. 哲学的改造 [M]. 许崇清，译. 北京：商务印书馆，1983：84.

最终答案，因为由于不同的个体经验背景的差异，会导致他们对同一个命题有不同的理解[8]。

知识并不是杂乱无章排列的，而是有一定的内在逻辑结构分类。对于知识结构的研究最具有代表性的是赖尔（Gilbert Ryle，1900—1976 年），他把知识划分为“知道什么”（knowing-what）的命题性知识与“如何做”（knowing-how）的程序性知识[9]。波兰尼（Michael Polanyi，1891—1976 年）认为人类的知识有两类，第一类称作“明确知识”（explicit knowledge），通常被表述为知识，即以书面文字、图表和数学公式加以表述；第二类称作“默会知识”（tacit knowledge），即未被表述的知识，如我们在做某事的行动中所拥有的知识，是另一种形式的知识[10]。不难看出，赖尔和波兰尼对知识划分的结果具有很大的相似性。现代认知心理学将认知领域的知识分为“陈述性知识”（declarative knowledge）和“程序性知识”（procedural knowledge），前者在于陈述外在的客观事实，后者需在实际情境中体现[11]。可以看出，现代认知学派对知识的划分还是源于最初赖尔对于知识的分类。

总体来说，对于知识的含义，罗素曾说过“知识是什么”这个问题并不是一个具有确定、毫不含糊答案的问题[12]。哲学视角下对知识的认识与心理学视角下对知识的认识并不矛盾，因为在教育视阈下，既包含了哲学意义上的理性知识，也包含了个体能动的建构经验的知识。此外，对于知识的结构而言，虽然对于知识的结构研究有多种不同的角度，但是基本都是在赖尔关于知识结构观点的基础上提出的，对于知识的划分为我们认识教师教育领域中的知识提供了依据，特别是波兰尼提到的默会知识，这部分知识对教师的教学有着重要的影响[13]。职教教师知识既包含了明确知识，又包含了更有价值的默会知识。

---

8 王相宜．初中化学课堂提问水平个案研究 [D]．重庆：西南大学，2016.

9 Ryle G．The Concept of Mind[M]．London：Hutchinson，1949.

10 迈克尔·波兰尼．科学、信仰与社会 [M]．王靖华，译．南京：南京大学出版社，2004：13.

11 皮连生．学与教的心理学 [M]．4 版．上海：华东师范大学出版社，2006：101-102.

12 罗素．人类的知识 [M]．张金言，译．北京：商务印书馆，1983：195.

13 孙兴华．小学数学教师学科教学知识建构表现的研究 [D]．长春：东北师范大学，2015.

2. 教师知识的结构、分类与来源

1）关于教师知识结构的研究

关于教师知识结构主要有两种研究路径：一是概念性的和分析性的教师知识结构研究，二是情境性和实践性的教师知识结构研究[14]。概念性的和分析性的教师知识结构研究是指教师作为一名专业人员，其专业教育的“知识基础”（knowledge base）是什么，主要代表性的观点有舒尔曼提出的教师知识体系。舒尔曼（L. S. Shulman）认为，教师知识体系应当包含七类知识基础：学科内容知识、一般教学法知识、课程知识、学科教学知识、有关学生及其特征的知识、有关教学情境的知识以及有关教学目标和价值的知识[15]，他并对其中的学科教学知识作了特别的研究[16]。情境性和实践性的教师知识结构研究指的是探索教师在课堂教学中运用的“实践性知识”（practical knowledge）的内容与性质，代表性的观点是艾尔贝兹（F. Elbaz）在 1983 年在对一名有丰富经验的中学教师莎拉研究后得出的结论：教师以一种独特的方式拥有一种特别的知识。她把这种知识称为“实践知识”，这种实践性知识包含五种范畴的知识：学科知识、课程知识、教学法知识、关于自我的知识以及关于学校的背景知识[17]。

尼克·温鲁普（Nico Verloo）等在总结教师知识和教学的知识基础时指出，教师知识（主要指向教师实践性知识）是构成教师实践行为的所有知识和洞察力。教师知识或教师实践性知识与正式的命题知识共同构成了教学的知识基础。对于教师教育来说，意味着教师教育机构应该把重点放在“与实践有关的命题知识”；而在实习学校，则应该把重点放在“命题解释的实践性知识”。重视教师实践性知识和正式理论并将之视为教学知识基础的有机组成部分，而且让它们彼此面对，这种取向也许能够提高双

14 朱晓民，张德斌. 近二十年来教师知识结构研究述评 [J]. 山西师大学报（社会科学版），2006，33（2）：136-140.

15 Shulman L S. Knowledge and teaching: Foudations of the new reform[J]. Harvard Educational Review，1987，57（1）：1-22.

16 Shulman L S. Those who understand: Knowledge growth in teaching[J]. Educational Researcher，1986，15（2）：4-14.

17 Elbaz F. Teacher Thinking: A Study of Practical Knowledge[M]. London：Croom Helm，1983：131.

方的品质，也许有助于促成蒂森（D. Thiessen）描述的情形——在大学形成与实践有关的命题知识而在学校形成通过命题解释的实践性知识[18]。

2）关于教师知识分类的研究

教师知识是一个庞大的系统，关于教师应该具备哪些类型的知识，不同的代表性学者对其进行了不同的分类（表 1–1）。

从表 1–1 中代表性学者对教师知识的分类可以看出，由于对教师知识界定的范围不同，学者的分类也不同，但基本上都是在舒尔曼的分类框架下进行重组，都将学科教学知识（Pedagogical Content Knowledge，PCK）和学科内容知识作为教师知识的核心组成部分。其中，学科教学知识不同于内容知识，它一方面关注教师和学生之间的交流，另一方面是与学科的

表 1-1 代表性学者对于教师知识的分类

学者	观点
艾尔贝兹对教师的实践性知识的分类[19]	自我知识，教学环境知识，学科知识，课程发展知识，教学知识
舒尔曼对教师在教学中运用的知识的分类[20]	学科内容知识，一般教学知识，课程知识，学科教学知识，学生及其发展特点的知识，教育情境的知识，教育目标、价值及其相关背景的知识
格罗斯曼对于教师知识的分类[21]	学科内容知识，一般教学知识，学科教学知识，情境知识
泰米尔对教师的学科教学知识的分类[22]	博雅教育，个人表现，学科内容知识，一般教学知识，特定学科内容教学知识，教学专业基础知识

18 尼克·温鲁普，简·范德瑞尔，鲍琳·梅尔．教师知识和教学的知识基础 [J]．北京大学教育评论，2008（1）：21-38，188.

19 同 17。

20 同 15。

21 Grossman P L．A study in contrast: Sources of pedagogical content knowledge for secondary English[D]．Stanford：Stanford University，1988.

22 Tamir P．Subject matter and related pedagogical knowledge in teacher education[J]．Teaching & Teacher Education，1988，4（2）：99-110.

直接关系[23]。需要说明的是，虽然不同的研究者基于各自研究的需要对教师的知识进行了分类，但是教师知识不可能被完全清楚地切割，因为教师在实际的教学过程中，并非是单一使用某一类知识，而是对各类知识进行整合利用，因此这些知识并非单独运行。

3）关于教师知识来源的研究

关于教师知识的来源，不同的代表性学者也提出了不同的看法（表1–2）。

表1-2 代表性学者关于教师知识来源的研究

学者	观点
舒尔曼对教师知识来源的研究[24]	学科领域的学术研究，教育数据与结构，正式教育学术研究，实践的智慧
格罗斯曼和里克特关于影响教师知识的因素[25]	学徒时期的观察，学科知识，教育专业课程，实际教学经验
鲍尔对教学表征来源的研究[26]	教学表征的来源不一定全由教师建构产生，教材内容、教学方法等就包括了教学表征，因此教师、学生、教科书都可能是教学表征的来源
考尔德西德对教师知识来源的研究[27]	实践经历（如日常实践）、以往的正式学校教育，即最初的教师教育或不断的专业培训
黄永和对教师知识来源的研究[28]	课程教材，师资培育课程及在职培训课程，学习经验，创造，其他
范良火对数学教师教学知识来源的研究[29]	教师自身的教学经验和反思、与同事的日常交流，以及在职培训和有组织的专业活动，是他们发展自身教学知识的重要来源；相比之下，作为学生时的经验、职前培训和阅读专业书刊则不太重要

23 尼克·温鲁普，简·范德瑞尔，鲍琳·梅尔．教师知识和教学的知识基础 [J]．北京大学教育评论，2008（1）：21-38，188．

24 Shulman L S．Knowledge and teaching: Foundations of the new reform[J]．Harvard Educational Review，1987，57（1）：1-22．

25 Grossman P L，Richert A E．Unacknowledged knowledge growth: A re-examination of the effects of teacher education[J]．Teaching & Teacher Education，1988，4（1）：53-62．

26 Ball D L．The mathematical understandings that prospective teachers bring to teacher education[J]．The Elementary School Journal，1990，90（4）：449-466．

27 Calderhead J．Teachers: beliefs and knowledge[M]//Berliner D C，Calfee R C．Handbook of Educational Psychology．New York：MacMillan，1996：709-725．

28 黄永和．教学表征——教师的教学法宝 [J]．国教世纪，1997（178）：17-24．

29 范良火．教师教学知识发展研究 [M]．2 版．上海：华东师范大学出版社，2013．

国内外对教师知识来源的归纳大都具有类似的性质，主要包括六个方面：职前的专业课程、学生时代的经历体验、教学实践经验、其他教师的建议、教学情境和个人进修。明确教师知识的来源后又有一个新问题，那就是这些来源对教师专业成长影响的重要性是如何排序的。斯迈利（M. A. Smylie）[30]对其进行了探讨，得出教师教学专业知识最有效的来源是从教师个体出发能动性接收的知识，其次是从学习的经历得出的知识，最后是外在客观世界作用于教师个体身上的知识。

二、专业科学视角的职教教师知识研究

关于职教教师知识的专门研究较少，现有研究主要包括两种路径。一种研究路径是基于已有的教师知识的研究成果，测量院校职教教师知识的符合程度[31]。这类研究虽具有一定的意义，因为职教教师也是教师群体的一类，但缺乏对职教教师的专门研究，难以凸显职教教师在知识结构层面与其他类别教师的区别。另一种研究路径则是针对职教教师个别知识类别的研究，该部分研究又包含了两类：一类是一般意义上的知识研究，如"实践知识"[32]"隐性知识"[33]；另一类是体现职教教师特色知识的研究，如专业科学知识、职业科学知识、工作过程知识、专业教学知识和一般教育教学知识。专业科学知识与本书从专业科学视角出发研究的教师教育内容密切相关，所以下文主要探讨该类研究的相关成果。

职教教师专业科学知识的研究始于职教教师专业化的发展问题。贺文瑾和朱懿心分别从专业科学知识的特性[34]和职业教育体系与工程教育体系

---

30 Smylie M A. Teachers' views of the effectiveness of sources of learning to teach[J]. The Elementary School Journal，1989，89（5）：543-558.

31 庄可. 职业院校教师知识结构调查及发展策略研究：以广东为例 [J]. 高教探索，2016（6）：97-103.

32 李树林. 职教教师个体知识的建构：基于实践性知识的视角 [J]. 职教通讯，2010，25（3）：34-37，42.

33 王玉苗. 职教教师专业化发展的知识基础探析 [J]. 职业技术教育，2011，32（25）：64-68.

34 贺文瑾，石伟平. 我国职教师资队伍专业化建设的问题与对策 [J]. 教育发展研究，2005，25(19)：73-78.

的关系[35]角度，认为现有专业科学知识不能满足职教教师教学和专业化发展的需求，引起了学术界对我国目前职教教师专业科学知识的研究热潮，对职教师资传统专业叠加式的教育进行了批判[36]，因为这从本质上忽略了职教师资所从事职业的规律、职业活动特点以及教育、专门行业和工作之间的关系[37]。

对职教教师专业科学知识的探讨持续了10年左右的时间，但一直没有关于专业科学知识的确切定义，有代表性观点的是褚丹认为职教教师专业科学知识是教师作为职业院校专业课教师所具备的相关专业的科学知识，其对应的是职业院校课程设置中基础课的相关部分，如烹饪专业烹饪原料知识、汽修专业汽车机械基础等[38]。上述"专业科学知识"这一专业名词始于普通教育领域，只不过不同的研究者对其作出了职业教育层面的意义解释，将职教教师专业科学知识与传统意义上的专业科学知识作了区分。随着对职教教师专业科学知识的探讨，学界又逐渐把目光投向了职业教育背后的科学——"职业科学"（Berufswissenschaft）。职业科学一词源自德语，它并不指向职教教师这个职业的相关知识，而是指职教教师所学或所教专业所对应的职业所需的知识，既能够区别传统的专业科学内涵，又能够囊括职教教师所必须具备的职业性专业科学知识。

除了职业科学外，与专业科学知识密切相关的就是职教教师的专业教学知识。普通教育教师学科教学知识简称为PCK。PCK来自普通教育领域，目前在该领域已经有许多针对某一特定学科领域PCK的研究，如数学PCK为MPCK、化学PCK为CPCK等。普通教育领域的PCK已经延伸到具体的学科，但是职业教育领域的PCK还处在起步阶段，职教教师专业教学知识的发展研究还需进一步深化，职业教育研究专家基本上还在探索普通职业教育理论规律，无意顾及具体专业内容的研究[39]。

---

35 朱懿心，王益宇. 从职教教师专业发展的视角谈职教师资的培养[J]. 中国高教研究，2007（11）：68-70.

36 郑晓梅. 专业取向职教教师教育课程体系设计的思考[J]. 教育与职业，2011（33）：15-18.

37 同36。

38 褚丹，解月光，王珏，等. 职业院校教师信息化专业知识结构模型构建研究[J]. 中国电化教育，2016（8）：14-19.

39 汤霓. 英、美、德三国职业教育师资培养的比较研究[D]. 上海：华东师范大学，2016.

职教教师专业科学知识是职教教师作为职业院校专业课教师所具备的关于专业的科学知识，它来自普通教育领域，发展过程中逐渐带有职业教育特色；而职教教师职业科学知识则直接生发于职业教育领域，是专业科学知识在职业教育领域的具体体现；专业教学知识则是联结专业科学知识和职业教育学知识之间的桥梁。从研究现状来看，职教教师学科专业知识的研究集中于通过企业实践而产生的实践知识、默会知识、隐性知识等工作过程知识,对各个专业领域相应的专业教学知识的研究还处在起步阶段。

三、职教教师学术性与职业性并存的知识观

专业科学视角下的职教教师知识本质上是学术性与职业性知识的融合，这就涉及两类知识的知识观问题。知识观是人类对知识的看法和态度，如知识的本质、价值、类型、获取等问题[40]，它是知识的上位概念。而职教教师的学术性与职业性在知识观层面的具体反映是学科知识观与职业知识观。需要指出的是，本书所指的“知识”是广义而非狭义层面的知识，广义的知识包括了狭义的知识、技能与态度。

1. 学科知识与职业知识的区别与联系

学者们在提出职业教育领域知识时总是将之与普通教育领域知识相对应。普通教育领域更多对应学科知识，而职业教育领域更多对应职业知识，因此要明确学科知识与职业知识的区别与联系，首先要澄清普通教育领域知识与职业教育领域知识的区别与联系。目前关于职业教育领域知识与普通教育领域知识主要的集中说法见表 1–3：以源于工作体系与源于学术体系方式来进行区分的职业知识与学术知识 / 科学知识、经验知识与理论（系统）知识；以内隐呈现与外显呈现方式来进行区分的默会知识与学科知识；以基于社会现实主义理论来进行区分的世俗知识与神圣知识、水平知识与垂直知识；以情境划分的工作知识与理论知识、工作本位知识与非工作本位知识。

40 杨兴坤. 新知识观视域下的应用型大学教学方法改革 [J]. 教育与职业，2014（35）：163-164.

表 1-3 职业教育领域知识与普通教育领域知识的对应

区分依据	职业教育领域知识	普通教育领域知识
来源	职业知识	学术知识 / 科学知识
	经验知识	理论（系统）知识
呈现方式	默会知识	学科知识
社会现实主义理论	世俗知识	神圣知识
	水平知识	垂直知识
情境	工作知识	理论知识
	工作本位知识	非工作本位知识

职业知识作为与学术知识 / 科学知识 / 理论知识相对的另一知识类型，具有与后者不同的特征[41]：在目的上，两者指向不同的方向；在作用上，两者的作用对象不一；在体现形式上，两者载体不同；在传播方式上，两者传播介质不一；两者面向的职业也有层次区分（表 1–4）。

表 1-4 职业知识与学术知识 / 科学知识 / 理论知识的对比

	学术知识 / 科学知识 / 理论知识	职业知识
目的	学术色彩浓厚，形而上的意图明显	利他价值突出，强调工具性和实践性
作用	推动知识体系与框架的建立	验证知识内容与理论知识
体现形式	文本、记录性材料	以实际工作为载体
传播方式	外显方式（文字传播、语言讲授）	行动形式（演示、实践操作）
面向职业	“高层次”的职业岗位	“低层次”的职业岗位

除了不同点之外，职业知识与学术知识 / 科学知识 / 理论知识也存在一定的联系，要形成具有方法规律性的、能够解决问题的职业知识体系，

41 刘文华. 职业教育渗透学术教育探析——知识论视角 [J]. 现代教育管理，2017（4）：75-79.

离不开学科知识的推进；而学科知识也需要指向真实职业世界中问题的解决[42]。因此，职业知识与学科知识既各自发展，又存在一定的联结。

2. 学科知识与职业知识的存在范式

学科知识的存在是建立在历史与逻辑相统一的基础上，有着稳定的理论基础和理论假设，知识点之间的内在结构逻辑严密，具有清晰的知识发展脉络[43]。所以学科知识是客观存在的，而且这种知识作为客观实在是稳定不变的[44]。而职业知识的存在范式经历了两个阶段：第一个阶段是传统职业知识的存在范式，处在该范式下的职业知识由工作任务的确定性所确定，也就是说，它存在的根基在于工作任务的确定性程度，由此决定了其所需知识的确定性程度。第二个阶段是新职业主义时代职业知识的存在范式，由于职业人才与专业人才的边界逐渐模糊，该范式下的工作任务具有很大的不确定性，因此职业知识表现为纵向和横向上知识的增量[45]。

由此可以看出，学科知识与职业知识是两种不同的存在范式。相较于职业知识，学科知识则更加独立，整个体系上下之间逻辑严密。对于职教教师而言，掌握对应专业领域的学科知识，能够帮助其建立起对于该专业领域的体系化认识，也能够使其明确自己所教授内容处在整个专业领域体系的哪个支点，从而为学生的长远发展奠基。与学科知识不同，职业知识则与工作任务密切相关，不论是传统职业知识的存在范式还是新职业主义时代职业知识的存在范式，都离不开工作任务；它的独立性较差，各部分之间的逻辑也没有那么严密，但它却指向最真实的职业世界。由于职业教育要培养的是技术技能型人才，所以职教教师应该明晰自己所教内容在真实的工作场景中是怎样应用的；也只有掌握职业知识，职教教师的教学才能与时俱进，体现作为职业教育教师的特性。

---

42 同 41。

43 刘小强．学科还是领域：一个似是而非的争论：从学科评判标准看高等教育学的学科合法性 [J]．北京大学教育评论，2011，9（4）：77-90，186.

44 刘小强．高等教育学理论体系建设：来自周边学科的启示 [J]．江苏高教，2009（3）：5-8.

45 徐国庆．新职业主义时代职业知识的存在范式 [J]．职教论坛，2013（21）：4-11.

3. 职教教师学科专业知识的“学术性”和“职业性”

职教教师教育具有师范性、学术性、职业性三性融合的特点，其中师范性是要求职教教师具备教育教学能力，学术性是要求职教教师掌握系统的专业科学知识，职业性是要求职教教师具备高于所培养人才的职业技术实践能力。职教教师还应在更高层次上掌握职业技术的理论知识和随着工作世界的变化对职业工作进行分析与教学转化的能力。职教教师教育对学术性的追求，具体表现为对学科基本理论、基础知识和研究能力的重视[46]；职教教师教育对职业性的追求，则表现为追求职业世界中实际工作的能力[47]。学术性是指对理性与学术的追求，职业性是指职业功能的偏好[48]。从中可以看出学术性指向的是“人”，是一种基于理性主义的本体论价值观；而职业性指向的是“社会”，具有明显的实用性和功利性，是一种基于功利主义的工具论价值观。

从职教教师的学科专业知识结构来看，这里的学术性指的是职教教师对传统专业科学知识 / 理论知识的探求。对于职教教师而言，对于该部分知识的追求，反映了他们对于自己专业本身的学术追求；正是基于这种理性主义本体论的价值观,职教教师个体才能不断提高自己的专业理论水平，这也是职教教师学习掌握其他类型知识的理论基点。而职业性的知识特征则是有关职业世界的行业企业知识、岗位知识、工作知识、技术知识……这部分知识带有明显的职业特征，追求的是职业世界中实际工作的能力，具有明显的实用性和功利性，也正是这种基于功利主义的工具论价值观，使得职教教师能培养出行业产业需要的、合格的技术技能型人才。因此，对于职教教师学科专业知识而言，既反映了学术性的特征，又反映了职业性的特征。

---

46 程方平，王玉晶. 中小学教师职前教育的“学术性”与“职业性”[J]. 教育科学研究，2019(5)：78-83.

47 李建辉. 教师教育学术性与职业性融合的理念和策略 [J]. 高等教育研究，2005，26（8）：66-72.

48 顾明远. 教育大辞典（3）[S]. 上海：上海教育出版社，1999：258.

四、德国职教教师教育学术性与职业性并存的基本理念

教师教育以及职教教师教育学术性的提升是必然趋势。德国以职业为导向的职业学校产生于19世纪，之后逐渐产生了职业学校教师。商业领域的职业学校教师从其产生起就一直由高校培养，而技术领域的职业学校教师教育经历了由强调职业实践模式转向强调科学导向的教育模式的过程，直到20世纪60年代才实现向大学层次的转移[49]。层次的提升有利于提高教师职业的吸引力，也有利于教师的专业发展。

不同于其他国家，德国职教教师在进入职业学校之前一般必须经过系统化的职前培养，而非将不具备职业成熟资格的教师先投入职业学校系统中，再通过在职和职后培训来补足相应能力。德国职教教师（职前）教育包含进入大学前的企业实践经历（或者与大学学习并行）、本硕阶段的学习课程和至少12个月在实习学校与州教育学院体现双元特点的预备期培养。从输入端到结果端，职教教师教育的学术性与职业性特点都得以体现。在输入端，德国要求在职教教师大学培养前或期间具备至少12个月的企业实践经验，体现了职业性的特点。在整个教育过程中，德国职教教师的教育内容，包含专业科学、教育科学及专业教学论各个部分的教育，则具有学术性的特点。一些职业教育理念超前的高校，甚至尝试将大学学习的学术性与职业实践知识结合，形成兼具学术性和职业性的整合内容。

以专业科学为重点，对于职教教师来说，工作过程知识指向职业世界技术工人所特有的与工程师不同的知识，更聚焦于具体的生产或服务过程，它是企业经验与专业理论知识相结合的产物，其结合的紧密程度与工作者个体和工作任务的复杂程度有关[50]。以德国北部为首的一些职教师资培养高校提出了根植于职业教育的“职业科学”知识。“职业科学”源自德语，是系统研究（如技术工人、技师和技术员等）职业技术实践所需能力的科

---

49 菲利普·葛洛曼，菲利克斯·劳耐尔. 国际视野下的职业教育师资培养 [M]. 石伟平，译. 北京：外语教学与研究出版社，2011：117-120.

50 费舍尔，杨琳，赵志群. 在工作过程中学习工作过程知识 [J]. 江苏技术师范学院学报（职教通讯），2008，23（4）：25-29.

学[51]。德国职教学者格林纳（Gustav Grüner）提出了职业技术工人所需知识与工程师所需知识之间的区别和联系，他认为两者并不完全相等，而是存在交集关系。对工程师而言，其需要的典型知识为工程科学；而对在同一职业领域的职业技术工人而言，其典型知识为职业科学。[52]可以说，职业科学的实质既不是职业技术人员层面的职业工作内容及能力，也不是针对职教教师层面来说扩展到教学领域的对工作任务的设计、实施与评价的教育教学内容及能力，而是建立在职业工作基础上对职业资格/职业能力分析后的结果。

对职业科学可以有多重理解。从广义来看，职教教师的职业科学包括在职业教育的学习地点任教、走向“教师专业化”（Professionalization）所必需的知识。狭义的职业科学则是指向“专门领域”（Sachgebiet）里与之相关的工作的知识[53]。也有学者认为，职业科学是职业教育领域知识的上位概念，涉及职业教育学、劳动科学以及具体的各工程技术学科等多学科的边缘学科，将专业工作以及与技术和教育间的关系作为研究对象，其内容主要包括职业分析，职业教育过程的分析、评估与设计，专业工作过程的分析、评估与设计，以及技术的分析、评估与设计四大领域[54]。在德国较为超前的职教教师教育理念中，职业科学是基准科学，职业科学知识是职教教师专业学习的基本内容。德国在进行职教教师培养的过程中，将专业科学知识与职业科学知识都紧密融入其中。从职教教师专业设置上就与普通教育领域学科性专业进行了区分，将职教师资培养的专业定义为职业性专业，在该专业学习中强调职教教师对于职业及职业教育过程性知识的习得、获得相关实践经验并最终获得职业教育教学过程的设计与实施能力。德国职教教师教育反映了职教教师面向的技术、工作与教育三者之间

51 赵志群. 西方职业教育研究的路径与方向：劳耐尔《职业教育研究手册》读后 [J]. 北京大学教育评论，2017，15（2）：175-185.

52 谢莉花，尚美华. 德国职业教育领域“职业科学”的内涵、争议与发展 [J]. 职教论坛，2018（6）：22-30.

53 姜大源. 基于职业科学的职业教育学科建设辨析 [J]. 中国职业技术教育，2007（11）：8-16.

54 赵志群，赵丹丹. 国际课程标准对我国职教师资硕士教育的挑战 [J]. 河北师范大学学报（教育科学版），2006，8（2）：110-114.

的关联，其三性融合课程也在三者相互关联的基础上进行设计。对于学科及职业知识而言，（学科）技术的内容和（职业）工作的内容在课程体系中进行合理交错安排，同时也从教师应当具备的学术研究性和发展性上对这些技术、工作及教学进行分析、评价和设计[55]。

总体来说，从专业科学角度来看，德国职教教师教育体现了学术性与职业性的兼顾，体现了科学与职业的深度融合。如果考虑到联结专业科学与职业教育学的专业教学论课程，则体现了学术性、职业性与教育性的三性融合。在该理念总体指导下，德国职教教师教育走在独特的专业化发展道路上。

小 结

在教师知识的图景中，学科专业知识是教师从业的根本性知识，是其他知识叠加于教师自身发展的基础。职教教师的学科专业知识是职教教师所教专业领域内必备的专业知识，体现着职教教师作为一种独特的专门化职业的基础；而由于职教教师所面向教育类型的跨界性，该专业知识超出了学科知识范畴且包含职业知识内容。因而对于职教教师学科专业知识而言，既反映了学术性的特征，又反映了职业性的特征。从专业科学角度来看，德国职教教师教育体现了学术性与职业性的兼顾，体现了科学与职业的深度融合、显性与隐性并存。

55 谢莉花．德国职业教育师资培养的三性融合课程及启示 [J]．外国教育研究，2014，41（5）：24-32．

第 2 章

作为职教教师教育需求侧的德国职业教育体系

一、德国教育体系概览

各国职教教师教育体系都建立在本国职业教育体系需求的基础之上，职业教育模式决定了职教教师的规格要求与职责任务，德国职业教育体系作为需求侧为本国职教教师教育奠定了独特基础并提出了相应要求。

1. 作为教育路径参考的教育体系

德国教育结构在年级、年龄的纵向发展轴上体现教育层级，共划分为五个阶段：基础阶段、初等阶段、中等阶段（I 和 Ⅱ）、高等阶段和继续教育阶段[1]，前四个阶段分别对应国际教育标准分类（ISCED）中的 0 级、1 级、2 ～ 4 级、5 ～ 8 级。与 ISCED（2011）一样，德国教育结构在中等阶段 I 及之后阶段出现横向的教育类型分化，即普通性 / 职业性或学术性 / 专业性教育（图 2–1）。德国职业教育领域学校类型丰富、教育目标多样，其中一般所说的职教教师主要指向高中阶段及高中后非高等教育阶段（对应 ISCED 3 ～ 5 级）的职业教育教师。

作为联邦制国家，德国各州享有文化主权。所有的学校，包括中小学、职业类学校和高等学校，均属于州一级的国家机构，因此在整体教育体系的框架规定下各州的学校名称也稍有不同。例如，以下萨克森州为例，职教教师所需要面向的职业学校类型如图 2–2 所示。德国职教教师教育需要面向所有这些类型学校的某一职业类专业（如机械技术、经济与管理、信息技术）做好教育教学的准备。

1 KMK．Grundstruktur des Bildungswesens in der Bundesrepublik Deutschland[EB/OL]．[2020-09-20]. https://www.kmk.org/fileadmin/Dateien/pdf/Dokumentation/de_2019.pdf.

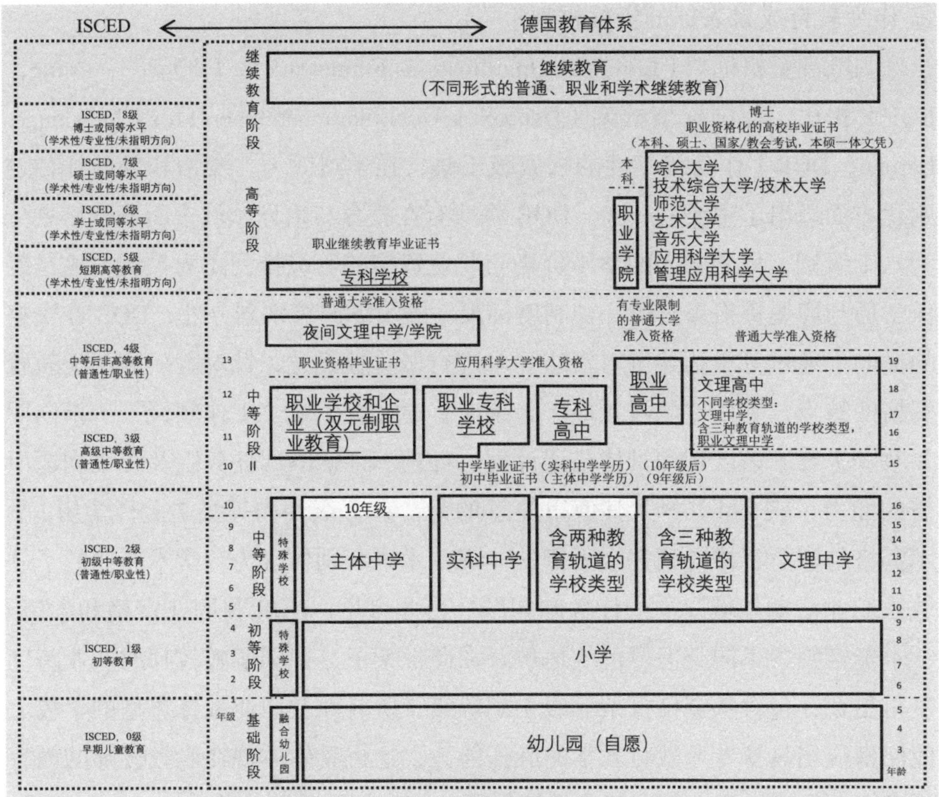

图 2-1 德国教育体系

注：带下划线的学校类型为职业相关学校或职业学校。

资料来源：德国州文教部长联席会议教育体系图（2019）；ISCED（2011）。

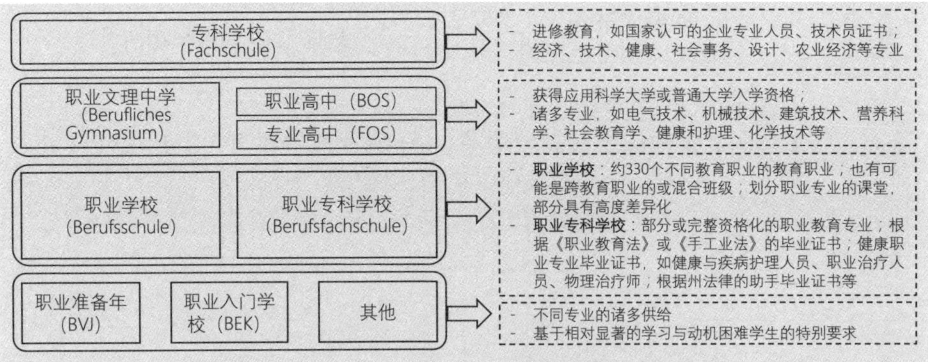

图 2-2 德国下萨克森州职业学校的职业教育专业类型[2]

---

2 Frommberger D. Quo vadis berufliche Lehrerbildung? Herausforderungen der beruflichen Lehrerbildung für die Hochschulen[R]. Vortrag im Rahmen des Programmworkshops ‘Quo vadis Berufliche Lehrerbildung?’ der Qualitätsoffensive Lehrerbildung，2021.

2. 作为教育成果表征的资格框架

与欧洲资格框架（European Qualifications Framework for Lifelong Learning，EQF）相比，德国资格框架（Deutscher Qualifikationsrahmen f ü r lebenslanges Lernen，DQR）作为统一性的国家级工具，在学习效力、资格和经验评估透明化方面迈出了重要的一步。DQR 将所有在教育与培训领域中所获资格划分为八个级别，依此归入的学历资格与职业资格的等级排列尤为关键，这是确保学历与职业资格等价的一种制度标尺。除了纵向级别划分外，DQR 在资格的横向上通过等级描述符对资格要求进行概览性描述，针对普、职两类教育资格的特点，利用"学习领域"（指向普通教育）或"工作领域"（指向职业教育）等术语区别和具体描述计划、处理和评估不同任务以及相关问题所需的能力（表 2–1）。尤其值得注意的是，在等级 6 和等级 7 上，学历 / 学术资格与职业资格得到完全平等的体现，术语区别体现为"学术专业的子领域或职业活动领域"中的任务和问题。由此可见，DQR 将职业资格和学历 / 学术资格归为不同类但等值的地位。在此框架下，德国职教教师的从业跨度显得更宽，包含从资格框架等级 1 到等级 7 所有涉及职业教育类型的学校。他们都应当具备专业教育教学的胜任能力，这也具体体现在职教教师的教育要求上（见第 3 章"德国职业学校教师的定位与培养"一节）。

表 2-1 DQR 等级描述符及资格类型[3,4]

等级	等级描述符（Niveauindikator）	资格（Qualifikation）
等级 1	在清晰和稳定结构化的学习领域 / 工作领域中，完成简单要求。通过引导而得以完成该任务	• 职业准备教育（BvB, BvB-Reha; BVJ）*

3 BLK DQR Bund-Länder-Koordinierungsstelle für den Deutschen Qualifikationsrahmen für lebenslanges Lernen. Handbuch zum Deutschen Qualifikationsrahmen. Struktur - Zuordnungen- Verfahren - Zuständigkeiten[R]. Bundesministerium für Bildung und Forschung，2013-08-01：17-22.

4 BLK DQR Bund-Länder-Koordinierungsstelle für den Deutschen Qualifikationsrahmen für lebenslanges Lernen. Liste der zugeordneten Qualifikationen[EB/OL]. (2020-08-01) [2020-09-02]. https://www.dqr.de/media/content/2020_DQR_Liste_der_zugeordneten_Qualifikationen_01082020.pdf.

续表 2-1

等级	等级描述符（Niveauindikator）	资格（Qualifikation）
等级 2	在清晰和稳定结构化的学习领域 / 工作领域中，专业地完成基本要求。尽可能地通过引导而完成该任务	• 全日制职业学校（职业基础教育）* • 职业准备教育（BvB, BvB-Reha; BVJ; EQ）* • 主体中学毕业证书（HSA）
等级 3	在相对清晰和部分开放的结构化学习领域 / 职业活动领域中，独立完成专业要求	• 全日制职业学校（中学毕业证书）* • 双元制职业教育（2 年制）* • 中学毕业证书（MSA）
等级 4	在广泛且处于变化中的学习领域 / 职业活动领域中，独立计划和实施专业任务	• 双元制职业教育（3-3.5 年制）* • 全日制职业学校（州法律规定的职业教育；针对健康事业和老年护理职业的联邦法定培训规定；依据《职业教育法》/《手工业条例》获取完整资格的职业教育）* • 根据 BBIG 的职业转行教育（等级 4）—航空运输空乘服务人员（通过考试）* • 一般高校入学资格（AHR） • 专业限制的高校入学资格（FgbHR） • 应用科学大学入学资格（FHR）
等级 5	在复杂、专业且处于变化中的学习领域 / 职业活动领域中，独立计划和实施广泛的专业任务	• 经考试认定的职业行家（如专业顾问，IT 专长者、服务型汽车技术员）*
等级 6	在学术专业的子领域或者在职业活动领域中，计划、实施和评价广泛的专业任务和问题以及自我负责地管控整个过程。其要求具有复杂性和经常变化的特点	• 专业学士（如师傅、专业营销人员，专业管理人员，专科学校毕业资格等）* • 学士和同等学力
等级 7	在学术专业领域或者在策略导向的职业活动领域中，实施新的、复杂的任务和问题以及自我负责地管控整个过程。其要求具有经常变化且不可预见的特点	• 专业硕士（如技术型企业经营人员，策略型专长者等）* • 硕士和同等学力

续表 2-1

等级	等级描述符（Niveauindikator）	资格（Qualifikation）
等级 8	在学术专业领域中获取研究性认知，或者在职业活动领域中开发革新性的方案和方法。其要求具有新颖性和不明确性问题的特点	• 博士 • 同等艺术类毕业证书

* 职业教育与培训领域的资格。职业行家、专业学士、专业硕士是德国 2020 年版《职业教育法》中所提出的三级职业进修资格头衔，括号内备注的是三级职业进修资格的代表性进修职业名称。

从资格框架中的教育成果来看，职业学校教师的从业范围跨越资格等级 1~7 的大部分职业教育成果。作为教师教育，需要为跨度和差异较大的不同种类学校和异质性学生的教育教学做好准备。

二、德国职业教育与培训体系概述

在所有职业教育类型属性的学校，职教教师都应具备相应的专业教育教学胜任能力，而职教教师教育则应为未来教师在这些学校的教育教学做好专业准备。以上对德国教育体系和资格框架的分析可以看出职教教师从业的学校类型，以下主要介绍这些学校的具体情况。

德国《职业教育法》（*Berufsbildungsgesetz*，BBiG）中涉及的职业教育主要有四种类型：职业准备教育、职业（初始）教育、职业进修教育和职业改行教育（表 2–2）。职前教育包含职业准备教育和职业（初始）教育两种类型，其中，职业准备教育是为那些未达到进入职业教育门槛的后进生提供的宽基础教育培训；职业（初始）教育是学习范围较为宽广、有计划的职业基础教育，培养从事专业工作所必需的技能、知识与职业经验。职业继续教育包含职业进修教育和改行教育两种类型，其中，职业进修教育又划分为两种类型，一种是为掌握、提高、更新职业技能和知识而进行的适应性进修，另一种则是晋升性进修；职业改行教育是培养从事另外一种职业的能力，比如新的工种或其他工作。由此看出，德国《职业教育法》所规定的职业教育包含广义的职业教育和培训，一方面是提供向上发展的职业路径，另一方面是提供转岗培训的机会，不仅为技能人员提供了职业能力培养及就业转岗的机会，同时也满足了社会行业及职业岗位对人才的多种培训需求。

表 2-2 德国职业教育与培训体系[5]

德国职业教育与培训体系				
职前教育		职后教育 / 职业继续教育		
职业准备教育	职业（初始）教育	职业进修教育		职业改行教育
		适应性进修	晋升性进修	
传授获得职业行动能力的基础内容，从而能够进入国家认可的教育职业中接受职业教育	针对某一规范化教育职业传授在变化工作世界中进行职业活动必需的职业技能、知识和能力（职业行动能力）；获得必要的职业经验	提供保持、适应或扩展职业行动能力及职业升迁的可能性		传授从事另一职业的能力

1. **作为职业学习过渡的职业准备教育**

与普通教育相比，职业教育与劳动市场和职业世界联系更为紧密。由普通教育到职业教育存在一定的跨越，并非每个普通教育毕业生都能满足接受职业教育的基本要求。因此，为保障高质量的职业教育，德国职业教育体系为那些达不到接受职业（初始）教育入门要求的学生设置了职业教育过渡环节，即职业准备教育。难民潮也使得德国职业准备教育体系的新学习者数量显著增加。德国政府采取了一系列措施，根据普通教育各类后进生的具体需要，有针对性地进行学习促进，如针对职业准备教育提出了各种具体措施：职业准备性教育措施（BVB, BVB-Rehab）、职业准备年（BVJ）、入门资格化措施（EQ）以及全日制职业学校（职业基础教育）等，以保障普通教育之后进入职业教育阶段的生源质量。

5 根据德国《职业教育法》中关于职业教育类型的描述整理而成。BMBF Bundesministerium für Bildung und Forschung. Die Novellierung des Berufsbildungsgesetzes (BBiG) [EB/OL]. [2020-05-23]. https://www.bmbf.de/de/die-novellierung-des-berufsbildungsgesetzes-bbig-10024.html.

德国职业准备教育阶段的做法在很大程度上说明，高质量的职业教育不是无门槛的教育，为保障制度化职业教育的质量和效果，应为特定人群设置专门的过渡系统（Uebergangssystem），在保障职业教育基本社会功能的同时，强化职业教育的入门要求，从而更好地保障人才培养质量。

2. 以双元制为主体的职业基础教育

双元制职业教育是德国经济发展的支柱，为社会与个人发展做出了重要贡献，当前仍然保持着积极发展的态势。德国联邦教育与研究部（BMBF）及联邦职业教育研究所（BIBB）每年发布的《职业教育报告》和《职业教育报告的数据报告》都强调："双元制职业教育是保持和增强德国经济竞争力和创新力的支柱，也是社会稳定团结和谐的核心。"[6, 7]

从入口端来看，双元制职业教育是德国青少年接受职业教育的主要途径，对于青少年一直具有很强的吸引力，按毛入学率来看，接受双元制职业教育的青少年占所有接受职业教育新生的三分之二。2005—2015 年，双元制职业教育与全日制学校型职业教育新生比例基本稳定在 7:3 水平。与此同时，双元制职业教育对学习者基础教育水平要求提高，对学习成绩较好者的吸引力不断增加，接受 10 年基础教育的中等教育文凭者和具有高等教育入学资格者成为两个最大学生群体，占双元制职业教育新生比例为 70%左右。传统双元制职业教育中原为最大群体的主体中学（9 年级）毕业生人数不断减少，2016 年只有不足一半（45.3%）直接进入职业教育。德国工商会（IHK）全德学徒招聘会上，有 62.3%的岗位要求最低学历为中等教育文凭（10 年级毕业）。[8] 总体来看，高质量的双元制职业教育对学习者的基础教育水平是有要求的，只有达到一定水平才能进入其中学习。

从教育过程来看，德国双元制职业教育在教育企业（Ausbildungsbetrieb，也有译为"培训企业"）、职业学校、跨企业培训中心多个学习

---

6 BMBF. Berufbildungsbericht 2017[EB/OL]. [2018-11-18]. http://www.bmbf.de/pub/Berufsbildungsbericht_2017.pdf.

7 BIBB. Datenreport zum Berufsbildungsbericht 2017[EB/OL]. [2018-11-18]. https://www.bibb.de/datenreport/.

8 中国驻德国使馆教育处. 德国职业教育动态信息 [R]. 2017（4）：4.

地点开展教育教学，并基于国家层面各教育职业的《职业教育条例》（Ausbildungsordnung）在各个学习地点开展教学。专门化的职业学校教师和企业培训师傅保障了各个学习地点的师资力量，行业协会组织的具有公信力的职业资格考试保障了人才培养达到劳动市场所要求的资格水平。

从出口端来看，双元制职业教育学生就业前景较好，经济界亟需招募更多技术工种学徒。面对德国大学的高辍学率，德国经济界认为，相比于大学学习，技能培训不失为更优选择，很多年轻人可以考虑直接接受双元制职业培训，而非走“上了大学又辍学”的冤枉路。德国前总理默克尔也表示要采取有效措施，为辍学大学生提供职业教育培训。德国工商总会（DIHK）表示，年轻人在选择职业道路时应着眼于所有可能性，而不应仅仅盯着上大学。

虽然当前企业学徒培训合同量减少，空缺岗位越来越多，而且近年来德国的“大学热”热度不减，社会上出现日渐明显的学术化倾向，但是，德国政府仍重视提升双元制职教体系的竞争能力，以增强职业教育对年轻人的吸引力。德国州文教部长联席会议（Kutusminister Konferenz，KMK）和联邦职业教育研究所主席均力挺双元制职业教育，认为“职业教育是个人成才的宽阔大道，而非支路小道或者第二选择，职业教育应与学术教育平等视之；我们在中学教育中就应予以明确，双元制职业教育同样也能成就高质量的职业生涯”“德国双元制职教体系的国际评价已达到前所未有的高度”。[9] 德国相关研究所和联合会也赞同在中学课程计划中强化“职业导向”教育，并强调技术工人的短缺问题，建议企业界和政府共同努力，在中学生中大力宣传双元制职业教育的优势和前景。

3. 旨在培养高技能人才的职业继续教育

职业继续教育是在职人员为了满足工作需要，加深和提高职业与专业技能，完善知识结构而参加的后续性进修。以职业发展为目的的继续教育主要是通过进修班、转业转行培训班、岗前培训班等形式为公民今后职业

---

9 KMK. Berufliche Bildung – ein zweiter Königsweg[EB/OL]. [2018-12-17]. https://www.kmk.org/aktuelles/thema-berufliche-bildung.html.

的适应与提升以及再就业服务，这种教育形式也是满足社会与经济发展对专业人才诉求的主要途径。

职业继续教育按教育目的可分为适应性进修和晋升性进修两种类型。适应性进修以适应不断变化的工作条件及内容为出发点，例如，以“如何使用互联网从而适应信息技术的发展”为培训内容。晋升性进修的目的在于使受教育者获得、调整和扩展职业行动能力，使其在职业上的晋升成为可能。晋升性进修的内容主要包括以下几个方面：学习同行的从业经验；结合企业经济活动的所有环节，扩展在职前教育阶段已获得的生产技术性知识和技能；培养企业管理能力；接受相邻职业领域的相关培训。一般情况下，晋升性进修需以接受过中等职业教育及拥有从业经验为前提，通常以获得师傅证书、技师证书为目标。职业继续教育中进行有组织教育的学校是专科学校（Fachschule），包括技术员学校和师傅学校；学生主要来自双元制职业学校毕业生，一般具有 2 至 5 年职业经验，其培养目标为技术员或师傅，是一种高中后非高等教育机构。

目前，拥有“师傅”（Meister）或“专业技师”（Fachwirt）头衔的职校毕业生待遇已与本科甚至硕士毕业生处于同等水平。以商科为例，销售方向的职校毕业生和经济学专业的本科毕业生在60%的企业中所获得的薪酬基本相当，年收入人均约 6 万欧元，有时职校毕业生收入甚至更高。数据还表明，大学毕业绝不意味着就能从事管理工作，反倒是职业进修或较高层次的职业培训更容易晋升管理岗位，实践中两者的比例分别是39%和47% [10]。

在 1969 年颁布实施的德国《职业教育法》于 2020 年实施了新一轮的修订，其中一项是对逐年增长的职业进修文凭进行了统一并重新命名。先前的职业进修文凭及名称多达两百多种，如服务型技术员、商业管理人、技术型企业管理人员等。修订后的职业进修文凭名称以“经考试认定的职业行家（Gepruefte/r Berufsspezialist/-in）”“专业学士（Bachelor Professional）”“专业硕士（Master Professional）”进行统称。此外，联邦教育与研究部也想通过这一做法来增强德国职业晋升性进修所认定的高层次职业资格的透明度，推进学术教育与职业教育的等值性，提升职业教

---

10 中国驻德国使馆教育处．德国职业教育动态信息 [R]．2016（2）：6．

育的吸引力[11]。这也意味着在德国资格框架中职业晋升进修的第二和第三阶梯——专业学士和专业硕士，与高等教育的（学术）学士和（学术）硕士学位处于同一层级，两者是等值的。

4. 与高等教育相融合的高等职业教育

对于西方国家来说，职业教育一般指的是经典意义上的职业教育，即中等职业教育[12]，没有高中低之分。因此，本书所指的高等职业教育，是具有较强职业特色的高等教育领域的专业教育。总体来说，德国职业教育与高等教育在资格框架下各自保持独立、等值，但又有融通和交叉。融通主要体现在职业教育中核心素养的培养和高等教育中职业素养的培养；交叉主要体现在学历体系中高技能人才的培养，如双元制高等教育。

近年来，德国职业教育与高等教育融通性增强，两者双向渗透。过去几年，德国政府加大力度，促进职业教育和学术教育衔接融通，为学生创造灵活多样的个性化教育途径，如重点简化了职业教育毕业生进入高等院校的入学要求，并对将职业能力折算为高校学分做出相应规定。2016 年，德国获得高校入学资格的人员共有 45.33 万人，其中通过职业教育途径获得的有 15.60 万人，占当年获得高校入学资格人数的 34.41%、获得应用科学大学入学资格人数的 99.2%、获得普通高校入学资格人数的 16%[13]。与此同时，德国政府也为辍学大学生接受职业培训出台多项举措，并在全社会倡导职业教育与高等教育具有同等价值，在德国资格框架下进一步完善德国教育体系，促进教育公平。

此外，德国双元制高等教育专业也在持续发展，立足企业实践的双元制职业教育与高校学术教育相结合，体现了职业教育的理念和方法向高等教育的迁移和渗透。双元制高等教育等模式的不断发展，也表明其受到德国大学生、企业及高校的普遍欢迎，体现了职业教育与学术教育的融合机遇，以及职教体系向上发展的诸多可能性。[14]

---

11 BMBF. BBiG-Novelle: Klare Bezeichnungen für die berufliche Fortbildung[EB/OL]. [2018-12-18]. https://www.bmbf.de/de/bbig-novelle-klare-bezeichnungen-fuer-die-berufliche-fortbildung-7279.html.

12 孟景舟. 中国职业教育独特的价值与使命 [J]. 职教论坛，2021，37（6）：23-28.

13 中国驻德国使馆教育处. 德国职业教育动态信息 [R]. 2017（4）：4.

14 谢莉花. 提升职业教育吸引力：基于德国的经验 [J]. 中国职业技术教育，2019（30）：42-50.

三、德国职业教育的专业建设

专业是联结职业界与职业教育界的核心接口，专业的开发与设计对于职业教育发展来说具有举足轻重的意义。职业教育是面向职业的专业教育，其专业设置具有鲜明的职业性特点，应以研究职业及其规律为出发点进行开发。

德国职教教师在 16 个职业性专业中进行培养（详见第 5 章），而这些专业的设置及其人才培养的基础正是职业教育的教育专业。这些教育专业既包括双元制教育模式中的教育职业（Ausbildungsberuf），也包含一些全日制职业学校（如职业专科学校、专业高中、职业高中、专科学校等）设置的专业。双元制职业教育的专业之所以称为“教育职业”，是因为其专业具有显著的职业性特征，即职业专业，而非学科专业。基于此，职教教师教育的专业也不是纯粹的学术性专业，而是具有职业特点且与职业教育专业相呼应的职业性专业。

1. 社会职业与职业教育专业

职教教师教育的专业与职业教育专业相对应，而职业教育的专业，尤其是作为主体的双元制职业教育的教育职业，则来源于社会职业的凝练。

鉴于职业在不同语境下的丰富内涵，有必要对德国语境中职业的概念进行阐述。在德国职业教育领域，职业一般具有以下两个范畴的意义。其一，职业是社会职业（Erwerbsberuf）的泛称。社会职业是劳动管理部门划分的劳动分工类别，是劳动者在就业体系中实际从事的职业活动。根据德国联邦劳工局的统计，德国总共有 3 万多个社会职业。其二，职业是教育职业的特称。教育职业是教育管理部门划分的职业学习门类，是学习者在教育体系中选择学习的职业专业。根据德国联邦职教所发布的数据，教育职业数量大概为 320 多个。从以上职业概念的双重性可以看出，职业的内涵既规范了职业劳动（实际的社会职业或劳动岗位）的维度，又规范了职业教育（职业教育专业、课程和考核）的标准[15]。

关于德国社会职业的具体划分，最新的职业分类体系（KldB，2010）

15 姜大源. 职业学校专业设置的理论、策略与方法 [M]. 北京：高等教育出版社，2002：10.

是由德国劳工局和劳动力市场与职业研究所（IAB）主导，采用了分层化的构建方式，使用了五级序号，共划分为10个职业领域（Berufsbereiche，1位数）、37个职业大类（Berufshauptgruppen，2位数）、144个职业中类（Berufsgruppen，3位数）、700个职业小类（Berufsuntergruppen，4位数）以及1286个职业类别（5位数）五个层次结构。“职业专业性（Berufsfachlichkeit）”和“要求等级（Anforderungsniveau）”[16]作为分类标准的两个维度，前者体现了职业分类的横向维度，相当于国际标准职业分类的“技能专门化（skill specialization）”维度；后者体现了职业分类的纵向维度，相当于国际标准职业分类的“技能水平（skill level）”维度。“要求等级”标识了从事职业活动的复杂程度，可再细分为：助手与初等的职业活动（简单的、复杂程度不高的日常活动）、专业指向的职业活动（复杂的、较为专业指向的活动，至少需两年或三年的职业教育培训）、综合专业的职业活动（复杂性更高、需专门化知识的活动，至少需经过师傅或技术员培训）、高度复杂的职业活动（至少需要高校毕业证书）[17]四个等级。

总体而言，德国新版职业分类体系由两个分类维度、五个分类层次、四个要求等级所构成。以汽车技术类职业为例，其分类的层次与维度如图2-3所示。需要指出的是，并不是每个职业小类（第四层次）都覆盖职业细类（第五层次）的四个要求等级，在700个职业小类中，45.6%只包含一个要求等级，29.1%涉及两个要求等级，21.1%包括三个要求等级，只有4.1%囊括了四个要求等级[18]。其中，技术技能职业涉及第二、三“要求等级”职业，也是职业分类体系中所占比重最大的职业类，同时这两类职业要求从业人员须经过相应的教育或培训，且获得相应的国家认可的职业资格证书。而无相应教育培训经历及资格证书的人员在劳动力市场上的处境是不利的，例如，在薪资水平和就业稳定性上都不如那些受到正规职业教育培训的人员。此外，与其他国家较高的高校教育入学率相比，德国对其职业

---

16 BA Bundesagentur fuer Arbeit. Klassifikation der Berufe 2010 – Band 1: Systematischer und alphabetischer Teil mit Erlaeuterungen[R]. Nuernberg，2011（3）：16.

17 谢莉花，苗耀华，余小娟. 中德两国职业的比较研究 [J]. 职教论坛，2017（1）：70-79.

18 BA Bundesagentur fuer Arbeit. Klassifikation der Berufe 2010 – Band 1: Systematischer und alphabetischer Teil mit Erlaeuterungen[R]. Nuernberg，2011（3）：41.

教育质量始终保持信心，认为德国职业教育培养的技术技能人才可以胜任其他国家大学毕业生才能从事的工作任务。

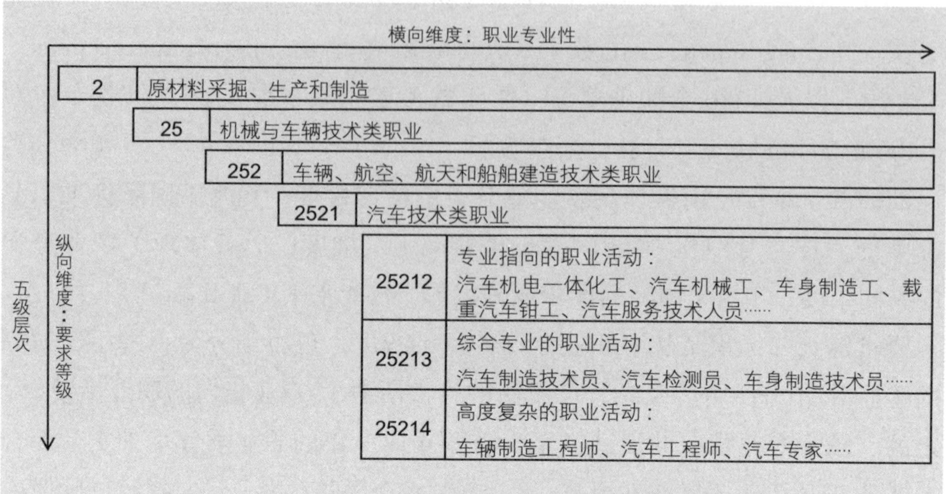

图 2-3 德国汽车技术类职业分类维度、层次与等级

与社会职业不同的是，教育职业是职业体系与教育体系之间的联结点，它是在教育、经济、劳动力市场政策以及职业教育学等多重因素影响下形成的，是多方代表在各自利益诉求的谈判过程中产生的结果[19]。教育职业与社会职业之间不是一一对应的关系，教育职业是对社会职业的“岗位群”“职业群”所需的技能、知识与态度的一种“科学编码”，是一种建立在职业分析基础上的教育载体。[20]

教育职业虽然具有鲜明的职业特性，但它不等于社会职业，而是社会职业基础上有教育意义的职业群凝练。当前，在德国的职业分类体系中，两者在某一职业类别上是对应的。也就是说，教育职业能够在社会职业分类体系的职业细类中找到相应的职业名称和编码，这也实现了教育职业与社会职业的直接对接。

---

19 Schwarz H，Bretschneider M. Strukturmodelle als Ansatz zur Flexibilisierung anerkannter Ausbildungsberufe im dualen System[M]//Weiterentwicklung von Berufen – Herausforderungen für die Berufsbildungsforschung. Bielefeld：Bertelsmann Verlag，2014：182.

20 姜大源. 职业教育学基本问题的思考（一）[J]. 职业技术教育，2006，27（1）：5-10.

得到国家认可的教育职业通常是社会需求相对稳定、职业发展比较成熟、实践要求较为严格的社会职业群，例如护士、电工等。在德国的就业系统中，预防失业的最佳保障是选择学习某一门教育职业并且完成初始职业教育培训。只有通过正规的教育培训，获得相关的教育职业证明，才能获得有利于进入劳动力市场并胜任相应职业工作的资格。

2. 职业教育专业的分类与设置

1）职业领域分类

德国不仅对相近社会职业进行了群组分类，同样，也尝试对具有共同职业基础教育的教育职业进行教育职业群 / 领域的分类。但不同机构、不同应用目的下的教育职业分类有所不同，所以到目前为止，德国并无确定的教育职业领域分类的统一标准。

在 1978 年的《职业基础教育年换算条例》中，教育职业被划分为 13 个领域，其中包含经济与管理、机械技术、营养与家政和农业等。但这些职业领域的划分并不全面，也仅覆盖了全部教育职业的一半左右。为了帮助学生、教师、家长、成人进行教育职业的选择，德国劳工局近年来发布的年度职业信息手册中将职业教育的各类专业划分为 16 个职业领域和上百个子职业领域[21]，如建筑施工与测量、服务、生产与制造和经济与管理等。

此外，德国联邦职教研究所基于 1992 年的社会职业分类，曾经对职业领域进行过分类研究，所有社会职业归并为 54 个职业领域[22]。但该职业领域分类并未得到广泛应用，直到 2010 年新版职业分类体系发布之后，除了教师类职业（大类序号：84）和军队类职业（大类序号：01）外，其余 35 个职业大类均覆盖了一定数量的教育职业。这些职业大类作为上位分类领域，在教育职业目录中得到了普遍应用，因此，可将职业分类体系中的职业大类视为所划分的教育职业领域。

如前所述，德国 2010 年新版职业分类体系是一个五层次结构：职业领

21 BA Bundesagentur fuer Arbeit. Beruf Aktuell - Lexikon der Ausbildungsberufe[R]. Nuernberg, 2016：8-11.

22 Tiemann M, Schade H J, Helmrich R et al. Berufsfeld-Definitionen des BIBB auf Basis der Klassifikation der Berufe 1992[R]. Zweite Fassung, 2008：4.

域、职业大类、职业中类、职业小类和职业类别。

第一层次（即最高层级）为职业领域，仅提供主题概览，然而，在对德国2010年职业分类体系所依据的职业进行同质性分析后，发现10个职业领域不足以描述德国劳动力市场的实际职业细分。与其他分类级别相比，职业领域没有表现出统一或可比较的同质性水平，因此，不建议从分析的角度使用。在统计报告和科学分析中，职业领域并不能代表德国劳动力市场充分的职业专业分类。

第二层次为职业大类，它根据职业专业性（Berufsfachlichkeit）对工作内容进行了定性总结。根据两个职业间的能力、技能和知识划分，保证较好地区分不同职业，共涉及37个职业大类。职业大类一方面确保了足够深的职业专业性差异，另一方面不包括过多的结构单元。它们能够划定内部同质的职业子劳动力市场，因此特别适合分析划界特征，例如用于职业流动性分析。然而，37个职业大类的划分主要适用于统计报告，如果用于经验报告分析，数量上则过于繁多。

在此背景下，德国联邦就业局的数据部和劳动力市场与职业研究所的"职业劳动力市场"研究小组合作，根据职业分类体系的主要职业组开发了两个额外的职业分类单位：5个"职业部门（Berufssektoren）"和14个"职业区域（Berufssegmente）"，主要是根据其职业同质性形成的。通过这种方式，职业子劳动力市场可以定义比现有职业分类体系更高的聚合水平（表2-3）。[23]尤其是"职业区域"的引入，提供了数量级别划分和工作性质区分上较适宜的职业群分类。相近的社会职业和教育职业也就有了共通的职业基础知识及教育。

23 Matthes B，Meinken H，Neuhauser P. Berufssektoren und Berufssegmente auf Grundlage der KldB 2010[R]. Bundesagentur für Arbeit，2015：18.

表 2-3 根据德国 2010 年职业分类体系大类的职业部门、职业区域归类

职业部门（N=5）	职业区域（N=14）	职业大类（N=37）	
S1 生产职业	S11 农业、林业和园艺	11	农业、畜牧业和林业
		12	园艺职业和花艺
	S12 制造	21	原料提取和加工、玻璃和陶瓷生产和加工
		22	塑料生产和加工、木材制造和加工
		23	纸张和印刷职业、技术媒体设计
		24	金属生产和加工、金属制造
		28	纺织和皮革
		93	产品设计与手工艺、美术、乐器制作
	S13 制造技术	25	机械和汽车技术
		26	机电一体化、能源与电气
		27	技术研究、开发、设计和生产控制
	S14 建筑和改建	31	建筑规划、建筑和测量
		32	高层建筑和地下建筑
		33	（室内）改建
		34	建筑和供应技术
S2 与人相关的服务职业	S21 食品和招待	29	食品生产与加工
		63	旅游、酒店和餐饮
	S22 医疗和非医疗健康	81	医疗健康
		82	非医疗健康、个人护理和健康、医疗技术
	S23 社会和文化服务	83	教育、社会和家政职业、神学
		84	教学和培训
		91	语言、文学、人文、社会科学和经济学
		94	表演和娱乐

续表 2-3

职业部门（N=5）	职业区域（N=14）	职业大类（N=37）	
S3 与商业和企业相关的服务职业	S31 商业	61	采购、营销和贸易
		62	销售
	S32 企业管理和组织	71	企业管理和组织类
	S33 与企业相关的服务	72	金融服务、会计和税务咨询领域
		73	法律和管理
		92	广告、营销、商业和编辑媒体
S4 IT 和科学服务职业	S41 IT 和自然科学服务	41	数学、生物、化学和物理
		42	地质、地理、环保
		43	信息学、信息和通信技术
S5 其他经济服务职业	S51 安全	53	保护、安全和监视
		01	正规军队
	S52 运输和物流	51	运输和物流（车辆驾驶除外）
		52	车辆和运输设备司机
	S53 清洁	54	清洁

2）设置标准与程序

教育职业的新设、更新及撤销是德国联邦职教研究所在兼顾教育、经济与劳动力市场政策方面的影响因素以及职业教育本身的思想与规律下进行的。曾经的联邦职业教育委员会尝试规范教育职业的设置，并于 1974 年 10 月发布了《对教育职业认证或撤消的标准与程序的建议》，形成了当前德国开展教育职业认证程序实践的基础。在该建议中，主要提及一系列关于教育职业的设置标准：一，所申请的教育职业需对相应的人员资格有充分的需求，且这些资格在时间上不受限制，也不依赖单个企业的需求；二，具有建立于广泛领域基础上的资格化过程和自我负责行动基础上的教育培训的特点；三，具有长期的、与年龄无关的职业活动状态的特点；四，具有广泛的职业基础教育的可能性；五，与其他教育职业有充分的区别；六，教育培训目标的可操作化；七，教育培训时间在两年至三年之间；八，具有进修和职业晋升的可能性；九，在技能和知识运用时能够获得独立思考和行动的能力[24]。

24 BBiB Bundesinstitut fuer Berufsbildung．Wie entstehen Ausbildungsberufe[R]．Bonn，2003：53-54.

设置教育职业（即专业）的核心是职业分析，主要包括三个步骤：第一，分析社会职业。该步骤主要从知识要求、技能要求与行为要求三方面进行分析，最后通过删除、合并、重构、简化等处理，来确定社会职业的主要工作任务以及承担这些工作任务的从业者所必需的职业资格。第二，归并社会职业群。该步骤通过将所研究的同一职业领域里彼此相关的社会职业相对应的知识、技能点置于一个以社会职业为横坐标，以知识、技能点为纵坐标的坐标系中进行分析，并根据知识、技能点的分布情况加以概括，采取归并的方法确定具有同类职业资格的、覆盖若干社会职业的社会职业群。第三，确定教育职业。该步骤根据教育学原则和学科领域、技术领域的划分原则，对社会职业群再进行纵向分组和横向分层的分析与概括，确定在职业性原则框架下的、符合教育规律的教育职业（专业）名称。[25]

根据德国联邦《职业教育法》的规定，由联邦职教研究所负责编写与发布国家承认的教育职业目录。该机构每年都会对前一年教育职业的开发或者更新的工作结果进行归档。例如，2020 年 10 月，国家认可的教育职业数量为 324 个，其中更新职业 11 个（如银行商务人员、专业信息人员、数字化管理商务人员）[26]，没有设立新兴职业。

3. 职业教育专业的结构、标准与内容

1）专业的内部结构划分

德国教育职业大多是“阶梯型”结构模式，也就是说，前一阶段的教育培训内容是进入后一阶段的基础，各阶段以阶梯形式逐层递进、步步叠加，全部阶段或部分阶段结束后可获得相应的职业资格。根据内部结构不同，教育职业大致又可细分为两大类型：阶梯贯通型和阶梯分流型[27]。

德国教育职业大多属于阶梯贯通型，只有部分阶梯教育职业（Stufen-Ausbildungsbeufe）属于阶梯分流型。阶梯分流型的分级制教育职业特色在于，在职业教育阶段的两个资格水平上都能获得教育培训结业证书，且只有取得前

25 姜大源. 职业学校专业设置的理论、策略与方法 [M]. 北京：高等教育出版社，2002：16-17.

26 BBiB Bundesinstitut fuer Berufsbildung. Bekanntmachung des Verzeichnisses der anerkannten Ausbildungsberufe und des Verzeichnisses der zuständigen Stellen[R]. Bonn，2021：4.

27 姜大源. 职业学校专业设置的理论、策略与方法 [M]. 北京：高等教育出版社，2002：407.

一阶梯的毕业证书，才能获得后一阶梯的毕业证书。当前，严格意义上的阶梯教育职业在320多个教育职业的列表中并不存在，只存在能够换算成其他教育职业的20多个类似职业，以及能够被其他教育职业换算而成的60多个职业，这些教育职业当前被称为“具有换算／承接可能性的教育职业”[28]。

作为主体类型的阶梯贯通型教育职业，根据内部结构方式的不同，又涉及若干结构形式，典型的如单一教育职业（Monoberuf）、分重点的教育职业、分方向的教育职业、分运用领域的教育职业、可选资格的教育职业（其结构模型如图2-4所示）等。

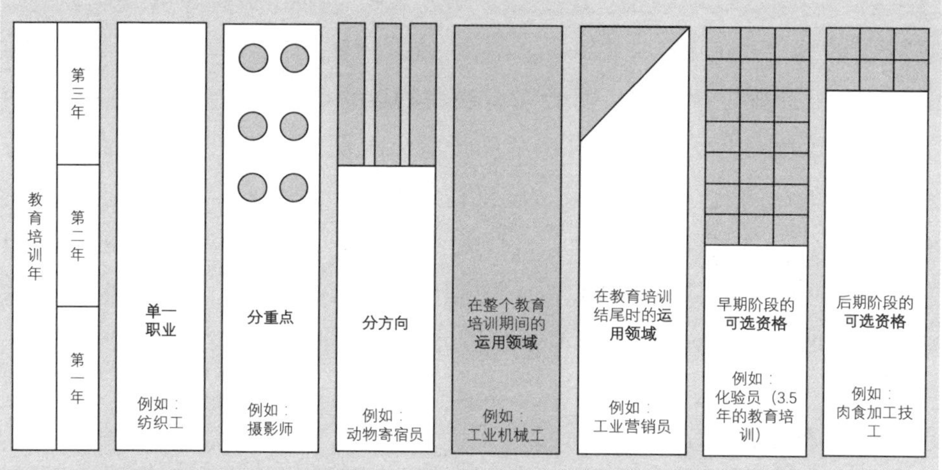

图2-4 德国阶梯贯通型教育职业的主要结构模型[29]

（1）单一教育职业。该类教育职业的特点是具有统一的资格轮廓，培养内容对于所有学生来说是一致的，与其他教育职业无共同的教育基础。这也意味着，该类教育职业的教育培训较为单一，需从头至尾进行完整的教育培训，职业变换时也需从头开始，职业转换不灵活。

（2）分重点的教育职业。该类教育职业是将若干种不同的教育职业集合到一个共同的职业屋檐下，具有整体化的职业规格和职业描述，有部分

28 BBiB Bundesinstitut fuer Berufsbildung. Bekanntmachung des Verzeichnisses der anerkannten Ausbildungsberufe und des Verzeichnisses der zuständigen Stellen[R]. Bonn，2017：106-112.

29 Schwarz H，Bretschneider M. Strukturierung anerkannten Ausbildungsberufe in dualen System[R]. Bonn，2011：6.

资格是于第二学年或第三学年在不同的活动领域中获得的。但这些“重点”一般不会体现在教育职业名称上，各重点内容也不会在职业描述中确定，各重点的考试内容也不具有强制性。例如，“精密仪器机械工”教育职业涉及四个重点：机械制造、精密机械、模具制造和切削技术。

（3）**分方向的教育职业**。分方向与分重点的教育职业不同的是，前两学年内主要开展职业基础教育与专业教育，专门化内容一般从第三学年才开始传授。各方向的内容在职业描述中分别描述，考试要求是独立的，考试内容也分为各个方向上的考试。除此之外，专业方向也会直接体现在教育职业名称上。例如，“材料检测员”教育职业涉及四个方向：金属技术、塑料技术、热处理技术和系统技术。

（4）**分运用领域的教育职业**。教育职业的运用领域与企业特定的业务领域或者产品相对应，这符合不同行业与企业的大小和组织结构中职业运用领域的丰富性，但同时保证必要的专业宽度。传统方案是将运用领域的教育培训放在教育培训结束时，以便青少年能够针对未来的目标岗位有所准备；当前的方案也可将运用领域的教育培训扩展到整个教育培训期间。例如，“楼宇和基础设施系统电工”教育职业涉及五个应用领域：住宅与商宅楼宇、营业性楼宇、功能性楼宇、基础设施设备和工业设备。

（5）**可选资格的教育职业**。可选资格单元是界定了内容与时间的相互关联的特定资格集合。在教育职业的框架下，通过对接企业不同的资格要求来设置可选资格单元，如某个特定生产过程或者产品。例如，“自助机专业人员”教育职业有“商务性业务过程”和“顾客服务”两个可选资格单元。

综合比较以上五种教育职业的结构类型，其中可选资格和分运用领域教育职业的创建与运用比原先的单一教育职业、分重点和分方向教育职业在结构上更具灵活性。此外，这两组职业结构的区别还体现在专门化和（内部）差别化两个方面。分重点和分方向通常可理解为专门化，而可选资格和分运用领域则被理解为（内部）差别化[30]。

---

30 Schwarz H，Bretschneider M. Strukturmodelle als Ansatz zur Flexibilisierung anerkannter Ausbildungsberufe im dualen System[M]//Weiterentwicklung von Berufen – Herausforderungen für die Berufsbildungsforschung. Bielefeld：Bertelsmann Verlag，2014：191.

2）专业标准及内容体系

教育职业标准是教育职业的培养依据。在理解教育职业标准的内涵之前，需厘清职业标准、教育标准与考试标准之间的区别和联系。首先，职业标准规定的是工作要求，反映了企业普遍性的用人需求，是职业规格、工作领域以及胜任职业工作任务所必需的相关知识、技能和素养。其次，教育标准主要描述的是学习目标、内容及教育培训的组织和时间安排。教育标准是对职业标准的教育加工，建立教育教学内容和职业标准的联系，一方面因以经济需求和企业要求为主导而满足了职业标准的要求，另一方面保障教育体系中一些固化原则与普遍要求在职业教育培训中得以实现[31]。再次，考试是职业教育质量保障与检测的重要工具。与职业标准的开发相类似，考试也需要透明的考试标准。考试标准回答的问题是：我们如何知道学生已经掌握所学内容并且有能力胜任工作。

德国的职业标准不是独立开发的，一般与教育与评估标准相结合，是融合在教育标准和评估标准开发过程之中的[32]。因此，教育职业标准又称《职业教育条例》，它将职业标准、教育标准与考试标准有效地融合在一起，涵盖了三种标准的核心内容，并在其中以教育职业规格（Ausbildungsberufsbild）、教育框架计划（Ausbildungsrahmenplan, ARP）和考试要求的形式体现。

《职业教育条例》是德国双元制职业教育的根本标准，规范了各个职业教育进行教育培训的框架，如目标、内容与评价等。具体而言，《职业教育条例》不仅是企业一元培训实施的基本标准，也是作为双元制职业教育另一元的职业学校执行由联邦州文教部长联席会议制定的框架教育计划（Rahmenlehrplan，RLP）的参考基础。《职业教育条例》属于国家法律层面的文件，对职业教育培训的所有参与成员，如教育培训提供者、培训师、学徒、行业和上一层级的主管机构等，均有法律约束力，例如，《职业教育条例》

31 BIBB Bundesinstitut fuer Berufsbildung. Modernisierung beruflicher Bildung (BIBB – Beratung – International)[R]. Bonn：Bundesinstitut fuer Berufsbildung，2004：13-15.

32 Petersen W，Jepsen M. German approach and experience of development of occupational standards[EB/OL].（2015）[2016-10-25]. http://www.ilo.org/global/docs/WCMS_397644/lang--en/index.htm.

中所确定的最低资格要求是各类企业必须达成的目标。因此,《职业教育条例》是兼顾资格化过程与结果的国家级专业标准，既是一把标准量尺，用以规范职业教育的实施过程，同时也是保障职业教育结果与质量的重要工具。

根据德国联邦《职业教育法》，各个教育职业的《职业教育条例》至少包含五部分内容：教育职业的名称、学制、规格、教育框架计划和考试要求。教育职业名称多以从事职业岗位群的人作为对象进行命名，如“木匠”“屋面工”“交通服务商务人员”等。学制从两年至三年半不等，主要由各自《职业教育条例》规定。规格描述的是教育培训的核心内容条目，是对胜任职业至少要达到的行动能力的总结性、精确性和可理解性的描述，以动宾结构的条目形式呈现。值得注意的是，教育职业规格的内容不仅应当覆盖当前的工作挑战，而且应当保证毕业生所获得的能力与资格能够得到持续利用[33]。教育框架计划则是对教育职业规格中所确定条目的具体化，包含职业教育培训的内容目录与时间目录。它是各个企业开展个性化教育培训的参考框架，通过转化为企业具体的培训计划而得以实施。此外，职业教育考试的内容和形式与其他教育有所不同，其考试多采取在专业情境中解决综合、复杂任务，完成小型独立项目，进行专业交流等方式，确保通过考试的学生在学校和企业的学习、实践过程中获得了该教育职业重要的且必需的职业素养、知识和技能。

4. 双元制职业教育专业设置的特点

双元制职业教育的专业设置具有以下特点。

首先，社会职业与教育职业之间具有紧密联结的特点。德国承认的 320 多个教育职业生成于 3 万多个社会职业之中，这些教育职业是由社会职业所凝练成的具有较高社会需求的社会职业群，且这些职业的实践一般对人群、对环境或对工作人员本身具有重要意义。对于这些职业来说，需要取得相关的职业教育培训证明才能从业；从业人员也只有通过某教育职

---

33 Severing E. Weiterentwicklung von Berufen – Herausforderungen für die Berufsbildungsforschung[M]// Weiterentwicklung von Berufen – Herausforderungen für die Berufsbildungsforschung. Bielefeld: Bertelsmann Verlag，2014：5-10.

业的正规教育培训，才能达成相应的资格水平及获得进入劳动力市场从事相关社会职业的资格。德国2010年新版职业分类将社会职业与教育职业结构化于一个分类体系之中，为职业分类管理、就业指导以及职业教育培训的计划、实施与评价提供了较为清晰、有序的指导框架。

其次，教育职业的设置与更新具有共识性和严密性的特点。教育职业的设置与更新建立在坚实的法律基础之上，需要考虑到经济、劳动力市场政策与教育方面的综合因素，同时也考虑了职业教育本身的理念与规律，具有规范化的程序与要求。其设置是联邦政府行为，职业分析具有科学性、权威性和规范性，这也体现在专业体系的稳定性与个别专业的动态发展上。从近十年来教育职业的发展变化来看，平均每年新兴的教育职业数量为2个，更新的教育职业数量为13个，尤其是近几年技术发展迅速，却很少产生全新的教育职业，由此也可看出专业体系本身的稳固性，但随着社会需求的变化，其专业内涵也在及时更新。

再次，教育职业内部结构具有多样性和个性化的特点。教育职业的内容结构既有相对稳定的基础层次，也会由于职业特点与企业需求而各具自身特色。根据教育职业的各自特点，其结构可体现为单一、分重点、分方向、分运用领域、可选资格等多种类型，这是根据教育职业能力增长特点而划分的，有的职业结构更具灵活性和适应性，有的职业结构则体现了较强的专门化和差别化特点。

最后，教育职业标准具有融合性和高质量的特点。教育职业标准融合了职业、教育与考试要求等多方面因素，并规范确定了教育职业的规格、考试要求和企业教育框架计划，是兼顾资格化过程与结果的国家级专业标准。教育职业标准是设计、实施与评价职业教育的根本标准，德国现代化与高效力的职业教育培训体系离不开高质量的教育职业标准，它为面向未来的职业教育奠定了基础，也是一种保障职业教育质量的重要工具。此外，德国职业教育界认为，教育职业并没有覆盖所有社会职业的教育与培训，因此也有必要制定社会职业相应的职业标准，在此基础上，才会有充分的依据来开发教育职业标准。

小 结

内嵌于德国教育体系中的职业教育形式多样，为不同学生群体提供了丰富的选择和发展机会，既有从普通教育过渡到职业学习的职业准备教育，也有获取中等职业资格的职业基础教育、获取高等职业资格的职业高等教育。其专业建设也充分体现了从社会职业需求出发的特点，既具有较强的职业适应性，又具有较好的为个人发展服务的教育性。

德国职业教育体系的发展对职教教师队伍建设及其教育提出了相应要求。为适应职业教育体系的师资需求，在结构上需要建设一支以职教教师为主体的学校教师队伍，以覆盖各级各类职业学校的教育教学工作；针对双元制职业教育的另一元“企业”，还需建设一支企业培训师傅队伍，以完成在教育企业的学徒培训工作。因此，具备“双师结构、双师素质”特征的教师队伍建设其实是对德国职业教育体系需求的回应。

第 3 章

德国职教教师队伍的体系建设

一、德国职教教师队伍的建设背景

各国职业教育的特点决定了职业教育教师的类型及要求。如前文所述，德国职业教育包含中等层次和高等层次的职业教育。第一，中等层次职业教育是德国职业教育的主体，每年约有百分之六七十的青年人接受该阶段的职业教育。中等层次职业教育主要包括双元制职业教育和全日制职业教育两种类型。对于双元制职业教育，德国只有 25%的企业经过资质认定而具有教育培训资格，成为教育企业，学生 2/3 的时间在教育企业进行实践锻炼，1/3 的时间在职业学校接受理论学习，并以获取职业资格证书为主要目标。全日制职业教育主要是在全日制职业学校进行，包含提供社会类、护理类职业教育的职业专科学校以及提供补习类课程获取大学准入资格的职业学校，如专业高中、职业高中。第二，高等层次的职业教育涉及学历型与非学历型两类教育，学历型且有较强职教特点的高等职业教育因最终以获得学历学位资格为主（少数同时获得职业资格），归属于德国的学术教育（普通高等教育）体系；非学历型高等职业教育主要涉及高级资格化的晋升性职业进修教育，在教育体系中主要发生在培养师傅、技术员等高技能人才的专科学校，主要以获得高级职业资格证书为目标。

这里以德国典型的职业教育模式——双元制职业教育来介绍其教师队伍。德国双元制职业教育的培养目标在于，在教育企业和职业学校双元学习地点传授学生未来从事职业所需的知识、技能与能力，使其最终获得“职业行动能力”，尤其是在职业工作中独立计划、实施与检查的能力。随着欧洲与德国资格框架的施行，德国资格框架中能力的内涵，具体包括专业能力（知识与技能）和个人能力（社会能力与自主性），与原先培养目标中的职业行动能力逐渐统一起来，以能力与学习结果为导向的思想主导了德国职业教育的总体设计。其中，在（教育）企业主要是偏向培养未来职业技术人才的职业资格与胜任力；而在学校则是偏向培养与开发学生的综合职业行动能力。两个学习地点的任务各有侧重：企业侧重资格的获得、岗位的胜任；而学校侧重综合能力的培养。

为了保障各类教育企业的培养培训与职业教育整体的质量，联邦职教研究所牵头各个职业教育利益主体，在国家层面建设了各类专业，即教育职业，并制定了各专业的专业标准[1]，即《职业教育条例》。依据德国《职业教育法》和《手工业条例》（Handwerksordnung，HwO）确定的教育职业及其标准形成了整个双元制职业教育的基石，直接指导着企业职业教育，同时也为学校框架教学计划的开发提供基础。专业标准主要包含五部分内容：专业名称、教育时间、专业规格、教育框架计划和考试要求。其中，教育框架计划是核心内容，是专业规格的具体化及教育教学化，具体描述了依据能力规格的各个能力条目。它也是企业实施教育培训的框架计划，为企业教育培训提供了内容指南与时间指南，确定了双元制职业教育中企业培训内容的最低标准，也是企业个性化教育培训的基础，各企业可依据教育框架计划里建议的时间和内容制定符合企业实际情况的培训计划。而企业培训师傅[2]正是将专业标准及企业培训计划在企业环境中付诸实施的主导人员[3]。同时，专业标准也为学校一元的框架教学计划（核心为学习领域课程）的开发提供了基础[4]，而职业学校教师队伍正是负责学校一元课程实施的主要力量（图 3-1）。此外，职业学校教师不仅需要胜任双元制职业教育中职业学校的教育教学任务，同时也是上述中、高等全日制职业学校的专业教学人员，因而其能力覆盖面其实远超出了双元制职业教育的要求。

---

1 之所以这里称“专业标准”而非大家所熟知的“专业教学标准”，是因为该标准是统领企业培训和学校教育更上位的标准，而我国的“专业教学标准”主要是学校内部的教学标准。

2 在德国，工业和手工业企业的指导教师一般称为“培训师”或“师傅”，这里针对企业一元的指导教师统称为“企业培训师傅”。

3 以往，我们主要关注的是德国双元制教育模式中学校一元的课程，但也需注意德国企业一元的制度、标准、内容、考试和师资方面的建设。正是“双元”的作用，甚至是企业主导的职业教育才是德国技术工人高质量培养的秘密武器。

4 这也表明，学校一元和企业一元的课程一开始就是从一个“模子”产生，避免了后续二者之间较大的协调与衔接问题。

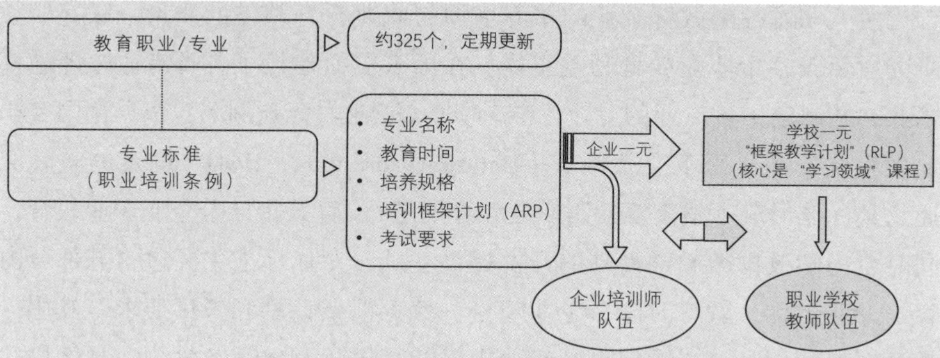

图 3-1 德国双元制职业教育校—企双师结构

二、德国职教教师的双师结构与能力要求

德国双元制职业教育的双元性决定了教师队伍的双元性。从工作环境来看，职业教育教师主要分为学校本位环境中的教学人员和工作本位环境中的培训者。学校本位环境中的教学人员又涉及普通学科教师、职业理论专业教师和工作模拟环境中的实践专业教师，而工作本位环境中的教学人员主要是企业培训师傅（表 3–1）。德国职教教师队伍总体上也体现了该队伍结构，稍有不同的是，德国学校本位环境中的专业（理论）教师除了负责专业教学外，同时负责普通学科的教学。企业有相应的培训师傅，培训师傅根据企业性质又可分为培训师（Ausbilder）和师傅（Meister）两种类型，前者主要是在工商业企业中依据《培训师资质条例》通过考核的企业培训师；后者是在手工业企业中从"师傅学校"毕业的师傅。其中职业学校教师对学生的培养时长占整个培养过程的 1/3，企业培训师傅占 2/3。两支师资队伍共同保障德国双元制职业教育的高质量发展。

从职业学校教师与企业培训师傅在德国职业分类体系中的定位来看，职业学校教师和企业培训师傅同属于职业分类中一个类别："职业教育类、企业培训类教学活动"人员。从社会职业的技能等级划分来看，职业学校教师在技能等级上是"第四等级"，而企业培训师傅是"第三等级"，其主要区别在于，职业学校教师一般是硕士毕业且完成了国家考试的学术类职业，企业培训师傅则是技术工人职业基础上的进修类职业。

表 3-1 职教教师队伍结构及类型[5]

学校本位环境中的教学人员			工作本位环境中的培训者
职业学校和职业教育中心教师			企业培训师傅
01 普通学科教师	02 职业理论专业教师	03 学校实训室或模拟学习环境中的职业实践专业教师，如跨企业培训中心	04 学徒导师或实践培训教师，指导处于学徒培训中的学习者或指导学校职业教育框架下的企业实践

从两支队伍的任务领域与能力构成来看，德国职业学校教师的工作任务主要聚焦于：起草课程教学设计；传授理论知识与职业实践技能；提高学生的责任意识和独立意识；观察、诊断与评价学生；与企业培训师傅合作等。与之对应，德国职业学校教师的能力要求包括：胜任具有高度差异性的不同类型职业学校[6]的专业教学；与不断变迁的职业世界保持衔接，并与综合性的机构和组织体系保持关联；在与受教育者交流中做出教育、课程和教学等方面的行动；遵循职业实践导向和到企业学习地点来传授职业工作导向的学习领域课程等。[7]而企业职业教育作为独立于学校系统之外的职业技术人才培训系统，对企业培训师傅的任务领域与能力要求是：按照各专业的《职业教育条例》管理整个培训流程；制定培训流程和安排学徒在各个工作岗位的学习和工作；计划培训内容与具体教学；实施职业培训，完成培训合同中规定的任务；开展教育教养，使学徒融入企业社会；评价学徒，开展以促进其发展为目的的交流，以及与其他部门的协调；与职业学校教学实施相互配合等。[8]

5 Cedefop Europäisches Zentrum für die Förderung der Berufsbildung. Berufliche Weiterentwicklung von Lehrkraeften und Ausbildern in der Berufsbildung[EB/OL]. （2016-12-27）[2020-12-03]. http://www.cedefop.europa.eu/en/publications-and-resources/publications/9112 2016-12-27.

6 这些学校类型涉及职业准备教育、职业基础教育（双元制、全日制）、以取得普通教育 / 大学入学资格为目的的全日制教育、职业继续教育等机构。

7 KMK. Ländergemeinsame inhaltliche Anforderungen für die Fachwissenschaften und Fachdidaktiken in der Lehrerbildung (Beschluss der Kultusministerkonferenz vom 16.10.2008 i. d. F. vom 16.05.2019)[S]. 2019：3-6.

8 Jablonka P, Martin S, Ulmer P. Handreichung für ausbildende Fachkräfte[R/OL]. Bundesministerium für Bildung und Forschung (BMBF), 2015：15-17. [2018-04-10]. https://www.bmbf.de/pub/Handreichung_fuer_ausbildende_Fachkraefte.pdf.

可以看出，德国两支职教教师队伍在学校环境或企业环境中各自完成学生/学徒的教育教学任务。两支队伍由于所处环境与所承担的任务不同，所需的能力要求也不同，但完整的双元制职业教育需要两支队伍的分工合作（图3–2）。

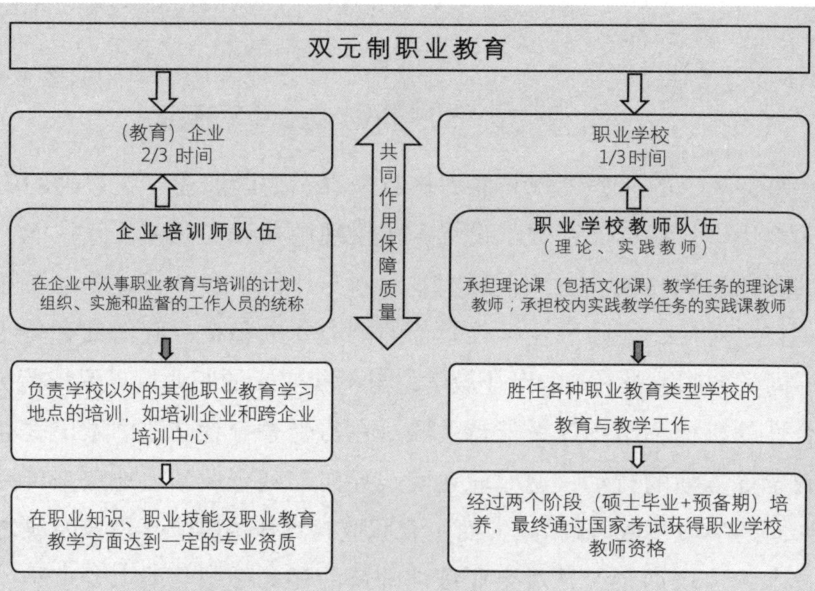

图 3-2 德国双元制职业教育的双师素质培养的目标与路径

三、德国职业学校教师的定位与培养

1. 职业学校教师的要求和任务

职业学校教师的要求和任务体现在职业学校的多类型、专业要求的职业性和动态性、学生对象的异质性和教育教学的广泛性上。职业学校教师在不同类型的学校进行教学，大部分时间是在双元制系统中的职业学校从教（图3–3），但也需在过渡系统（职业准备年、职业基础年等）的职业学校[9]和职业继续教育学校[10]从教，此外还需在以获得高校入学资格为目标的职业学校（如专业高中、职业高中、职业文理中学等）进行专业教学。

9 全日制职业学校/职业专科学校，例如培养教养员、经济助理、技术助理等。

10 专科学校，例如培养技术员、企业管理者等。

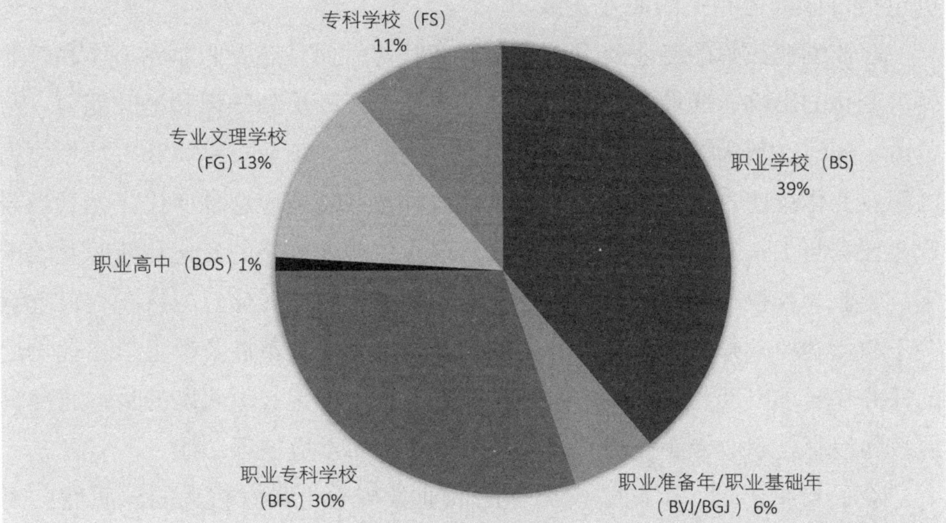

图 3-3 职业学校教师在不同形式学校的时间投入比重[11]

在此背景下，职业学校教师的专业要求比所有其他类型学校教师更广泛，例如，以“经济与管理”职业性专业为例，它仅在双元制教育中就对应了多个商务类教育职业，而该专业的教师需要为这些教育职业的专业教学做好准备。

职业学校教师的职业专业能力（berufsfachliche Kompetenz）不仅限于基础科学和职业性专业的专业知识（例如“经济与管理”“建筑技术”“电气技术”“机械技术”等），还需覆盖企业或职业实践的工作过程知识。[12] 如在职教教师的专业要求文件中强调：“教育科学以及职业性专业教学论的特点是整合职业活动相关的专业科学和融合专业教学内容，以及指向职业学校的教学过程。此外，还具有双重对象的特点，既包括相应的科学学科，

11 Frommberger D，Lange S. Zur Ausbildung von Lehrkraeften fuer Berufsbildende Schulen - Befunde und Entwicklungsperspektiven[R]. Friedrich-Ebert-Stiftung, Abteilung Wirtschafts - und Sozialpolitik，2018（4）：12.

12 在职教师范教育的大学学习条例或考试条例以及州文教部的聘用文件中，教师必需的企业实践经验得到了明确规定，需要提供（针对所选的职业性专业）或者相近和完成的职业（初始）教育或者相关的企业实践（至少 12 个月）的证明。相关的 KMK 框架协定在这方面表明：“与职业性专业相关的专业实践是必需的，基本上是 12 个月。”

也包括目标群体相关的职业实践。”[13]

职业学校教师的专业要求不仅多样和特殊，而且还受职业界工作和就业要求变化的影响，职业学校教师要与时俱进，不断更新知识和提升能力。与英语、德语、数学等普通教育学科不同，商务类、工业技术类和人员相关类的职业变化快速，与之相应，职业学校教师也必须适应这种变化。尤其当今职业技术与工作正在经历数字化发展，这导致职业规格的变化和新职业的产生，职业学校教师必须随之更新专业内容并进行教学转化。虽然在教育政策关于职业学校教师教育变化潜力的认识和讨论中，改革涉及教育学和教学论的任务和要求以及与此相关的教师教育的变化，但是必须明确的是，通过发展教师教育，职业专业性的高要求及其变化应对不应退居二线。[14]

除了专业要求，不同学校类型的职业学校学生具有较大的异质性，无中学毕业证书的学生、初中的优秀毕业生、文理中学毕业生、大学辍学生、职业实践经验者都有可能一起学习，所以职业学校教师还面临着普通教育、特殊教育的要求与任务。异质性学生群体和多样化的学习条件对职业学校教师提出了特别的挑战。此外，职业学校教师的任务也与教育系统中包容性和多元化的要求与发展相关。

总体而言，职业学校教师除了要承担课堂计划和实施、学习成果评价的任务之外，还要承担教养相关的任务[15]，教师还需与时俱进地改进教学，包括教育专业的发展、学校管理以及与当地和区域政治、社会和经济主体的合作活动。此外，学校和教师也被期望，通过实施和指导教师实践和预备期教育，积极参与培训后备教师力量。

---

13 KMK．Ländergemeinsame inhaltliche Anforderungen für die Fachwissenschaften und Fachdidaktiken in der Lehrerbildung, Beschluss der Kultusministerkonferenz vom 16.10.2008 i. d. F. vom 16.3.2017[EB/OL]．[2020-10-09]．https://www.kmk.org/fileadmin/Dateien/veroeffentlichungen_beschluesse/2008/2008_10_16-Fachprofile-Lehrerbildung.pdf.

14 Frommberger D，Lange S．Zur Ausbildung von Lehrkraeften fuer Berufsbildende Schulen - Befunde und Entwicklungsperspektiven[R]．Friedrich-Ebert-Stiftung, Abteilung Wirtschafts- und Sozialpolitik，2018（4）：12-15.

15 KMK．Standards für die Lehrerbildung: Bildungswissenschaften, Beschluss der Kultusministerkonferenz vom 16.12.2004 i. d. F. vom 12.6 2014[EB/OL]．[2022-10-25]．https://www.kmk.org/fileadmin/Dateien/veroeffentlichungen_beschluesse/2004/2004_12_16-Standards-Lehrerbildung-Bildungswissenschaften.pdf.

2. 职业学校教师培养的特点

德国职业学校教师培养的目标是使其能够胜任所有职业教育类型学校的教育与教学工作，因此在职教教师培养的大学阶段，需要补足其职业性，培养其专业性与师范性。职业学校教师（主要指职业学校理论教师 / 理实一体化教师）的培养过程包含两个阶段，最终通过国家考试而获得职业学校教师资格。对于德国职业学校教师培养来说，其培养总体上体现“分段培养，有机衔接”“标准引领，能力导向”“内容全面，三性融合”等特点。

1）分段培养，有机衔接

德国职教教师培养有多种模式，从生源来看，大致有两类：一类是高中毕业的学生接受职教师范本、硕阶段的培养；另一类是具有专业背景的本科毕业生接受职教师范硕士阶段的培养。德国将职教教师培养分为三个阶段，分别是作为职前教育的大学学习阶段、预备阶段以及作为职后教育的继续教育阶段，三个阶段对于能力的培养各有侧重。需要特别指出的是，德国在大学学习阶段的入口端就对职教教师的生源质量提出了较高的要求——学生除了需取得大学入学资格外，还必须具备企业实践或职业教育培训相关的实践经历。[16]

第一阶段为大学学习阶段，这一阶段的培养时长至少 5 年，主要通过第一专业（结合某一职业领域的职业性专业，如机械技术、电气技术、经济和管理等专业）和第二专业（普通教育，如德语、数学、政治等学科专业）专业科学及其专业教学论和教育科学的学习，培养未来教师在专业科学、教育科学、认知方法与工作方法及专业教学等方面的基础能力。第二阶段为预备阶段，这一阶段培养时长约 18 个月，通过在州教师教育学院的学习，培养具备教学反思能力的教育教学实践者。第三阶段是继续教育阶段，包含了在职培训和继续教育，这一阶段主要是对教师这一职业角色的进一步发展。[17]

2）标准引领，能力导向

2000 年 10 月，德国州文教部长联席会议联合教育工会、教师工会等

---

16 进入大学前或大学期间的企业实践经历也可作为职教师资培养的前阶段。

17 KMK. Ländergemeinsame inhaltliche Anforderungen für die Fachwissenschaften und Fachdidaktiken in der Lehrerbildung (Beschluss der Kultusministerkonferenz vom 16.10.2008 i. d. F. vom 16.05.2019) [R]. 2019：3-6.

组织颁布《不来梅宣言》，该宣言确定了“当今教师的职责”，为能力导向的教师教育奠定了基础。其中对教师宗旨（Lehrerleitbild）进行了阐述：教师是教与学的专业人员，需要明确教育任务，实施评估任务，持续发展个人能力，参与学校发展，支持内、外评估，获取各界支持等。教师个体要通过教师宗旨深刻认知未来教学任务，了解教师群体形貌和理解教师职业要求。[18] 对于职教教师教育来说，除了遵循各州共同的关于职业学校教师教育的框架约定外，也需遵守教育标准和专业标准的基本内容。德国职教教师培养也以标准为导向，标准从两个角度进行制定：一是教育科学视角下的《教师教育的标准：教育科学》（最新版本：KMK，2019）[19]，该标准是在 2004 年由德国州文教部长联席会议确定，聚焦教师这一角色的一般标准，重在培养教师的教育、教学、创新与评价能力；二是专业科学（含专业教学论）视角下的教师教育标准《教师教育中的专业科学与专业教学论的州共同内容要求》（最新版本：KMK，2019）[20]，该标准是于 2013 年在考虑各专业教师的专业特殊要求的基础上开始制定的，旨在突出各个专业领域职教教师教育的专业性、学术性与职业性。两个视角下的教师教育标准各有侧重又紧密相关。

从中可以看出，德国职业学校教师的教育注重“双师素质”培养，其教育标准是从教育科学和专业科学两个视角制定，注重专业能力、教育教学能力和专业教学能力的共同培养。教师教育是在生源具备相关的职业/企业实践经验基础上进行的定向教师培养，整体上分阶段运行，在不同的阶段分别侧重职业经验、专业理论与实践、教育理论与实践能力的获得，

18 唐慧，谢莉花，王继平．职业教育视域下德国教师教育标准的规制作用研究 [J]．职业技术教育，2020，41（16）：72-78.

19 KMK. Standards für die Lehrerbildung: Bildungswissenschaften (Beschluss der Kultusministerkonferenz vom 16.12.2004 i. d. F. vom 16.05.2019)[EB/OL]. [2022-02-03]. https://www.kmk.org/fileadmin/veroeffentlichungen_beschluesse/2004/2004_12_16-Standards-Lehrerbildung-Bildungswissenschaften.pdf.

20 KMK. Ländergemeinsame inhaltliche Anforderungen für die Fachwissenschaften und Fachdidaktiken in der Lehrerbildung (Beschluss der Kultusministerkonferenz vom 16.10.2008 i. d. F. vom 16.05.2019[EB/OL]. [2022-02-03]. https://www.kmk.org/fileadmin/veroeffentlichungen_beschluesse/2008/2008_10_16-Fachprofile-Lehrerbildung.pdf.

在职业性、专业性、师范性上都有相应的能力要求。

3）内容全面，三性融合

引领职教教师教育的“专业性 / 学术性、职业性、师范性 / 教育性”既是职教教师教育的一般理念，在德国高质量、系统化的职教教师教育中也体现得尤为充分。在整个教育过程中，职教教师教育体系的整体设计得以体现：职业准备阶段要求具备企业实践经验首先实现了“职业性”；高校学习阶段体现“专业 + 教育 + 专业教学”三个板块的能力培养，从而实现了专业性 / 学术性、师范性及三性融合；预备阶段是三性融合的深化；职后阶段则是三性融合的贯彻实施，在各个阶段分别体现三性，最终又实现了融合。总体而言，德国职教教师教育体现了三性融合的基本原则，实现了职教教师一体化、专业化能力的培养。

四、德国企业培训师傅的定位与培养

1．企业培训师傅的类别与结构

在德国双元制职业教育体系中，企业作为实施的主体，承担了整个职业教育 70%左右的任务。德国只有约 25%的企业经过资质认定而具有教育培训资格，成为教育企业。根据德国《职业教育法》“第三节 教育机构与教育人员的资质”[21] 规定，教育培训机构的资质和教育提供者与培训师的资质均需满足要求，才能提供企业教育培训。教育培训机构在种类与装备上适合，学徒数量与培训岗位数量及培训人员数量保持适当比例才能达到相应的资质。教育提供者应具备人品资质，培训师需同时具备人品和专业资质，才能招收和教育学徒。

德国企业培训人员（Betriebliches Ausbildungspersonal），即广义的企业职业教育人员，可细分为若干类别人员，如培训岗位提供者 / 培训主管（Ausbildender/Ausbildungsleiter）、培训师（Ausbilder，专职或兼职）、培训专员 / 一般培训人员（Ausbildungsbeauftragter/ausbildende Fachkraefte）。为了满足教育企业的培训资质要求，企业培训人员的数量及结构也需与学徒

21 姜大源．德国联邦职业教育法译者序 [J]．中国职业技术教育，2012（10）：71-88.

数量与培训岗位数量保持适当比例。此外，培训人员的人品与专业资质也需达到相应的要求。在培训地点所投入的培训人员必须具备法律上所规定的职业专业性和教育性资格。为深化和扩展这些资格，可以根据需求提供多样化的继续教育。

培训岗位提供者（对外的职业教育提供者）一般是教育企业本身，必须具备用于学徒职业培训充分数量的培训师和一般培训人员，以保证上述的人员比例关系，负责与学徒签订培训合同以及按合同规定进行培训。[22]培训岗位提供者也必须为培训师与一般培训人员创造所必需的前提条件，以便他们能够承担相应的培训任务。

培训师受雇于企业，负责传授特定培训职业所要求的技能、知识和能力（计划、领导、指导、管理），是教育提供者的代理人和培训的具体负责人。[23]培训师具体分为专职培训师和兼职培训师，专职培训师必须具备《培训师资质条例》（*Ausbilder-Eignungsordnung*，AEVO）考试的资格证明或通过师傅考试第四部分从而具备职业专业资格，基本上只承担培训任务，直接培训的学徒数量不超过一个小组内的 16 人。兼职培训师除了培训任务外还执行企业其他功能，自身培训的学徒数量平均不超过 3 名，并且保证作为培训师活动一定比例的工作时间。

培训专员 / 一般培训人员是支持、协助培训师完成培训任务的技术人员和办事员，其往往在特定设备和具体工作岗位上为学徒提供培训[24]。《培训机构资质建议》中也明确：在企业培训人员承担责任的基础上，其他虽不是企业培训人员但传授所必需的职业技能、知识和能力且人品合格的人员，可以参与职业教育[25]。培训专员 / 一般培训人员是与培训师共同承担职业教育责任的人员，其要求与兼职培训师类似。在易于造成危险的活动（如

---

22 王继平，黄怡心. 德国《培训师资质条例》及其新发展 [J]. 职业技术教育，2014，35（4）：78-82.

23 同 22。

24 同 22。

25 Bundesinstitut für Berufsbildung. Empfehlung des Hauptausschusses des Bundesinstituts für Berufsbildung vom 16. Dezember 2015 zur Eignung der Ausbildungsstätten (HA 162) [R]. Bundesanzeiger，2016：2-3.

机床）中，学徒的数量一般会少一些。培训专员 / 一般培训人员可选择例如培训师课程、《培训师资质条例》考试准备课程、针对目标群体的继续教育课程获得相应资格。

在德国不同类型的教育企业内，企业培训人员队伍的结构也有所差异。表 3–2 显示了德国五种类型企业的教育培训组织结构及其培训人员队伍构成。大中型工业企业的职业教育组织类型与人员结构较为完整，具备相应的学习车间及工作岗位实践，同时也具有培训主管、专职培训师与培训专员 / 一般培训人员的企业职业教育人员结构。服务型企业提供工作一体化的培训和补充性的教学场所，培训部门承担培训协调任务，培训人员结构以培训专员 / 一般培训人员为主，专职咨询人员为辅。对于小型企业来说，由于其培训能力有限，培训一般发生在真实工作中，辅之以跨企业或企业外培训中心的补充课程，因此其培训人员一般只包括兼职主管和兼职培训师。而在教育培训服务企业中，可以通过实践与理论培训进行系统化订单培训，并且可以根据各种需求供给不同的课程类型，其团队结构包含责任主管、团队主管与专职培训师。公共管理型企业主要在跨企业培训中心提供培训课程，并根据部门运作计划实施工作融合性的培训，其团队结构包括责任主管、少量专职培训师和大量一般培训人员。

表 3-2 典型的企业培训组织机构及其职业教育人员结构 [26]

类型	培训组织的类型	人员结构	学习背景	任务重点
大型和中型工业企业	具有培训课程体系的学习车间；在工作岗位或者学习岛附近实施培训，有时在学习车间也有生产性的订单任务	责任主管	高等教育毕业人员	策略性计划
		团队或专业组领导	师傅、晋升的培训师	协调、管理
		专职培训师	部分师傅，其余是通过 AEVO 的培训人员	组织、伴随、指导
		协同培训师	进行职业教育资格培训的专业工人	培训支持，订单处理
		培训人员	双元制教育毕业生、专业人员或 AEVO 人员	工作岗位上的培训

26 Brater M，Wagner J. Qualifikationsbedarf des betrieblichen Bildungspersonals - Ergebnisse einer explorativen Studie[R]. BWP，2008（6）：5-9.

续表 3-2

类型	培训组织的类型	人员结构	学习背景	任务重点
服务型企业	根据部门运作计划的工作一体化培训；部分是额外的专业理论课程，部分在各自的企业教育中心；有时也在练习工场、教学办公室等；教育培训部门承担协调任务	责任主管	通常是高等教育毕业人员	策略性计划
		若干名专职咨询人员	部分是高等教育毕业人员，其余是经过进修达到师傅资格的人员，或经过职业教育学培训的人员	方案开发和调控；组织、管理
		培训人员 / 兼职导师	经历过专业教育，部分是高等教育毕业者；具有职业经验的人员；未经过职业教育学方面培训的人员	真实工作中的实践培训
小型企业	教育培训仅发生在与订单相关的真实工作中，而无其他的职业教育成分；通常在跨企业或企业外培训中心有补充课程	兼职主管（通常是企业主）	专业教育，师傅和 AEVO 人员	组织、学徒选择、指导、部分培训
		兼职培训师（企业外专业人员）	专业教育，具有职业经验但无职业教育学方面的资格	在真实订单中围绕订单的培训
教育培训服务企业（各种完全不同的业务结构）	在教育培训中心通过实践和理论培训进行系统的订单培训；从完整培训到部分培训或专业化课程的各种不同的供给；整合和指导企业培训；部分承担培训生的招收和其他服务	责任主管	高等教育毕业者	策略性计划，培训订单的获得
		团队协调人员	晋升的培训师	招揽、顾客联系、协调、管理
		专职培训师	专业教育，师傅或 AEVO 人员，职业教育学方面的继续教育	培训、伴随、与伙伴企业的培训人员关于合作的协调
公共管理型企业	在专门的跨企业教育中心 / 管理类专业学校中提供培训课程；另外还有根据部门运作计划的工作融合性的培训	责任主管	高级管理者，通常是高等教育毕业人员	策略性计划、方案开发
		若干名专职培训师	经过职业教育学方面进修的管理型专业人员	方案开发、组织、管理
		培训人员 / 兼职导师	专业教育，无职业教育学方面的进修，具有职业经验	工作岗位上的培训

总体而言，各种类型企业的教育培训组织一般包括以下几种类别的企业培训人员：培训主管，主要负责调控整个企业各岗位和岗位群的教育培训；专职培训师，主要在企业的教学车间工作，大部分具备进修证书（如师傅证书、技术员证书、专家证书）；兼职培训师，他们也是《职业教育法》框架下的培训师，直接在工作岗位上进行培训，其培训活动包括工作岗位经验的传授，在小型企业中他们能够同时承担培训主管的功能；培训专员/一般培训人员，是在工作岗位进行培训的同事，是非《职业教育法》框架下的培训师，也可以是企业培训的协调者。

按照德国职业分类的要求等级来看，企业职业教育人员的等级大致对应：第四、第三和第二等级（见第2章的“专业建设”部分）。不同的要求等级也意味着各类人员的不同资格水平与教育培训路径，如第四等级一般为高等教育毕业人员，第三等级一般为经历过职业继续教育的师傅、技术员类别的人员，第二等级为经历过初始职业教育的技术工人。因此，培训主管一般是高等教育毕业人员，专职/兼职培训师是师傅（针对手工业职业，第三要求等级）或取得培训师资质的技术工人（针对工商类职业，第二要求等级基础上的进修），而一般培训人员则是专业部门的技术工人或高校毕业生，一般无教育培训资格。从企业培训人员的类型与等级可以看出，一方面，德国企业培训人员根据企业类型不同各有较为系统的组织结构；另一方面，德国教育体系与职业体系之间结构与等级的对应性也定位了企业培训人员的资格要求与教育路径。

2．企业培训师的定位与任务职责

上述几类企业培训人员中，企业培训师是企业职业教育人员的主体，除了在企业进行培训之外，也会在跨企业培训中心或企业外教育服务机构从事完成培训任务的专职工作。根据《职业教育法》第28条，培训师承担传授各教育职业所规定的教育培训内容的职责。作为培训师，除了满足人品资质要求外，更为重要的是具备相应的专业资质要求，包括传授教育内容必需的职业及职业教育学和劳动教育学的技能、知识和能力，其中职业方面的技能、知识和能力主要指向获取相关的教育职业或教育专业的内容。他们与其他专业人员共同完成企业教育培训内容的任务，其工作职责与任务与其他企业人员既有区别又有关联。在双元制职业教育的框架下，不同于职业院校教师，企业培训师的定位、职责与活动领域是在工作本位环境中指导学徒或学校学习者实践学习。其工作重点不仅与学校的专业理论与实践教师有所区别，也与虚拟环境的跨企业培训中心培训师有所不同。

企业培训师在德国 2010 年新版职业分类体系中位于第八职业领域“健康、社会事务、教育与教学”的“企业培训与企业教育学类职业”职业小类(小类代码 8422)(图 3–4)，其要求等级为第三等级：“综合专业性的职业活动”（细类代码 84223）。在职业教育框架下看该类职业，它属于进修职业，其人员是作为教育职业的指导者。相比较而言，职业学校教师则属于需要完成大学教育直至通过国家考试的学术职业。

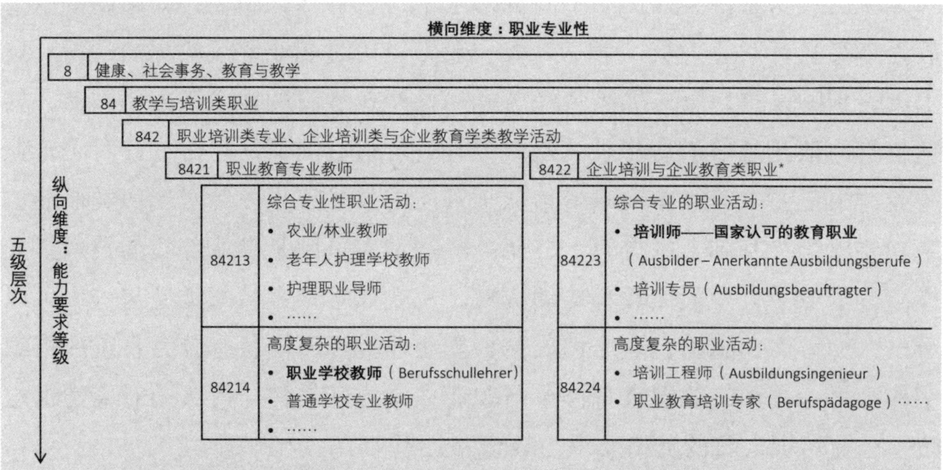

图 3–4 德国企业培训师在国家职业分类体系中的定位

该职业细类涉及所有从事企业培训与企业教育的人员，其中，“培训师——国家认可的教育职业”是在各个被国家认可的教育职业中根据《职业教育法》或《手工业条例》在企业实施职业教育，传授各个教育职业的专业内容的人员；“培训师傅”（Ausbildungsmeister/in）是在成人教育或康复训练中设计和实施职业转业与进修教育的人员。该职业细类从业人员主要负责企业培训的计划、组织与实施，且在企业中直接传授培训内容。其任务、活动、知识和技能通常包含：在企业结合法律、教育、心理等基础与专业要求进行培训；在考虑企业基本法和企业工会（如果有的话）共同决策权的前提下，依据《职业教育条例》的内容与时间要求制订企业培训计划；对学徒进行针对性指导，因材施教；指导学徒理论与实践学习，同时考虑职业新的趋势、发展与工艺，适时地传授职业必需的知识和最新的技能与能力；评价和记录学徒的成绩与学习进步，协调学徒与专业部门同事或上级之间的问题；在培训结束时拟定或与学徒共同拟定培训结果（表 3–3）。[27]

表 3-3 企业培训师的职责任务

任务范围	主要任务
领导企业职业培训工作	• 总负责：按照国家职业教育条例管理整个培训流程 • 对内、对外代表企业培训部门 • 负责与企业内、外各部门如生产车间、学校和行会的联系等 • 培训部门内部管理
招生	• 根据国家职业教育条例制订本企业的培训计划 • 制订培训生的生产实训轮换计划 • 进行适应性测试 • 确定最终招生
组织培训计划和工作	• 安排实训工位 • 组织安排协调培训工作 • 计划培训内容与具体教学（包括确定符合职业要求的学习目标，开发培训手段与材料等）
实施职业培训过程	• 组织教学过程 • 选择学习内容和实训项目 • 传授必需和可拓展的专业知识、技能和能力，对培训质量负责 • 开展教育教养和使学徒融入企业社会（对企业、团队和职业的认同，积极的工作动机，遵守法律和企业规定） • 评价教学成果，检查评定学习成绩 • 完成培训合同中规定的任务（指导学徒撰写培训报告，遵守工作时间等）

3．企业培训师的培养及进修路径

《培训师资质条例》是规范双元制职业教育中企业职业教育人员资格的条例。1972 年 4 月，德国联邦政府颁布该条例，对企业培训师应具备的个人能力、专业能力提出了明确要求，拥有合格的培训师是作为企业提供双元制职业教育必须满足的资格门槛。2003 年，为降低教育企业与企业培

27 Bundesagentur fuer Arbeit. Klassifikation der Berufe 2010 – Band 2: Definitorischer und beschreibender Teil[S]. Nuernberg，2011（3）：1390-1391.

训人员的门槛及提高职业培训岗位数，该条例暂停执行，但中止生效所带来的数量上的正面效应不断弱化，质量上的负面效应日益凸显。2009 年 8 月 1 日起，修订后的新《培训师资质条例》正式生效。新条例修订的重点在于：以能力的形式描述规格要求；在业务流程与工作过程中获取教与学能力；参加联合会或跨企业职业教育机构或国外的培训；考虑学徒目标群体的异质性。[28]

培训师的资质可分为专业能力（Fachliche Eignung）和人格素养（Persönliche Eignung）两大维度（图 3-5）。所谓专业能力，指的是培训师既要具有自己所培训职业要求的技能、知识和能力——称为职业能力（berufliche Eignung），也要具有基于职业教育学和劳动教育学的教育教学能力（berufs- und arbeitspädagogische Eignung）；所谓人格素养，指的是培训师背景良好，无违反《职业教育法》的行为，能够对学生的人格塑造和良好行为模式的养成起到积极的促进作用。在《培训师资质条例》中，特别着重描述的是培训师应具备的教育教学能力。根据《职业教育法》，培训师在从事国家认可的教育职业的教学时，必须证实其获得了条例所规定的职业教育学和劳动教育学的技能、知识和能力。

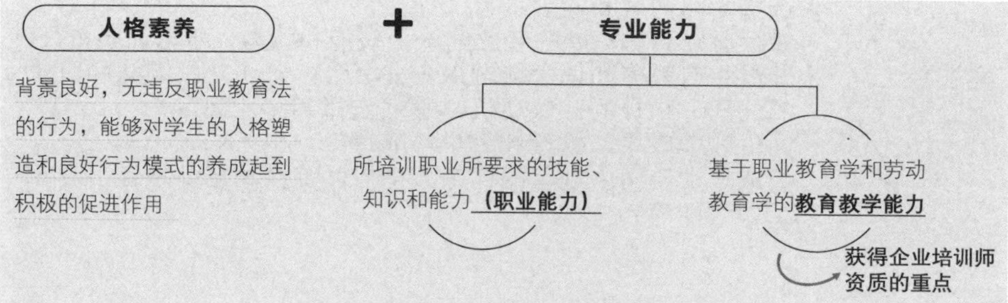

图 3 5 企业培训师的能力构成与要求

在当前德国经济、社会与职业教育发展的背景下，培训师的能力规格被划分为以培训过程与能力为导向的四个行动领域。

（1）核查实施职业教育的前提条件，并制订职业教育计划。在这一行

28 Hauptausschuss des Bundesinstituts für Berufsbildung. Empfehlung des Hauptausschusses des Bundesinstituts für Berufsbildung zum Rahmenplan für die Ausbildung der Ausbilder und Ausbilderinnen[R]. Bonn，2009：3-6.

动领域，培训师需能够描述企业职业教育的优点和价值，并给出理由；按照企业职业教育的需求，在法律、劳资合同和企业框架条件的基础上，参与规划和决策；描述职业教育体系的结构及其关键节点；为企业选择教育职业，并给出理由；核查拟在相关教育职业实施职业教育的企业资质，以及通过在（企业）职业教育地点之外的，特别是职业教育联合体、跨企业或企业外的职业教育措施，传授职业教育内容的可能性及程度；对职业教育准备措施实施的可能性予以评估；在企业中，考虑职业教育参与者的职能和资质，确定其任务。

（2）**做好实施职业教育的准备，共同招收学徒**。在这一行动领域，培训师需在《职业教育条例》的基础上，制订以职业典型的工作过程和经营过程为导向的企业职业教育计划，包括考虑职业教育中企业利益代表参与工作和参与决策的可能性；调查合作需求，在内容和组织上与合作伙伴，特别是职业学校，达成一致；在考虑智力类型的情况下，应用遴选学生的标准和方法；准备职业教育合同，促进在主管部门的合同注册工作，并核查职业教育部分内容在国外实施的可能性。

（3）**实施职业教育**。在这一行动领域，培训师需能创造有利于学习的条件和激励学习的文化，给出并接收反馈信息，组织、设计并评价试用期；按照企业职业教育计划和职业典型的工作过程和经营过程，开发并设计学习和工作任务；选择符合目标群体的职业教育教学方法和教学媒体，并根据典型情境予以应用；通过个性化的职业教育和学习咨询的设计帮助学习困难的学生；必要时采用职业教育援助手段，核查延长职业教育年限的可能性；向学生提供附加职业教育，特别是附加职业资格形式的职业教育，核查缩短职业教育年限和提前参加毕业考试的可能性；促进学生的社会发展和个性发展，及时识别问题和冲突，并寻找解决方案；确认并评定成绩，分析第三方的评估和考试结果，进行评估谈话，并作出接受进一步教育的推断，以及促进学生的跨文化能力。

（4）**完成职业教育**。在这一行动领域，培训师需能按照考试日程，帮助学生做好毕业考试准备；负责为学生在主管部门注册考试，并对考试的特别事项予以指导；在学生成绩评估的基础上，参与制定书面的毕业证书；向学生提供企业发展道路和职业继续教育可能信息并给出建议。

要想成为一名合格的培训师，他们必须具备上述四个行动领域中职业教育学和劳动教育学意义上的教育教学能力。这一能力可以通过两种方法获得：其一是参加师傅培训，并通过考试获得师傅证书；其二是根据AEVO规定的学习领域进行自学，或者参加相应的培训，最终通过行业协会组织的《培训师资质条例》考试，取得企业培训师资格证书。无论是师傅考试还是企业培训师资格考试，都把基于职业教育学和劳动教育学的教育教学能力作为一个重要考核内容。考试由笔试和实践两部分组成。两部分均获得“及格”以上成绩，则考试通过。考试的笔试部分是完成从行动领域中选取的案例性任务，时间为3个小时。考试的实践部分由职业教育教学情境展示和专业性面试两部分组成，最长不超过30分钟，应试者要选择一个典型的职业教育教学情境。[29]

为了使培训师能够更好地胜任新的工作任务，在联邦职教所的领导下，专业咨询委员会也为其开发了相应的框架计划。框架计划的核心目标是保障全联邦范围内获取培训师资格所需完成的课程具有统一的质量标准。根据不同的企业大小、经济领域、行业与功能，培训师的资格要求也是不同的。在大型企业中的工作分工主要以培训主管、专职培训师、一般培训人员进行划分，而在中小型企业中的大多数情况下完全由各个负责的培训师承担任务。[30]《培训师资质条例》规定，所有经济领域（除了自由职业外）的培训师在根据《职业教育法》进行国家承认的教育职业培训时，需具备职业教育与劳动教育方面的技能、知识和能力相关的证明。总体上，框架计划也追求创设培训师考试中职业教育与劳动教育考试部分所必备的内容基础。

根据框架计划，企业培训师要获得所需的培训师能力，需参加总共115课时的培训。鉴于不同的内容要求，四个行动领域所建议的培训时间比例如表3-4所示[31]；根据《培训师资质条例》，获取培训师资格的框架

29 王继平，黄怡心. 德国《培训师资质条例》及其新发展 [J]. 职业技术教育，2014，35(4)：78-82.

30 王婀娜，姜大源. 德国企业教师资质条例（2009年1月21日）[J]. 中国职业技术教育，2012（10）：89-91.

31 Bundesinstitut für Berufsbildung. Empfehlung des Hauptausschusses des Bundesinstituts für Berufsbildung vom 20. Juni 2023 zum Rahmenplan der Ausbilder-Eignungsverordnung[EB/OL]. [2023-07-28]. https://www.bibb.de/dokumente/pdf/HA135.pdf.

计划如表 3-5 所示。其中，职业教育的实施能力作为重点部分，占用的进修时间最长，比重最大。同时，培训师资质考试的进修框架计划也体现了能力导向，通过对接总的能力要求，具体到技能、知识和能力维度，根据能力要求提供相应的进修内容。这也说明了培训师培养模式的职业能力和实践导向。

表 3-4 获取企业培训师资质的行动领域及进修时长比重

行动领域	建议的培训时长比重
1 核查实施职业教育的前提条件，并制订职业教育计划	15%
2 做好实施职业教育的准备，共同招收学徒	20%
3 实施职业教育	50%
4 完成职业教育	15%

表 3-5 获取企业培训师资质的进修框架计划（部分）

行动领域 1：核查实施职业教育的前提条件，并制定职业教育计划（15%）		
总能力	技能、知识和能力	内容举例
培训师能够：		
1 描述企业职业教育的优点和价值，并给出理由	• 表明职业教育的目标与任务，尤其职业行动能力对于行业与企业的意义 • 描述企业职业教育对于青年、经济和社会的优点与价值，并考虑可持续和未来能力发展	• 考虑人口变化背景下的专业人员后备力量保障 • 社会责任 • 竞争优势，灵活性，创新性，直接和间接价值 • 培训津贴，社会保险
2 按照企业职业教育的需求，在法律、劳资合同和企业框架条件的基础上，参与规划和决策	• 考虑企业发展与框架环境的前提下，阐述职业教育的需求 • 在人力资源开发的框架下强调培训的意义 • 培训决策时，注重与职业教育相关的法律框架	• 培训计划考虑定性和定量人员需求 • 培训的法律框架环境，尤其是《职业教育法》《手工业条例》《青年劳动保护法》《劳资法》 • 德国联邦职教研究所主管委员会的建议
3 描述职业教育体系的结构及其关键节点	……	……

小 结

在以德国为代表的双元制职业教育中，职教教师队伍建设呈现出“双师结构”“双师素质”的特点。“双师结构”体现在德国职教教师队伍是由职业学校教师与企业培训师傅两支队伍构成，“双师素质”体现在不同类别教师个体身上的理论实践一体化。学校环境中的职业学校教师与企业环境中的企业培训师傅在制度上的合理分工、在实践中的协调合作和在职业上的专业化发展，共同促成了德国高质量的职业教育。

虽然德国双元制职业教育中的实践教学大部分由企业培训承担，但是职校教师仍然需要同时具备理论与实践一体化教学的能力。学术与实践导向并重的职教教师教育满足了相应职业学校的需求，也是必需坚持的道路，无职业实践则不能胜任教育教学工作，无学术基础则很少具有反思提升能力。

同样，作为另一支职教师资队伍的企业培训师傅在实践方面的要求则更加突出。合理的队伍内部构成及各类成员之间有效的协作分工共同保障学徒培养。同时，企业培训师傅在国家职业分类中具有明确的职业定位、职业概述与活动领域，也有法定的《培训师资质条例》对培训师所应具备的专业能力和人格素养提出的明确要求，专业能力建设包含了良好的师德水平、实践导向的专业能力和合格的教育教学能力三个方面。由此看出，各种类型的职业教育人员虽然在专业能力上有所侧重，但都需具备在专业上和在教育教学上相应的资格。这也显示了随着职业教育理论实践一体化的逐步发展，德国职校教师与企业培训师傅的培养任务也越来越趋于一致和融合。

对于德国双元制职业教育教师队伍来说，职教教师队伍中各类教师的职能与任务划分较为明确，各类教师各司其职，各尽所能。此外，德国对教师的初始培训较为重视，认为系统化的教育有助于保障教师队伍的工作质量。同时，加强职教教师的职后培训，为教师专业化能力的持续提升提供了保障。

第 4 章

德国职教教师教育的整体概貌

德国教师教育问题多次进入公共讨论，甚至被称为教育政策的“长期建筑工地（Dauerbaustelle）”。讨论涉及许多不同的政治行动者以及来自社会和经济领域的其他许多利益集团,这导致了诸多利益冲突和协调问题。对教师教育有效性的研究也显示出教师教育存在严重缺陷，因而教师教育体系经常受到批评和收到改革建议。随着1999年《博洛尼亚宣言》(*Bologna Declaration*）的签署，教师教育改革也围绕国际学生评估项目（PISA，2000）的学生能力国际评估结果和能力导向思想进行了新的讨论。在各种体制性和实质性思想影响下，德国教师教育体系面临着关于“成为一个好老师，应当具备什么”的问题。

德国教师教育的任务是，使教师成为“教学的专业人员”和学校系统的成员。因此，要构建教师系统化的和积累性的经验和能力，包括必要的知识和有效的能力，并且这些能力在教师职业生涯发展中能够持续提升。根据1999年德国州文教部长联席会议对教师资格的互认，表4-1列出了德国现有的六种教师类别，需要指出的是类别5中的职教教师与类别4普通教育教师处于相同地位。

表4-1 德国教师类别

教师类别	定义
类别1	小学教师
类别2	小学或（初中阶段）所有类别或单个类别学校的跨学科教师
类别3	（初中阶段）所有类别或单个类别学校教师
类别4	（高中阶段）中等教育（普通专业）或高级文理中学教师
类别5	（高中阶段）中等教育（职业性专业）或职业学校教师
类别6	特殊教育教师

一、德国职教教师培养轮廓与模式

1. 培养轮廓

从整体质量保障来看，德国职教教师教育质量保障体系由四个前后相互衔接的环节构成，分别是：输入、过程、输出和结果（图4-1），每个环节都有相应的标准或要求以保障教育过程的质量。其中输入环节的基础是德国州文教部长联席会议发布的《中等职业教育教师培养与考核框架协定（第 5 类型教师）》决议[1]（以下称“KMK 教师决议”，见附录 1）里关于教师教育的关键数据；此外，相关职业教育研究团体，如德国职业技术学（Gewerblich-technische Wissenschaften und ihre Didaktiken，GTW）工作团体也对技术类职业性专业提出了学习框架建议[2]。过程环节划分为“大学阶段”“预备阶段”和“进修阶段”，侧重形成专业化教师行动所需的理论能力发展，依据的是德国州文教部长联席会议、GTW 和 BWP（Berufs- und Wirtschaftspädagogik）的相关决议和建议。输出环节是教师培养所需达成的科学与教育教学方面的能力、技能和态度，以德国州文教部长联席会议发布的教育科学领域的教育要求与专业科学领域的专业要求作为基准。结果环节则要求形成“好的课堂”，以德国州文教部长联席会议发布的教育标准中建议的能力标准以及相关评价标准与建议为要求，教师个人在教学、教育、指导、评价、创新、合作等方面全面发展及实现学校的结构化发展。职教教师的专业化培养、评价标准与职业教育的教育标准相互作用，后者作为需求端对前者施加关于提高教师素质的要求，而前者也对后者的继续优化发展起到促进作用。

从整体能力要求来看，鉴于职业教育的跨界性和实践性，要求职教教师具备多重能力，教师教育也更为复杂。职教教师教育作为一个专业职业，其教育内容涵盖了专业科学（专业性）、教育科学（师范性）和职业实践内容（职业性）。为了达成这“三性”目标，促进职教教师的专业发展及保障职业教育的质量，德国职教教师一般必须经过完备的系统化教育，其中，职前教育阶段一般包括大学阶段和预备阶段，职后培训阶段即为进修阶段（图 4-1）。

---

1 KMK. Rahmenvereinbarung über die Ausbildung und Prüfung für Lehrämter für die Sekundarstufe II (Berufliche Fächer) oder für die beruflichen Schulen (Lehramtstyp 5) (Beschluss der Kultusministerkonferenz vom 12.05.1995 i.d.F.vom 13.09.2018) [S]. Protokoll vom 2018：9.

2 GTW Gewerblich-technische Wissenschaften und ihre Didaktiken (Hrsg.). Empfehlungen zur Ausgestaltung von Studienordnungen für Bachelor- und Masterstudiengänge gewerblich-technischer Fachrichtungen. z.B. Berufliche Fachrichtung Metalltechnik[EB/OL].（2010）[2015-04-10]. http://www.ag-gtw.uni-bremen.de/wp-content/plugins/download-monitor/download.php?id=40.

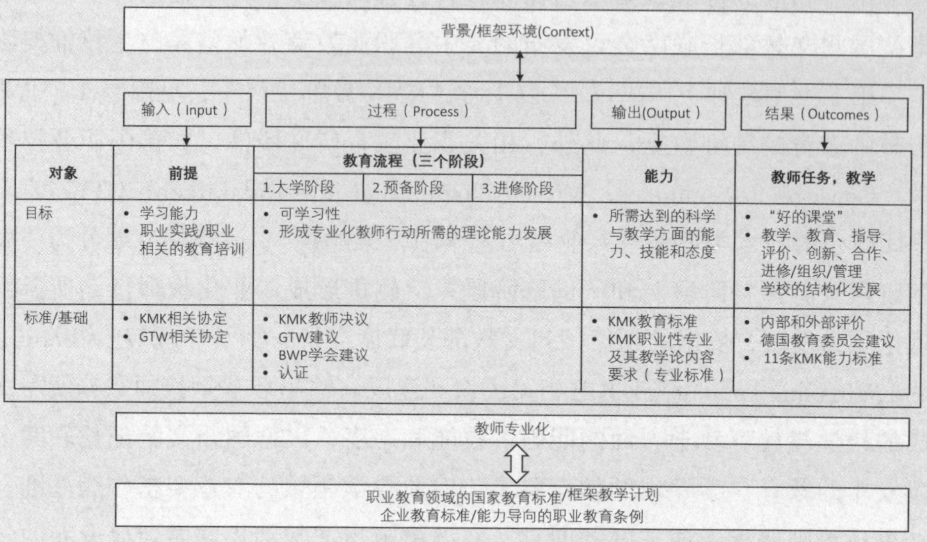

图 4-1 德国职教教师教育质量保障体系 [3]

在 1999 年博洛尼亚进程学制改革之前，德国没有学士和硕士学位划分，大学生获得的第一个学位是“Diplom”或“Magister”（国际上公认为硕士）。此时职教教师教育模式主要分为两阶段：第一阶段（大学教育阶段）约为 5 年；通过第一次国家考试后进入第二阶段，由州教师教育学院进行为期 12~24 个月的预备期学习（各州规定有差异），通过第二次国家考试后才能取得进入职业院校任教的资格 [4]。为了保证欧洲高等教育的质量和打造统一的欧洲高等教育区域，博洛尼亚进程促进欧盟区高等教育改革。在此背景下，德国职教教师的大学教育开始划分为学士、硕士两个阶段，其中学士学习至少为 6 个学期，硕士学习至少为 2 个学期，若包含学校实践则至

---

3 根据以下文献整理：[1] Becker M，Spoettl G．Lehrerbildung in beruflichen Fachrichtungen – Gemeinsamkeiten, Besonderheiten, Differenzierungen, Standards[J]．bwp@ Spezial 6 – Hochschultage Berufliche Bildung 2013, Workshop 19，2013：1-10．[2] Frommberger D，Lange S．Zur Ausbildung von Lehrkraeften fuer Berufsbildende Schulen - Befunde und Entwicklungsperspektiven[R]．Friedrich-Ebert-Stiftung, Abteilung Wirtschafts- und Sozialpolitik，2018（4）：11．

4 陈志伟．欧洲三国职教教师教育目标与体系框架 [J]．比较教育研究，2017，39（7）：79-85，109．

少为 10 个学期，300 学分[5]。在取得学士学位后，学生可以直接进入就业市场从事除职业学校（理论）教师之外的工作，也可以选择继续攻读硕士学位，之后再参加为期 12~24 个月的预备期实践阶段，取得职业学校（理论）教师资格证书，进入职业学校执教。

2. 培养模式

从历史发展来看，德国商业领域职教教师教育一开始就在大学层次中进行，技术领域职教教师教育则直到 20 世纪 60 年代才实现了向大学层次的转移。作为主力教师队伍，技术领域职教教师教育曾出现过三种典型模式：一，西南地区的工程师模式，主要以科学为导向，设置科学课程；二，普鲁士的研讨班模式，侧重于职业实践；三，汉堡和图林根独立的职业教育模式，强调教育原则和全面教育，除了具备高校入学资格外，生源至少要有两年的实际工作经历。[6]

当前看来，德国高校有多种职教师资培养模式。从大学阶段的输入来看，既有对获得大学入学资格的高中毕业生进行职教师资本硕阶段的培养，也有对已经完成专业科学学习的本硕毕业生进行职教师资硕士阶段的培养；而从大学阶段的输出来看，在职教师资培养框架的总体规定下，有职教师资国家考试模式（Lehramt an beruflichen Schulen），职业教育学硕士模式（Diplom-Berufspaedagogik）和职业教育硕士模式（Master of Vocational Education）等[7]。其中，

---

5 KMK. Rahmenvereinbarung ueber die Ausbildung und Prüfung für ein Lehramt der Sekundarstufe II (berufliche Fächer) oder für die beruflichen Schulen (Lehramtstyp 5) (Beschluss der Kultusministerkonferenz vom 12.05.1995 i. d. F. vom 13.09.2018)[EB/OL].（2018-09-13）[2020-08-16]. https://www.kmk.org/fileadmin/Dateien/veroeffentlichungen_beschluesse/1995/1995_05_12-RV-Lehramtstyp-5.pdf.

6 菲利普・葛洛曼，菲利克斯・劳耐尔. 国际视野下的职业教育师资培养 [M]. 石伟平，译. 北京：外语教学与研究出版社，2011：118-120.

7 职教师范生只有获得职教教师（第一次）国家考试、职业教育学硕士和职业教育硕士三种毕业形式的证书才能进入预备阶段和在学校就职。前两种是本硕一体化模式；后一种模式，即职业教育硕士模式，是实施博洛尼亚进程以来德国职教师资培养的主要模式，分为学士和硕士两个阶段。学士阶段的毕业生进入职业教育硕士阶段，其来源是多样的，既有来自普通大学的职教师资本科生、专业科学本科生，也有来自专科大学的本科生和硕士生。对近年来最终获得这三种毕业证书范围内的学生进行调查显示，（职业）教育硕士模式的学生约占 70%、国家考试模式的学生约占 25%、职业教育学硕士模式约占 5%。

第一、二种模式是传统的本硕一体化模式，即在本科和硕士阶段均学习专业科学和职业教育学课程，但由于存在生源短缺和学制较长等方面问题，这两种模式已不多见；而第三种模式自欧洲博洛尼亚进程之后已成为职教师资培养的主要模式，即本科阶段主要是专业科学课程的学习，硕士阶段主要是职业教育学类和专业教学类课程的学习。

职业教育硕士模式主要是招收专业学科毕业的大学生进行职教教师硕士阶段的培养。生源既有取得普通大学学士学位的毕业生，也有应用科学大学的学士/硕士毕业生。该模式必需的入学前提是：具有专业科学领域的学士毕业证明；具有至少为期一年专业相关的职业或企业实践证明，或者是已结业的相关职业教育证明。由于该模式具有分阶段培养的灵活性，吸引了一些已经获得专业科学领域的学士/硕士毕业生，他们通过两三年的硕士阶段学习后取得普通大学的硕士学位，在通过国家考试后则能够获得职业学校的教师资格。硕士阶段的培养目标是在本科阶段专业学科学习的基础上，培养未来从事职业教育与培训人员在职业教育学、职业和专业科学及其教学方面的能力。在完成预备教育和通过第二次国家考试之后，他们可以成为各级各类职业学校的教师，也可以成为职业教育培训的职业教育学专家，或者在企业、协会、行会或工会人力资源管理部门工作的人员。

如果单从专业科学的角度来看，德国职教教师培养大致可以归纳为以下三种模式。

（1）工程科学专业的培养模式。职教师资的培养挂靠（或合并）于工程师培养的专业，职教教师的专业科学内容等同于工程科学的专业内容。同时，在培养中补充一些教育教学类课程。从整体来看，职教教师的专业内容从属于工程师的专业内容，是其子集。该模式是德国一些综合性大学职教师资培养的一般模式，虽然在资源建设方面较为可行，但是培养出的职教教师独特的专业化特点体现不多，也会导致人们对职教师资专门化培养存在必要性的怀疑。针对该模式的弊端，德国通过分阶段的教师培养，补充对于职教教师切身重要的教育教学理论与实践，使得未来的职教教师达到相应的教师资格要求。

（2）职业技术专业的培养模式。该模式是德国部分高校（尤其是GTW 工作团体的成员高校）的创新模式。该模式将职教教师所需学习的专业科学作为独立的职业技术科学，该科学与工程科学有重合部分，但也有不同的部分，两者之间是交叉关系。德国职教师资培养机构将职业技术科学作为“面向教学的专业理论”来看待，由职校学生未来职业工作和教师教学工作的视角出发，将专业科学的内容进行重新组织和取舍。职业技术专业不是相关工程专业的“子集”，而是一个与相关工程专业有“交集”的另一个集合。[8] 该模式针对职业工作、技术和教育的特点提出了职教教师应当具备的独特性及专业性培养要求，但由于建立独立职业技术科学的困难和高校师资力量的不足，该模式较难全面实行。

（3）以应用技术科学为基础的培养模式。该模式以应用科学大学的毕业生作为生源，依据其所学的应用技术内容及实践（而非完全的工程科学内容），补充职业教育所需的教育学内容和专业教学内容，为职业教育提供可靠和适切的职教师资人才。该模式在德国硕士层次的职教教师培养中较为普遍，并且实践证明是一种可行的模式。该模式一方面解决了工程科学内容与职业学校职业技术内容之间的矛盾，而采用了介于两者之间的应用技术内容；另一方面也提高了生源质量，解决了职教师范生对职业教育认同度低和在职业教育领域发展难以持续等问题，使其对职业性或应用性教育有充分的认识，为他们继续学习职业教育学理论、职业技术实践和未来实施职业教育教学奠定了较好的基础。

德国也曾尝试设计与实施教师教育单阶段培养（Modellversuch der Einphasigen Ausbildung – ELAB）的典型试验。作为一个教育改革项目，其中的关键点是开发和提升教师培养课程的专业化与职业性。试验选取了商务领域的职教教师，从一开始就将教师培养两阶段的后 1.5 年培养纳入单阶段的 12 个学期课程。该试验认为，将大学学习与职业学校课程相结合还不够，事实证明，有必要将企业列为第三个学习地点。因而，该试验尝试找到师范生可以从中了解他们未来所教职校学生日常工作与生活的企业，进一步促进师范生的发展潜力。经过大学、职业学校和企业之间的合作，单阶段培养的商务领域职教教师不仅具有出色的教学能力，而且在学习和教学方面也更加生动。该试验虽然有较好的信度，但由于政策原因最终终

---

8 徐朔．德国职业教育教师培养的历史和现状 [J]．外国教育研究，2004，31（5）：56-59.

止了；不过该试验仍然体现了在教师教育中实施“扩展的现代职业性”，在教师教育中将理论与实践联系起来的新尝试。[9]

二、德国职教教师教育阶段与任务

德国职业学校教师的成长大致分为四个阶段：大学前阶段、大学阶段（Studium）、预备阶段（Referendariat）、入职（Berufseigangsphase）与进修（Lehrerfortbildung）阶段。其中，大学前阶段意味着各类生源至少一年专业相关的企业实践（培养之前至少已经开展过半年）或者提供相关已结业的职业教育培训证明是进入职教教师教育的必需条件。大学阶段主要在大学完成，包括学士阶段的 6 个学期（180 学分）和硕士阶段的 4 个学期（120 学分），共计 10 个学期（300 学分）。预备阶段主要在职业学校和教师教育学院进行，时间至少为 12 个月，最多为 24 个月，以国家考试作为该阶段的结尾。入职与进修阶段则是教师入职之后的教师进修与继续教育——在进修与继续教育机构中的学习及非正规、非正式学习。

在《教师教育中专业科学和专业教学论的内容要求》中，德国职教教师教育任务是在不同阶段和不同教育机构中获得如下能力：一，在大学阶段构建专业科学、认知和工作方法及专业教学等基本能力，这一阶段是在某一综合大学或同等（教育类）高校的大学学习。大学学习一般将职业性专业[10]与普通教育专业结合在一起，为教师专业能力的发展提供科学依据；此外，还需学习两个专业的专业教学论及教育科学等内容。二，在预备期习得更多课堂实践能力，这一阶段通常是在某所职业学校和州教师教育学院进行。三，在进修与继续教育阶段，发展职教教师的职业角色（表 4–2）。

---

9 Kutscha G. Das IG Metall-Leitbild erweiterte moderne Beruflichkeit ‘in der Tradition der Bildungsreformpolitik’ [EB/OL]. （2014-01-21）[2021-02-11]. https://wap.igmetall.de/docs_Kutscha_Vortragstext_Leitbild_und_Bildungsreform_21Jan2014_143a5211d761bf47a3d8a16b1945c573d7ae3452.pdf.

10 为了降低专业面的复杂性，各个职业性专业通常组合成专业群。因此进一步划分为面向对象的职业性专业（工业技术类专业）、面向人员的职业性专业，以及经济与管理职业性专业。

表 4-2 职业学校教师培养和考试的框架协定[11，12]

<table>
<tr><td rowspan="9">第一阶段：大学学习阶段</td><td>前提条件</td><td>具备与职业性专业相关的专业实践工作，原则上需满 12 个月</td></tr>
<tr><td>第一专业选择</td><td>16 个职业性专业，各州可以设置其他专业</td></tr>
<tr><td>第二专业选择</td><td>• 职业性专业、普教科目或特殊教育专业
• 特殊情况下，可选相关专业</td></tr>
<tr><td>学习过程</td><td>• 本科 + 师资相关的硕士专业（含学校实践）
• 师资专业（含学校实践）</td></tr>
<tr><td>学习模式</td><td>• 本硕衔接模式：本科：至少 6 个学期；硕士：至少 2 个学期；若包含学校实践至少 10 个学期，对应 300 学分
• 国家考试模式：完成第一次国家考试的常规时间，9 个学期，对应 270 学分</td></tr>
<tr><td>课程模块</td><td>• 第一、二专业的专业科学：180 学分
• 教育科学、专业教学论、学校实践：90 学分
• 本、硕毕业论文：30 学分</td></tr>
<tr><td>毕业条件</td><td>教育硕士或第一次国家考试</td></tr>
<tr><td>其他说明</td><td>• 在特殊情况下，第二专业（如普通教育学科）的专业教学论、职业性专业的专业教学论、以职业教育学和经济教育学为重点的教育科学、学校实践均可在硕士阶段获取
• 在应用科学大学的本硕框架中获得的学习与考试成绩可以进行换算</td></tr>
<tr><td colspan="2"></td></tr>
<tr><td rowspan="5">第二阶段：预备阶段</td><td>准入条件</td><td>按框架约定的标准获得大学毕业证书</td></tr>
<tr><td>培养过程</td><td>基于科学培养的学校实践</td></tr>
<tr><td>时间期限</td><td>不考虑学分换算，至少 12 个月，最多 24 个月</td></tr>
<tr><td>内容</td><td>• 包容性和异质性的教学与教育工作
• 在一定程度下进行独立教学</td></tr>
<tr><td>毕业条件</td><td>第二次国家考试，即获得教师完整能力</td></tr>
</table>

11 KMK. Rahmenvereinbarung über die Ausbildung und Prüfung für ein Lehramt der Sekundarstufe II (berufliche Fächer) oder für die beruflichen Schulen (Lehramtstyp 5) (Beschluss der Kultusministerkonferenz vom 12.05.1995 i. d. F. vom 06.10.2016)[EB/OL]. [2016-10-06]. https://www.kmk.org/fileadmin/Dateien/veroeffentlichungen_beschluesse/1995/1995_05_12-RV-Lehramtstyp-5.pdf.

12 唐慧，谢莉花，王继平. 职业教育视域下德国教师教育标准的规制作用研究 [J]. 职业技术教育，2020，41（16）：72-78.

续表 4-2

第三阶段：职业阶段	内容	• 持续发展职业能力 • 在学科的、教育的专业领域和在学校组织与管理中，确保个人发展匹配科学的发展现状以及企业或机构的职业实践

1. 大学学习阶段

德国州文教部长联席会议针对各州职教师资培养达成了框架性的协定。2013 年“KMK 教师决议”指出：中等职业学校教师需在大学进行科学认知和职业实践，以培养未来教师专业方面和教育方面具有专业化水平的行动能力[13]。根据该协定，职教师资大学阶段的学习内容包含以下三部分：一，教育科学（含职业教育学 / 经济教育学、职业性专业与第二专业的专业教学论、职业学校实践学习，90 学分）；二，专业科学（含职业性专业与第二专业的专业科学，180 学分）；三，学士论文和硕士论文（30 学分）。在学分标准上，各州可以有 10 学分上下的差别（图 4–2）。其中，职业性专业，或称为第一专业，其专业设置以职业教育的职业领域为导向。第二专业可以选择普通教育专业、职业性专业或特殊教育专业。只有获得职业教育硕士学位、职业教育学硕士学位或通过职教师资第一次国家考试的毕业生才能进入教师教育的预备阶段。该阶段的专业及课程设置将在后两章中详细阐述。

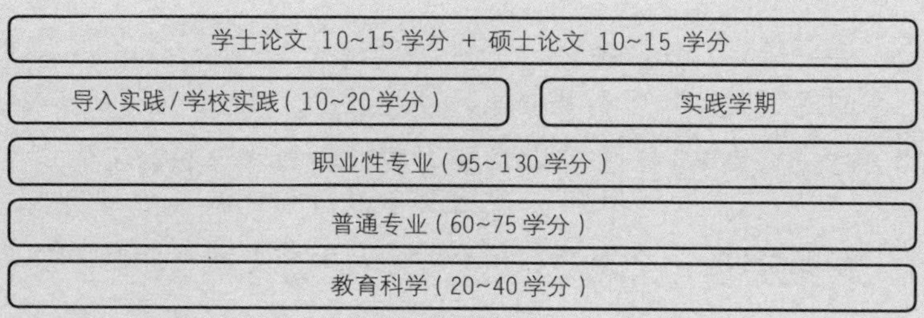

图 4-2 德国职教教师教育大学阶段学习内容

13 KMK. Rahmenvereinbarung ueber die Ausbildung und Pruefung fuer Lehraemter fuer die Sekundarstufe II (Berufliche Faecher) oder fuer die beruflichen Schulen (Lehramtstyp 5) (Beschluss der Kultusministerkonferenz vom 12.05.1995 i.d.F.vom 07.03.2013)[S]. 2013：2-4.

2. 预备阶段

大学学习阶段之后，职教师资培养进入了第二阶段，开始了为期约两年的预备阶段教师实习。不过德国各州的具体情况不一，有些州缩短到 18 个月，还有些甚至缩短到 12 个月。学士和硕士毕业证书可作为进入预备阶段的前提。预备阶段主要是在职业学校和教师教育学院进行。根据德国州文教部长联席会议对教师预备阶段的设计要求，预备阶段是独立的和以学校实践为导向的后续教师培养阶段。其培养是在大学所获得的专业科学、专业教学论和教育科学方面能力的基础上，考虑到学校领域最新发展的情况，实现德国州文教部长联席会议于 2004 年在《教师教育标准：教育科学的视角》中所表述的继续发展教师职业实践能力，包括处理学生的课堂教学与教育教养等问题和完成独立上课等任务，每人要选择两个教学科目，在一所能提供这两个科目相关专业培训的职业学校进行实践。

从组织形式来看，预备阶段包含理论导入部分、课程试讲部分和理论引导下的反思部分，具体涉及导入课、听课、伴随上课、独立上课和研讨课学习等形式。其中，独立上课的范围不应脱离预备阶段的培养。在内容设计要求上，未来教师需能够根据教师教育标准在以下行动领域得到发展：教育和教养：论证和反思教育和教养问题；教师的职业和角色：教师专业化，将教师的职业领域作为学习任务，与教师职业相关的冲突和决策情境；教学论和方法论：课堂和学习环境的设计；学习、发展和社会化：青少年在校内外的学习过程；成就和学习动机：成就和能力发展的动机基础；区别、融合和促进：异质性和多样性作为学校和课堂条件；诊断、评价和指导：个人学习过程的诊断和促进，成绩测量和评估；交流：交流、互动和冲突处理作为教学和教养活动的基本元素；媒体教学：从理念、教学论和实践视角处理媒体；学校发展：教育体系的结构和历史，各学校的教育系统的结构和发展；教育研究：教育研究的目标和方法，研究结果的解释和运用[14]。

---

14 KMK. Laendergemeinsame Anforderungen fuer die Ausgestaltung des Vorbereitungsdienstes und die abschließende Staatspruefung (Beschluss der Kultusministerkonferenz vom 06.12.2012)[S]. 2012：2-4.

从学习地点来看，在预备阶段，职教教师一周中有四天是在职业学校进行两门专业相关的课程教学，另有一天是在州教师教育学院进行教育教学研讨。研讨会主要是针对预备教师在学校课堂所经历的实际情境进行，包括一般教育教学研讨和专业教学研讨。前者的研讨内容包含课堂计划、学习心理、普通教学论、教育教学方法、课堂干扰处理和交流、课堂管理策略、学校规章等；后者的研讨内容包含专业教学论、专业教学评价以及在一般教育教学研讨中涉及的具体专业课堂的所有主题等。

1）教师教育学院研讨

在教师教育学院，实习教师通过各种各样的教学活动，把教育学、心理学、教学法、方法学以及学科知识结合起来，使他们具备职业学校教师的基本素质。有关内容包括：了解学科教学计划，掌握专业教学法，掌握与专业相关的工作方法，学会课堂教学的计划制订、准备、组织以及评价等。课程由三大部分组成：教育学、专业教学论方面的课程和补充课程。相应的专业教学论方面的课程也分为两个部分，即第一专业的教学论以及第二专业的教学论。这一阶段学习的目的是发展和完善学员的授课能力，尤其是对课程的计划、实施与反思的能力。预备期实行模块化的组织形式，分为必修模块与选修模块。必修模块对每个学员都适用，而选修模块则可根据学员的专业方向和兴趣来确定。按照相关规定，在教师教育学院的学习每学年至少250学时。对于这三大部分之间的时间分配，也有明确的规定。教育学方面的培训每学年至少50学时，专业教学论的培训为140~280学时，而补充课程大约为16学时。

与大学所学教育理论相比，该阶段学习更加重视理论的应用性，即与实践结合解决教育实习中遇到的问题。专业教学论的培训也是重中之重。教师教育学院的教学常采取专题研讨、分组讨论、角色扮演和互动式教学等方式进行。

2）职业学校实习培训

学校实习培训是在相应的职业学校中进行，这一阶段对预备教师的培养采用的是“师傅带徒弟”的方式，每位实习教师都有由学校校长和教育学院院长共同任命与之专业相同的资深教师作为辅导教师。实习的学习形式主要有三种：学生旁听、有教师指导的授课、单独授课。每周为8 ~ 12

学时，其中学生每周应旁听 2 学时。而有教师指导的授课及单独授课的学时数并不是固定的。在这里，实习教师能够得到经验丰富的老教师的指导，在实践中发现的问题可以及时得到解决，实习教师的实践授课能力得到较大提升，为其以后从事职业教师工作打下了坚实的基础[15]。

预备阶段以第二次国家考试为终点，即实习者必须通过第二次国家考试才能取得职业教师资格。该考试使得从事德国联邦《基本法》第 4 节第 33 款意义下的公共职务成为可能。第二次国家考试也体现了实践导向的思想，其内容涉及围绕某一教育主题约 30 页的论文、第一专业和第二专业的试讲以及由预备教师自己选定的教育主题报告会。在国家考试中将确定，被测试者是否能够达到相应教师职务预备阶段的目标。考试形式需反映教师教育标准中的能力发展水平，包含伴随整个阶段的评价或国家考试成绩以及至少两门课堂实践考试成绩。各州也可以设置其他考试形式[16]。在完成预备阶段教育和通过第二次国家考试之后，他们可以成为各级各类职业学校（双元制职业学校、全日制职业专科学校、职业 / 专业文理中学、职业高中、专科学校等）的教师，也可以成为职业教育培训领域的职业教育学专家或者在企业、协会、行会或工会人力资源管理部门工作的人员。当前德国也出现了职校师资短缺的现象，相关部门采取的措施是聘用相关专业的大学毕业生作为学校的兼职教师，但这些兼职教师也需通过插班形式完成职教师范生大学阶段或预备期阶段的学习才能成为正式的职业学校教师。通过大学阶段和预备期两个阶段，职教教师培养（初始 / 职前培养）就正式完成了。

3. 职业阶段

在职教教师职业生涯发展的整个阶段，时间最长的是职业中的学习阶段，它包含职业进入期（在几个联邦州单独称为第三阶段）、能力与生涯发展阶段以及职业生涯结束的准备期。关于教师职业生涯的研究清晰地表明，教师职前培养虽然为职业活动提供了重要基础，但是对于整个职业生

15 刘立超．德国职业学校教师培养培训体系研究 [D]．天津：天津大学，2010.

16 KMK．Ländergemeinsame Anforderungen für die Ausgestaltung des Vorbereitungsdienstes und die abschließende Staatsprüfung[S]．Beschluss der Kultusministerkonferenz , 2012-12-06.

涯还是不够的。职业进入期的目标是促进职业行动安全和职业认同。在之后的发展中，除了保持和更新初始培养的能力水平外，还需扩展个人能力。学习过程包括了在机构内进行的正规、非正规与非正式的继续教育和校内外学习。

在德国，全联邦教师继续教育的组织结构有很大的不同，迪德里克（Diedrich）和兹西斯（Zschiesche）（2023 年 3 月 16 日）定义了控制（集权还是分散控制）和管理（管理供给还是市场供给）类型[17]，这反映了对教师职业进修和继续教育的不同看法。虽然一些州将继续教育视为国家机构的主要任务，但也有一些州将其视为各种服务或市场的一部分。作为教师教育的一部分，进修教育与继续教育目前也处于“深刻的重组过程，至今尚未完成”[18]的状态。虽然联邦各州的思想不同，但共同点都在于加强学校的自主权，加强进修教育中的自我组织。可以观察到的是，由校外机构开发的服务导向的进修教育供给逐渐转变为以教师需求为主导的供给。

德国州文教部长联席会议一直清楚地意识到进修和继续教育对教师的重要性，这表现在以下方面：一，在“职业学校教师培养与考核框架协定”提出“教师的职业能力理应通过进修教育得以继续发展。在专业、教育领域以及学校组织、管理中的个人发展需保证匹配企业、机构中科学的、职业实践的发展状态”[19]。二，在 2000 年 10 月与教育和教师工会（Bildungs- und Lehrergewerkschaften）等相关组织颁布的联合声明《今天教师的任务——学习的专业人士》中提道：“教师需要不断地发展自己的能力，使

17 Diedrich I，Zschiesche T. Bestandsaufnahme des Fort- und Weiterbildungsangebots für Lehrkräfte an beruflichen Schulen bezogen auf das Handlungsfeld der beruflichen Benachteiligtenförderung und den Übergang von der Schule in die Arbeitswelt[EB/OL].（2009）[2022-01-11].https://www.bibb.de/dokumente/pdf/a31_ bestandsaufnahme-ibbw_p30567.pdf.

18 Zschiesche T. Aktuelle Entwicklungslinien der Lehrkräftefortbildung und die Reform der staatlichen Institute der Lehrerfortbildung[EB/OL].（2012）[2022-01-19]. http://www.ibbw-consult.de/wp-content/uploads/2012/04/Entwicklungslinien_Lehrerfortbildung_Thesen1.pdf.

19 KMK. Rahmenvereinbarung über die Ausbildung und Prüfung für ein Lehramt der Sekundarstufe II (berufliche Fächer) oder für die beruflichen Schulen (Lehramtstyp 5) (Beschluss der Kultusministerkonferenz vom 12.05.1995 i.d.F. vom 13.09.2018)[S/OL].（2018-09-13）[2021-01-23]. https://www.kmk.org/fileadmin/Dateien/veroeffentlichungen_beschluesse/1995/1995_05_12-RV-Lehramtstyp-5.pdf.

用适当的进修和继续教育供给，以便在职业活动中思考和应用新发展和科学知识。与其他职业一样，持续的进修和继续教育是教师职业活动基本和必需的组成部分。”[20] 三，在《教师教育标准：教育科学的视角》中补充：“作为教师教育的第三阶段，进修和继续教育是教师专业理解的基本组成部分，旨在维系、更新和继续发展已有的职业能力。”[21] 对于职教教师来说，进修和继续教育更加重要，因为其所需要掌握的职业能力范围远远超过了其他类型的教师，这不仅仅是教师职业面对社会变化需要维系、更新和继续发展的常规普适性的职业能力，更是技术人员面对劳动世界、职业体系变革需要维系、更新和继续发展的高度专业化的职业能力。双重含义下的职业能力维系、更新和继续发展是职教教师进修和继续教育这一阶段的宗旨。通过进修教育，教师职业能力得到持续提升，并确保专业和教学领域以及学校组织和学校管理中的人员发展适应企业和机构中科学和专业实践的发展状况。

总体而言，德国职教教师具备系统化的职前培养，包含硕士毕业之前的大学学习和体现双元特点（实习学校 + 州教育学院）至少 12 个月的预备期培养，在职后的定位基本是与时俱进的补充性培训，正如教师标准中所确立的进修教育的重点任务是“作为教师这一职业角色的进一步发展”。由德国职教教师进修教育的重点可以看出，由于在职前培养中已经完成“科学、专业、专业教学论方面主题”，因而在进修教育中不再是一个特别重要的主题，进修教育的重点安排是前序完备培养体系的一种自然结果。但近年来德国也开始重视教师进修教育，尤其是更加细致化的教育教学能力的进一步补充，如在媒体发展、异质性班级、新技术发展方面的进修。

---

20 KMK. Aufgaben von Lehrerinnen und Lehrern heute-Fachleute für das Lernen. Gemeinsame Erklärung des Präsidenten der Kultusministerkonferenz und der Vorsitzenden der Bildungs-und Lehrergewerkschaften sowie ihrer Spitzenorganisationen Deutscher Gewerkschaftsbund DGB und DBB-Beamtenbund und Tarifunion[R/OL]. （2000-10-05）[2020-07-21]. https://www.kmk.org/fileadmin/Dateien/veroeffentlichungen_beschluesse/2000/2000_10_05-Bremer-Erkl-Lehrerbildung.pdf.

21 KMK. Standards für die Lehrerbildung: Bildungswissenschaften (Beschluss der Kultusministerkonferenz vom 16.12.2004 i.d.F. vom 16.05.2019)[S/OL]. （2019-05-16）[2019-06-20]. https://www.kmk.org/fileadmin/Dateien/veroeffentlichungen_beschluesse/2004/2004_12_16-Standards-Lehrerbildung-Bildungswissenschaften.pdf.

三、德国职教教师大学教育机构及规模

德国诸多高校都提供职教教师教育，主要涉及三类专业：经济与管理类职业性专业、面向对象和面向人员的职业性专业[22]。在2014—2015学年冬季学期，15个联邦州（除勃兰登堡州外）共计53个学习地点有相应的职教教师教育的供给，特别是德国的西部和南部，有大型的职业学校教师培养机构。其中，德累斯顿大学（位于萨克森州）拥有566名大学生（硕士、国家考试和传统硕士），是2014—2015学年冬季学期全国学生数最多的地点，提供面向对象的和面向人员的职业性专业群；而萨克森州经济与管理职业性专业学生的培养是在莱比锡和开姆尼茨这两个地点。因此，萨克森州和其他8个州一样，提供所有专业群的职教教师培养。图林根州和石勒苏益格－荷尔斯泰因州则没有设置面向人员的职业性专业。梅克伦堡－前波莫瑞州在2014—2015学年冬季学期仍然仅设置硕士层次的“经济与管理”职业性专业，面向对象的和健康与社会事务专业直到2016—2017年冬季学期和2017年夏季学期才开始招生。不来梅、莱茵兰－普法尔茨州和萨尔州只保留了工业技术（即面向对象的）职业性专业。大部分学习地点（n=22）仅设置某一个专业群，只有四个地点提供所有三类专业的培养。

虽然并没有专门调查各个学习地点设置了哪些普教专业的数据，但可以肯定的是，普教专业在各个点的设置差别是比较大的。在一部分学习地点，除了职业性专业外，大学生只能选择有限的普教专业，尽管这些专业还不能覆盖职业学校的专业广度需求。在一些其他地点，大学生也有可能选择两个（相近的）职业性专业或者两个普教专业。

从1990—1991年到2014—2015学年冬季学期的学生数调查情况来看，设置职教师范专业的高校数量几乎翻了一番。近年来，德国应用科学大学数量也在增加，应用科学大学作为职教师资培养地点的地位越来越重要。早在2010年，科学理事会就建议：“对于职教教师教育而言，为更有成效

22 职业性专业合并为专业组，面向对象的职业性专业包括金属技术/机械制造，电气/电子技术，建筑技术，木材技术，媒体和设计技术，实验室、过程和生物技术，色彩艺术/室内设计/表面技术，汽车技术/机电一体化，信息技术，制造技术，工业技术科学/劳动学，农业科学等。面向人员的职业性专业包括健康/身体护理/护理，营养/家政/食品科学，社会/特殊教育等。

地挖掘应用科学大学培养职业领域、教学和教育方面的能力，应支持应用科学大学和综合大学 / 教育学院之间的合作。”[23] 但是，应用科学大学和综合大学 / 教育学院之间的合作在各个地点合作模式的结构和组织均有所不同。较典型的模式是综合大学 / 教育学院与应用科学大学之间的合作形式：应用科学大学负责职业性专业的专业科学部分，以及根据人力资源开设专业教学论课程；综合大学及教育学院负责普教专业和教育科学（职业与经济教育学）部分。但为了反映当前的合作结构，德国应进一步加强对该模式有效性的研究。

在 2014—2015 学年冬季学期，共有 3679 名学士毕业生注册并衔接师资硕士专业，这意味着学士新入学人数与上一年相比略有增加（增加 348 名新生），并为接受职教教师硕士阶段的教育奠定了数量上的基础，约 47% 大学新生选择了经济与管理职业性专业，33% 选择了面向对象的职业性专业，20% 选择了面向人员的职业性专业。同时也有少数地方没有开展职教师资硕士项目或只有单个的职业性专业。例如，马格德堡大学只设置了健康和护理职业性专业能通向硕士项目。通过与拥有与专业领域相关的学士课程的应用科学大学的合作，确保了硕士学位课程的申请人数量。

从学士过渡到硕士的情况分析表明，由于并不是所有学士大学生都会选择进入职教教师硕士教育阶段，所以重点应放在提高职教师资硕士项目的大学生数量上。虽然从现有的数据不能推断有多少学士毕业生放弃选择进入职教教师硕士教育阶段，但是，从现有数据的角度看，那些最终没有转向相应职教师资硕士教育阶段的人数占比不小。未来需考虑有针对性的干预措施，对学士毕业生选择或放弃进入职教教师硕士教育阶段的原因进行考察。获得硕士学位进入预备期的毕业生在数量上逐渐超越了国家考试和传统硕士的途径（图 4-3）。2014—2015 学年冬季学期的数据显示，51 个学习地点中的 47 个，职教师范专业呈现学士—硕士结构。

---

23 Wissenschaftsrat. Empfehlungen zur Rolle der Fachhochschulen im Hochschulsystem[R]. Berlin, 2010：48.

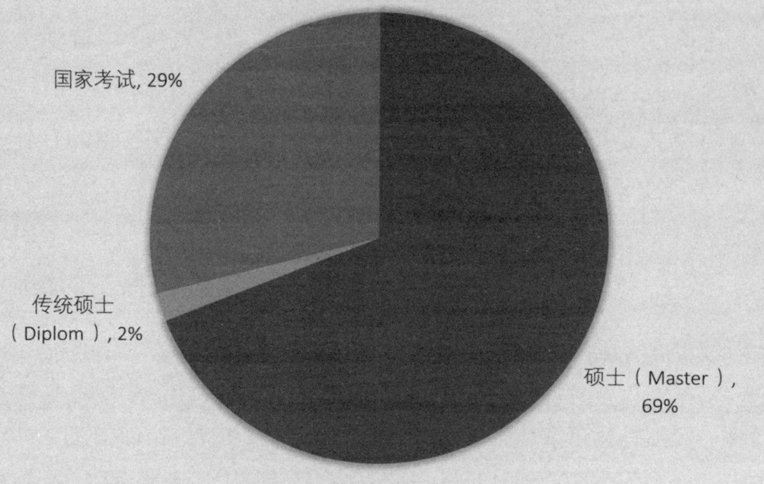

图 4-3 根据毕业证书划分的职教师范生占比[24]

由于萨克森州的学士—硕士结构又恢复到国家考试形式，近年来国家考试渠道的总学生比例略有增加。为实现“所有类型学校未来教师符合质量与需求的培养”，萨克森州科学与文化部早在 2010 年就宣布放弃师资专业的多元模式。由于相关方面针对职教师资毕业生的系统和长期调查缺少，这种恢复到国家考试模式的实际成果如何，还不能完全预知。萨克森州的决定也意味着，关于职业师资专业的基本结构问题还存在不统一的情况。

2014—2015 学年冬季学期总共有 1657 名大学生开始攻读硕士或参与国家考试[25]，比前一年减少了 173 名新生。在观察硕士、国家考试和传统硕士大学新生的长期发展时也能看到这种下降趋势（图 4–4）。当大学新生数总体上略微下降时，面向对象的职业性专业的新注册数与这种趋势相反，反而是保持稳定的。大学新生的减少主要在于经济与管理职业性专业新注册数量的减少，尽管如此，它仍然像往年一样吸引了大部分新生（占

24 Lange S，Sülflow A. Aktuelle Entwicklungen der Studierendenzahlen in beruflichen Lehramtsstudiengängen – verlieren wir zu viele Studierende im Übergang vom Bachelor- in das Masterstudium?[J]. Die berufsbildende Schule，2017，69（2）：65-71.

25 传统硕士作为过时模式，没有学生继续注册。

所有新生的 45%）。面向人员的职业性专业的新注册人数也有所下降，为 542 人（所有新生的 33%），但仍超过了面向对象的职业性专业，369 名大学新生（所有新生的 22%）选择了该类专业。该发展也是由于面向人员的职业性专业的大规模扩张。

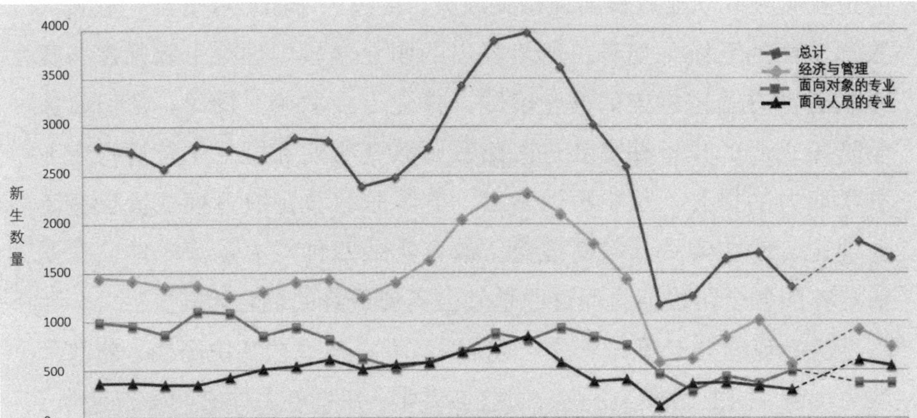

WS 90/91	WS 91/91	WS 92/93	WS 93/94	WS 94/95	WS 95/96	WS 96/97	WS 97/98	WS 98/99	WS 99/00	WS 00/01	WS 01/02	WS 02/03
2.803	2.746	2.570	2.814	2.766	2.674	2.886	2.855	2.387	2.476	2.786	3.426	3.888
1.450	1.426	1.360	1.370	1.258	1.312	1.410	1.432	1.251	1.405	1.629	2.054	2.275
991	954	866	1.100	1.086	852	940	815	625	519	582	689	879
362	366	344	344	422	510	536	608	511	552	575	683	734

WS 03/04	WS 04/05	WS 05/06	WS 06/07	WS 07/08	WS 08/09	WS 09/10	WS 10/11	WS 11/12	WS 12/13	WS 13/14	WS 14/15
3.967	3.611	3.025	2.587	1.166	1.252	1.640	1.702	1.350		1.820	1.657
2.319	2.104	1.803	1.433	582	619	840	1.011	568		919	746
803	932	842	755	459	280	433	361	490		369	369
845	575	380	399	125	353	367	330	292		599	542

图 4-4 硕士、国家考试和传统硕士形式的职教师范新生数量发展
（1990—1991 学年至 2014—2015 学年冬季学期）[26]

26 同 24。

小结

从宏观的发展模式来看，德国是职教教师教育融合模式的典型代表国家，要求师范生在进入大学阶段学习之前，必须具备相应专业的企业实践或职业教育培训相关经历。经过大学阶段在专业、教育、教学方面的系统化培养，所培养出的职业学校（理论）教师是与真实职业世界紧密相连的理论实践一体化专业教师。同时，他们在大学阶段之后的预备期需要进入州教师教育学院和职业学校进行专业教学能力的提升。从中可以看出，德国职教教师教育模式旨在将专业理论、专业实践、教育理论、教育实践四种能力融为一体，在职前培养的各个阶段能力促进的基础上实现最终的融合培养。

从中观的办学模式来看，德国职教教师教育模式由高校、州教师教育学院、职业学校、企业共同参与办学，并且各主体之间责权清晰：大学前阶段由企业参与，第一个阶段（大学阶段）由综合性高校或师范院校具体实施，第二个阶段（预备期）是在州教师教育学院及职业学校中开展入职前教育实习，第三个阶段（职后培训阶段）属于继续教育与培训阶段，通常由州教师教育学院与企业作为“双主体”联合承担培训任务[27]。

从微观的教学模式来看，在教育内容上，大学教育阶段主要学习专业理论、专业教学理论及教育理论，预备期则主要培养职教教师实践性的和整合的专业教学能力。值得注意的是，虽然德国职业学校教师主要是偏重理论教学的教师，但是尤其注重与真实的职业世界相联系以及与实际教学要求相适应，让职教教师在学习专业课程的同时掌握如何传授该专业内容的能力，即教师在掌握“教什么”的同时也掌握了“怎样教”的知识与能力。

27 申文缙．教师专业发展视域下德国职教师资培训体系研究 [D]．天津：天津大学，2017.

第 5 章

德国职教教师教育的专业设置及专业标准

职教教师既是某个职业领域的“专业人员”，在该领域中进行授课的“职业教育人员”，同时也是促进能力发展的“专业教学人员”。经过学术培养的职教教师应当获得广泛的能力，以便能够在各种类型的职业学校进行教育教学。[1]德国职教师资培养的最终目标是提高未来各级各类职业学校或校外职业教育机构教师的行动能力，使得他们能够分析和设计资格化的工作过程和职业相关的教育过程。职业性专业领域的培养目标则是使师范生能够掌握对于专业职业来说重要的科学解释，在此基础上，作为未来的职教教师需能够依据职业工作任务和行动流程分析工作过程和设计学习情境，即：未来教师能够分析、设计和评价职业相关的教育过程，资格化的工作过程和专业领域的科学发展[2]。

不同于我国依附大学学科专业体系所建立的职教教师专业，德国职教教师教育专业基于职业教育专业领域而进行设置，并自 2013 年至 2019 年完成了 16 个职业性专业的标准建设。德国职教教师的“职业性专业”区别于传统的工程师或其他专业人员的“学科性专业”，它生发于职业教育领域，是职教教师教育、教学与专业发展的专门化载体。此外，这里所讨论的“专业”指的是职教教师教育中的学科领域专业，而非教师作为一项职业的专业。狭义的职业性专业主要涵盖了专业科学与专业教学方面的知识，而广义的理解则包含为培养职教教师所需的各个方面的知识。

一、德国职教教师教育职业性专业的设置

开展职教教师教育的基础是专业设置。职教教师专业具有“双专业”和“双实践”的特点，涉及学科专业和教育专业两个专业以及专业实践和

---

1 Mersch F F，Pahl J-P．Berufliche Schulen als Kernthemen der Lehre und Forschung in den Beruflichen Fachrichtungen[M]//Pahl J-P，Herkner V (Hrsg.)．Handbuch Berufliche Fachrichtungen．Bielefeld：Bertelsmann Verlag，2010：361．

2 Becker M，Spoettl G．Lehrerbildung in beruflichen Fachrichtungen – Gemeinsamkeiten, Besonderheiten, Differenzierungen, Standards[J]．bwp@ Spezial 6 – Hochschultage Berufliche Bildung 2013, Workshop 19，2013：1-10．

教育实践两方面实践。针对其中的学科专业，德国职教教师教育专业的特殊性在于，它包含两门学科专业，一门是区别于传统学科性专业而面向职业的职业性专业，另一门是面向职业教育中普通教育的学科专业。因此，德国职教教师专业总体来说涉及三个子专业的学习，其中最为基础和核心的是职业性专业的学习。

职业性专业是德国职教师资培养所涉及的三大内容领域（图 5–1）：职业性专业、普通教育专业和职业教育学中的核心领域。联结专业科学与职业教育学之间的专业教学论一般归属于职业性专业或普通教育专业。因此，德国的职业性专业是职业性专业科学（职业科学）和职业性专业的专业教学论（职业教学论）的统一体。[3]

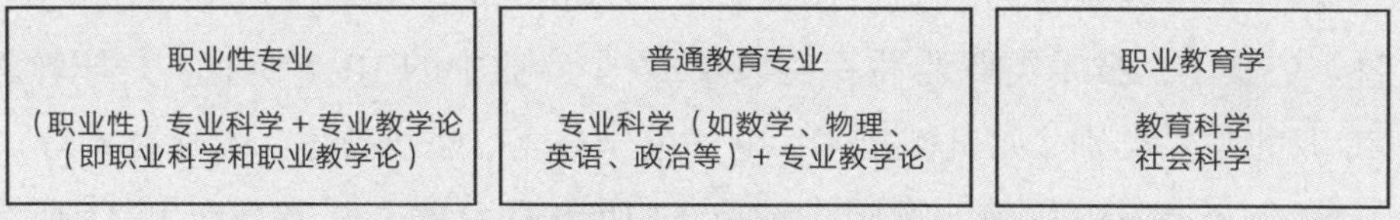

图 5-1　德国职教师资培养的三大内容领域

职教教师教育职业性专业的设置以职业领域为导向，遵循（社会）职业（3 万多个）—教育职业（即职业教育专业，约 400~500 个，含全日制职业教育的专业数）—职业领域（13 个）[4]—职业性专业（职教师资专业，16 个）的生成模式。

比较德国职业教育的 13 个职业领域和职教教师教育的 16 个职业性专业可以看出，两者存在着紧密的对应关系。职业性专业（即第一专业）的

3　与我国职教教师教育相比较，与职业性专业的职业学科相对应的是我国教师教育中的专业科学（如工程科学、经济管理科学等）。我国职业教育学术界一般不会对该专业科学进行专门研究，默认其就是传统的如培养工程师的工程科学；而德国最新的理念认为，两者存在本质的差别，并进行了长达几十年的探究和实践，如“职业科学”概念的提出、职教教师职业性专业的独特设置等。

4　德国职业教育的 13 大类职业领域分别是：经济与管理（专业重点：营销经济与顾客咨询、商行经济与商务管理、法律与公共管理），机械技术（专业重点：生产与切削加工、安装与机械制造技术、机动车技术），电气技术，建筑技术，木材技术，纺织技术与服装，化学、物理与生物（专业重点：实验室技术、生产技术），印刷技术（专业重点：印刷制版、印刷技术与加工、装订），色彩技术与房屋装修，健康，保健护理，营养与家政（专业重点：餐饮业与家政、糕点与甜食制作、肉类加工），农业（专业重点：动物领域、植物领域）。

设置遵循各个职业领域。当前职教教师培养的16个职业性专业分别是：经济与管理，机械技术，电气技术，建筑技术，木材技术，纺织工程与设计，实验室/过程技术，印刷和媒体技术，色彩工程、空间设计和表面工程，健康和身体护理，营养和家政，农业，社会教育，护理，车辆技术，信息技术。[5]

1. 职业性专业的数量、类别与分布

根据德国2018年修订的《中等职业教育教师培养与考核框架协定（第5类型教师）》，职教师资培养共涉及16个职业性专业，各州也允许设置除这16个职业性专业之外的其他专业。[6]各职业性专业毕业的职教师资需胜任各类职业学校相应专业的专业教学。职教教师教育的16个“职业性专业”总体上可以划分为三类：技术类、与人相关服务领域类和其他类[7]（表5-1）。其中，技术类职业性专业涉及16个专业中的10个专业，是职教教师专业的主要类别，如机械技术、电气电子技术、建筑技术、木材技术等。[8]

就分布上看，目前，德国大约有53所普通大学（占79%）和11所与普通大学或教育学院合作的应用科学大学（占21%）[9]开设这些职业性专业来进行职教教师培养。对全德国16个州50所大学的职教师范生的大规模调查得出，2013—2014学年秋季学期新入学的职教师范生共有1887人，其中，919人（48.7%）学习经济管理类职业性专业，369人（19.6%）学习技术类职业性专业，599人（31.7%）学习人员相关类职业性专业；全体在校职教

5 KMK. Rahmenvereinbarung über die Ausbildung und Prüfung für Lehrämter für die Sekundarstufe II (Berufliche Fächer) oder für die beruflichen Schulen (Lehramtstyp 5) (Beschluss der Kultusministerkonferenz vom 12.05.1995 i.d.F.vom 13.09.2018) [S]. 2018：8-11.

6 KMK. Rahmenvereinbarung über die Ausbildung und Prüfung für Lehrämter für die Sekundarstufe II (Berufliche Fächer) oder für die beruflichen Schulen (Lehramtstyp 5) (Beschluss der Kultusministerkonferenz vom 12.05.1995 i.d.F.vom 07.03.2013)[S]. 2013：2-4.

7 Pahl J-P，Herkner V (Hrsg.). Handbuch Berufliche Fachrichtungen[M]. Bielefeld：Bertelsmann Verlag，2010：7-8.

8 也有德国学者将16个职业性专业划分为如下三类：面向对象的专业（除了10个技术类专业外，还包括农业经营专业）；面向人员的专业（所包含的专业同以上“与人相关服务领域类”专业）；经济与管理专业。

9 Schroeder B，Stadelmann J. Zehn Jahre Bologna – quo vadis Studium zum/zur Berufsschullehrer/in?[J]. Die berufsbildende Schule，2009（7/8）：215-221.

师范生的数量为 6528 人，其中，3292 人（50.4%）分布在经济管理类专业，1855 人（28.4%）在技术类专业，1381 人（21.2%）在人员相关类的专业中。[10] 从该调查 1989—2014 年 25 年间的数据可看出，职教师范生的数量整体上呈下降趋势，但近几年来略微上升。其中，经济管理类专业师范生总体上占全部职教师范生数量的一半左右；技术类专业师范生数量近几年来呈下降趋势，与预测的需求趋势正好相反，并且其新生入学数于 2013 年首次低于人员相关类专业学生数；而人员相关类专业师范生数量近年来有上升趋势。

表 5-1 职教教师教育的 16 个职业性专业

技术类专业（工商业—技术类）（Gewerblich-technische Fachrichtungen）	与人相关服务领域类专业（人员服务类）（Fachrichtungen personenbezogener Dienstleistungsbereiche）	其他职业性专业（如经管类）（Anderweitige Berufliche Fachrichtungen）
（1）机械技术（Metalltechnik） （2）电气电子技术（Elektrotechnik） （3）印刷与媒体技术（Druck- und Medientechnik） （4）车辆技术（Fahrzeugtechnik） （5）信息技术（Informationstechnik） （6）建筑技术（Bautechnik） （7）木材技术（Holztechnik） （8）涂料技术、空间设计和表面处理技术（Farbtechnik, Raumgestaltung und Oberflächentechnik） （9）纺织技术和设计（Textiltechnik und -gestaltung） （10）实验室技术 / 过程技术（Labortechnik/ Prozesstechnik）	（1）健康与身体护理（Gesundheit und Körperpflege） （2）护理（Pflege） （3）营养与家政（Ernährung und Hauswirtschaft） （4）社会教育学（Sozialpädagogik）	（1）经济与管理（Wirtschaft und Verwaltung） （2）农业经营（Agrarwirtschaft）

10 Tettenborn S. Studierendenzahlen in den beruflichen Lehramtstudiengaenge – Prekaere Entwicklungen fuer die gewerblich-technischen Fachrichtungen[J]. Die berufsbildende Schule，2015（2）：61.

2. 职业性专业的模式、对象与领域

德国的职业性专业大致可分为三种模式：职业性专业作为独立的大学专业；职业性专业作为现有工程科学等专业的附加；职业性专业作为应用科学大学的教育专业[11]。第一种模式与传统工程科学的教学与研究有本质的区别，其培养以职业领域中职业教育的内容与形式为导向，其对象是工作、技术和教育之间的相互关系以及在职业教育和职业视野下的研究成果。但该模式的建立与推行还需更多的基础性研究和学术性人才力量。第二种模式是将简化的工程科学作为职业性专业的教学基础。职教师资的培养挂靠（或合并）于工程师培养的专业，职业性专业内容在此是作为工程科学专业内容的子集。工程科学的对象是技术，包括其产品、过程与方法。通过工程科学的学习，未来的工程师或工程学家应当能够对技术进行研究、设计、计算和开发等。而职业性专业的对象与此大不相同，职教教师应当能够胜任职业教育实践，能够对未来的技术工人、技术员和技师进行教学。因而，该模式离职教教师所需的职业实践和教育实践都较远。第三种模式是在获得应用科学大学专业科学毕业证书的基础上，通过额外的职业教育教学知识的补充来培养未来的职教教师，这可以填补职教教师数量的空缺。该模式能够克服前两种模式的缺陷，并赢得了一些追随者。

职业性专业的教学与研究主要涉及四个领域：职业或职业领域的发展，分析、设计和评价职业教育与资格化过程，分析、设计和评价职业形态的专业工作，以及在获得和促进专业能力的视角下分析、设计和评价技术。[12] 这四个领域是对职业及职业领域、教育、工作和技术四个方面及其相互关联的教学与研究。这也展现了技术工人的职业知识和职业教学知识不仅仅是职业教育的研究重点，也是职业性专业教学与研究的重点。[13] 职业性专业涉及三方面的实践：教育教学实践、职业形态的工作实践以及作为专业

---

11 Rauner F. Zur Begruendung und Struktur Gewerblich-Technischer Fachrichtungen als universitaere Faecher[M]//Bannwitz A, Rauner F (Hrsg.). Wissenschaft und Beruf: berufliche Fachrichtung im Studium von Berufspaedagogen des gewerblich-technischen Bereiches. Bermen: Donat Verlag, 1993: 10-37.

12 同 11。

13 谢莉花. 德国职教教师教育的“职业性专业”探析 [J]. 比较教育研究，2016，38（3）：81-88.

工作对象和工具的技术实践。[14]

3. 职业性专业建设过程面临的困境

一直以来，由于德国职教教师教育的规范性和专业化，与之伴随的许多综合与复杂的问题始终处于讨论之中。例如，职教教师培养地点是在普通大学还是在应用科学大学；若遵循实践导向的思想，普通大学所培养学术人才的实践并非是对于职教教师来说真正重要的实践；再者如学科归属问题，职教教师培养内容是归属于相关的专业科学（如工程科学），还是建立新的职业（职业领域）科学——一些高校尝试建立基于职业（职业领域）科学的职业性专业方案，但其实施与普及均较为困难。

如前所述，职业教育领域的教师在德国由 16 个职业性专业进行培养，德国州文教部长联席会议在框架协定中对该类型教师的培养与考核进行了大致的规定。但是，各个职业性专业具体包含哪些内容、如何定义、由此建立的大学专业如何设计等，却没有得到具体的阐述。因此各个高校可根据自身具备的条件对专业教学进行不同的设计和实施，这也使得大学间难以进行学分转换以及比较毕业证书。[15] 职教教师教育的共同性、特殊性、分歧性以及基本的标准问题都值得讨论。职业性专业的方案建设也引发了若干问题，如职业性专业缺乏基准科学、职业性专业难以作为大学独立专业、职业性专业教师数量短缺问题等。

1）职业性专业缺乏基准科学

职业性专业是职教教师学习的门类，而当前职教师资专业的专业科学大都建立在普通专业科学（大部分为工程科学）基础之上。通过简化的工程科学加部分教育科学的大学学习，培养出的职教教师只能成为半个工程师和半个教师，既达不到工程师标准，又达不到职教教师标准。此外，职业形态的专业工作实践及职业学校教师的教育实践都与工程师实践有着本质的区别。职教师资培养所基于的大学教学与研究对象大都是工程师及工程学术

---

14 同 11。

15 Becker M，Spoettl G. Lehrerbildung in beruflichen Fachrichtungen – Gemeinsamkeiten, Besonderheiten, Differenzierungen, Standards[J]. bwp@ Spezial 6 – Hochschultage Berufliche Bildung 2013, Workshop 19，2013：1-10.

人员的专业知识，而非技术工人、师傅、技术员的职业知识。而实际上，职教教师教育既包含教师的一般性专业化知识，也包含职业相关的非学术性知识。因此，为培养出符合职业学校需求的教师以及实现职教教师教育的专业化，建立基于职业工作过程的职业性专业独立的科学体系就成为必要。

为此，德国尝试通过建立专业/职业教学论来解决这个两难问题。但是，专业教学论若以职业教育实践为导向，则不得不远离专业科学；若以已建立的专业科学为导向，则会失去与职业和工作之间的关联；而以职业教育学为导向，则同时脱离了以上两者：职业形态的专业工作和专业科学。因此，走出该困境的出路是建立职业相关的科学。[16]但职业科学（/职业领域科学）的建立同样也面临着诸多问题，如建立学科门类及数量的问题、是否具有独特的研究方法的问题、学术后备力量储备的问题等。德国当前尝试建立的职业科学，也只是在一些改革型高校提出的为职业教育的专业（教育职业）与职教师资专业（职业性专业）等寻求相关基准科学的基本设想与方案。

2）职业性专业难以作为大学独立专业

除了学术上缺少相应的基准科学外，职业性专业作为独立的大学专业仍然存在许多现实困难，如：缺乏相关学术性科学人员；汽车技术、木材技术、信息技术等职业性专业仍缺少相应的教师及教研设施，这也导致一个教师教授多个职业性专业；某些职业性专业的职教师范生数量较少，如纺织技术和设计职业性专业；当前的职业性专业在高校中的地位较低；一些国家规定的教育职业没有归属于某个职业领域，部分教育职业的学生数量偏少，不存在对应的科学学科；部分职业性专业也未充分发展其具有独特特点的专业教学论；科学学科缺少与实践的对接，需要发展组织模型，以确保与不同实践领域和机构之间的合作。

3）职业性专业教师数量短缺

此外，德国职业学校专业教师由于其专业的特殊性（三专业）、培养期限长（七至十年）、培养要求高（系统的大学与预备阶段的教育及通过国家

16 Rauner F. Zur Begruendung und Struktur Gewerblich-Technischer Fachrichtungen als universitaere Faecher[M]//Bannwitz A, Rauner F (Hrsg.). Wissenschaft und Beruf: berufliche Fachrichtung im Studium von Berufspaedagogen des gewerblich-technischen Bereiches. Bermen: Donat Verlag, 1993: 10-37.

考试）等条件，还面临着数量短缺的现实问题。德国关于教师供需的各项研究表明，职教教师队伍正面临着数量紧缺的挑战，尤其在技术类专业领域。鉴于职教教师长期短缺的现状，德国职教界也尝试通过各种促进手段来吸引更多的相关人员，如吸引职业资格人员、学术道路毕业的人员、其他类型高校（如职业学院）毕业的学生等，进入职教教师教育体系，通过系统化培养而成为职教教师。另外，有些专家考虑，是否通过去专业化的方式，招收插班生、转岗者成为未来职教教师的目标群体。但这也对职教师资培养系统的入学资格，互认、换算程序，针对成人学生的学习时间与环境的调整，过渡阶段课程的补充等方面提出了要求（具体见第 8 章）。

技术类职业领域的职教教师数量始终面临着较大的缺口。因此，职业技术学工作团体建议，教育管理部门支持和促进未来职教教师在大学学习，如为那些感兴趣者，尤其是那些有职业经验的工程师提供奖学金，因为他们往往会因为缺少资助而放弃接受师资专业的大学学习。而不是将那些纯工程学科以及没有经过职业教学方面资格锻炼的人员直接投入职业学校的课堂教学，这种现象损害了职业教育体系所有从业人员的工作质量。[17] 但不管何种生源和模式，都应该进一步尝试与促进职业性专业和职业教育学的科学学习，以及紧密结合职校课堂活动等学习模式。

二、德国职教教师教育职业性专业标准的开发

1. 职教教师教育的两类标准

近年来，在欧盟教师教育标准的基础上，德国开始致力于本国教师教育标准的开发。德国各种类型的教师教育大体上包含两部分学习内容：教育科学和专业科学。与之相应，其教师教育标准也基本上是从这两个视角出发制定的。

1）教育科学视角下的通用标准

2004 年 12 月，德国州文教部长联席会议从教育科学视角出发制定了各类教师教育的普遍标准《教师教育标准：教育科学的视角》。该标准针对教

---

17 GTW. Flensburger Erklaerung[EB/OL]. （2012-10-10）[2015-02-25]. http://www.ag-gtw.uni-bremen.de/wp-content/uploads/downloads/2012/10/Flensburger_Erklaerung_2012.pdf.

师教育的大学阶段和预备期提出了教师应当具备的 11 种能力（Kompetenz，广义）（表 5–2），这些能力又被归类为教学、教育、评价与创新四大能力领域（Kompetenzbereich）。在各个能力领域的框架下，教师教育标准也提出了在大学及预备阶段分别需要达到的具体能力及其指标。《教师教育标准：教育科学的视角》指出教师教育标准是教师必须满足的要求。该标准主要针对教师教育的大学期和预备期提出了教师的能力领域和具体能力分类，以及为实现这些能力的教学手段[18]，两个阶段的理论、实践内容权重不同。决议同时补充道，虽然没有以主题形式明确表达第三阶段（进修与继续教育）的情况，但决议所提及的内容也是教师职业终身学习的能力与目标。[19]

表 5-2 教育科学视角下的教师教育标准结构

<table>
<tr><th>能力领域</th><th>能力</th><th>针对教育科学内容的教学手段</th></tr>
<tr><td rowspan="3">教学
（教与学的专业人员）</td><td>1. 基于对不同学习条件和发展过程的考虑，专业地、客观地计划和实施课程</td><td rowspan="6">情境教学
案例和问题导向
问题解决策略
学习项目组织
传记反思
语境导向
现象导向
研究导向</td></tr>
<tr><td>2. 通过学习情境的设计，支持学生学习、激励学生，并使其具备建立联系并应用所学的能力</td></tr>
<tr><td>3. 促进学生自主学习和工作的能力</td></tr>
<tr><td rowspan="3">教育</td><td>4. 了解社会、文化和技术的生活条件，了解来自学生和针对学生的所有缺点和阻碍，在学校框架里影响个体发展</td></tr>
<tr><td>5. 传递价值观、规范、尊重态度和对多样性的认知，支持学生自主判断和行动</td></tr>
<tr><td>6. 在学校和授课时找到适当的年龄心理学、发展心理学方案解决困难和冲突，并有助于促进互动</td></tr>
</table>

18 KMK．Standards für die Lehrerbildung: Bildungswissenschaften (Beschluss der Kultusministerkonferenz vom 16.12.2004 i.d.F. vom 16.05.2019)[EB/OL]．（2019-05-16）[2019-06-20]．https://www.kmk.org/fileadmin/Dateien/veroeffentlichungen_beschluesse/2004/2004_12_16-StandardsLehrerbildung-Bildungswissenschaften.pdf.

19 唐慧，谢莉花，王继平．职业教育视域下德国教师教育标准的规制作用研究 [J]．职业技术教育，2020，41（16）：72-78.

续表 5-2

能力领域	能力	针对教育科学内容的教学手段
评估（因地制宜地给予咨询，公正负责展开评估）	7. 诊断学生学习条件和过程，有目的地促进学习，为学生和家长提供咨询	情境教学 案例和问题导向 问题解决策略 学习项目组织 传记反思 语境导向 现象导向 研究导向
	8. 掌握学生成绩发展，基于透明评价标准评价学习过程和成绩	
创新（持续发展自身能力）	9. 意识到教师职业的特别要求，将社会、文化和技术发展纳入行动中，理解自身职业是拥有特别责任和义务的公职	
	10. 理解自身职业是一个持续的学习任务和继续发展自身能力	
	11. 参与学校、课堂的发展	

需要指出的是，《教师教育标准：教育科学的视角》仅是从教育科学视角提出的教育要求，而未考虑各类专业特殊的要求。一些德国职教学者认为，由职业教育学视角出发、仅用教育教学行动来描述教师职业过于片面。虽然（职业）教育方面实践是教师职业的核心，但是若离开了职业专业领域的知识，那也是不可想象的。[20] 也就是说，职教教师的职业专业知识和能力具有重要意义，职业性专业所涉及的专业内容是职教教师培养的核心。因此，德国州文教部长联席会议近年来又制定并颁布了从专业科学视角对教师教育提出的标准，即《教师教育中专业科学和专业教学论的内容要求》（以下简称《专业要求》）。2008 年，针对普教教师教育，德国州文教部长联席会议首先发布了从专业科学视角提出的专业学科方面的教育要求。2013 年起，德国州文教部长联席会议开始逐步发布针对职业学校教师教育的职业性专业的教育要求。

2）专业科学视角下的专业标准

教师专业科学和专业教学论的学习内容要求源于教师为了胜任其教育任务而必需具备的能力（Kompetenz，广义）及下属的知识、能力（Faehigkeit，狭义）、技能和态度。这些专业能力的培养是在职教教师

20 Becker M，Spoettl Georg. Lehrerbildung in beruflichen Fachrichtungen – Gemeinsamkeiten, Besonderheiten, Differenzierungen, Standards[J]. bwp@ Spezial 6 – Hochschultage Berufliche Bildung 2013，Workshop 19，2013：1-10.

教育的不同时期与不同教育机构中进行的：在大学学习阶段，主要培养鉴于专业科学、专业认知方法与工作方法及专业教学论要求下的基本能力；在预备期阶段，主要培养教学实践能力，并且这一阶段大量的基础是在大学学习中已经奠定的；在教师进修阶段，主要培养作为职教教师这一职业角色的进一步发展能力（表 5-3）。除了确立每个阶段培养的重点外，还有必要关注不同阶段间的关联，也就是说大学学习阶段的专业要求不仅需要与后续教育阶段相关联，而且需要为后续阶段的能力获取做准备。该标准 / 专业要求的制定和现状将在下节进行详细论述。

德国对于职教教师的专业要求整体上体现了专业教育面向跨度大、专业教学关联性广、以职业活动与工作过程为导向的特点。首先，专业教育面向跨度大。职教教师所接受的专业教育须考虑面向职业学校各类专业的高度差异性，既跨越职业准备教育、《职业教育法》框架内的职业（初始）教育（双元制职业教育）、各种以取得普通教育和大学入学资格毕业证书为目的的全日制教育，也跨越了学校型和职业型继续教育。此外，所接受的专业教育既要衔接不断变迁的职业世界，又要关联不同的综合性机构与组织体系。而且，职教教师在与受教育者的沟通交流中也需融合教育、课程、教学方面的行动，通常面临许多不可预料的变化。对职教教师职业的认同也通常通过大学之前和之中的实践经验及反思而实现。其次，专业教学关联性广。职教教师教育中专业教学论的典型特点为专业科学内容与职业实践相整合，同时指向职业学校教学过程。因此，专业教学既面向其对应的科学学科，又与目标群体的职业实践相关联，具有双对象的特点。最后，以职业活动与工作过程为导向。职教教师专业跨越了职业学校和职业学校外的活动领域。由于职业教育职业实践性的导向和在企业学习的考量，职教教师教授的是以业务流程为导向的学习领域课程，而非传统专业科学课程。[21]

总体来看，德国职业学校教师教育标准可以理解为包含教育科学和专业科学（及专业教学论）两方面的教育要求。其标准不仅提出了大学学习阶段应达

21 KMK. Laendergemeinsame inhaltliche Anforderungen fuer die Fachwissenschaften und Fachdidaktiken in der Lehrerbildung (Beschluss der Kultusministerkonferenz vom 16.10.2008 i. d. F. vom 12.10.2017)[S]. 2017：5-6.

表 5-3 德国职教教师在不同教育阶段及不同教育机构专业能力发展的重点[22]

发展阶段	能力发展重点		
大学学习阶段	鉴于专业科学、专业认知方法与工作方法及专业教学论要求下的基本能力		
	关联性的专业知识	专业认知方法与工作方法	关联性的专业教学论知识
	• 掌握专业或专业方向基本领域中扎实的和结构化的专业知识（规则性知识）；可以基于此进行应用和扩展专业知识 • 根据概述性知识（导向性知识），掌握解决专业或专向方向中当前基本性问题的方法 • 在科学、专业及各个相关职业中，数字技术在何处及如何影响专业日常和认知过程的知识（技术性专业知识） • 应用专业或专业方向的反思性知识（元知识）和追溯重要的思想历史性和科学理论性思想；在职业性专业方向中，也需要通过职业实践的反思性经历对此进行补充 • 根据对其他学科的了解，挖掘更多的专业知识及以此发展跨专业的资格	• 熟悉专业或专业方向的认知方法、工作方法和媒体 • 能够在专业或专业方向的核心领域根据对象和实际使用这些方法和媒体	• 掌握关于专业教学论定位和结构化思想的扎实和结构化的知识，并且基于教学效果和教学论视角分析专业科学和专业实践内容 • 根据对象将复杂的事实进行简化呈现 • 了解和使用与专业学习相关的专业教学论和学习心理学的研究成果 • 了解合乎专业和要求的成绩评估的基础 • 具备关于促进或阻碍学生学习成效的因素的坚实知识，并且根据此设计不同的学习环境
预备阶段	教学实践能力的进一步习得		
	• 规划和设计具有专业特点的学习 • 掌控教学情境的复杂性 • 促进学习的可持续性 • 掌握具有专业特点的成绩评估 • 计划、实施和分析异质性学习小组的课堂 • 具有与混合专业团队合作的能力 • 借助数字技术来支持课堂教学和学习过程，组织学校生活		
职业阶段	• 专业化和个性化地进一步发展教师角色		

22 KMK．Laendergemeinsame inhaltliche Anforderungen fuer die Fachwissenschaften und Fachdidaktiken in der Lehrerbildung (Beschluss der Kultusministerkonferenz vom 16.10.2008 i. d. F. vom 16.05.2019)[S]. 2019：3-5.

到的要求，而且还涉及预备阶段和国家考试的州层面共同要求。由教育科学视角提出的标准是通用标准，而由专业科学视角提出的标准则是针对职教师资各个专业的特殊标准，且只规定了与专业相关的特定部分。因此，后者可以理解为职业学校教师教育的专业标准，也是职业性专业设计、实施与评价的基础。

2. 职业性专业标准的制定源起与过程

1）制定源起

（1）实践问题：职业性专业的基本要求

德国将职教师资培养的专业定义为职业性专业，但是“KMK 教师决议”只对职教教师的培养和考试[23]进行了大致规定（如培养模块、学分要求、专业设置建议等），并未针对这 16 个职业性专业提供相应的专业标准。也就是说，在之前所有的框架协定中，除了规定和阐明 16 个职业性专业的名称之外，未对高校课程要求进行统一规定，因此，职教教师教育的大学学习课程是相对开放的。在德国州文教部长联席会议关于框架协定的最新版本中，也依然与前期的框架协定一样，仅仅描述了框架性的基本信息，如培养目标及学习内容模块及学分，而未呈现关于课程细化的规定或建议（见附录 1），没有阐述各个职业性专业是如何定义的，也没有规定各个职业性专业包含哪些统一的基本内容。因此，各个高校只能根据自身的条件来设计不同的专业课程与教学，这也造成了职教师资培养的质量标准无法统一、大学间转换难以进行以及各个大学毕业证书无法比较等现实问题。于是，德国学术界提出了下列问题：各职业性专业的职教教师应当具备哪些基本规格与内容？职教教师教育的共同性、特殊性、分歧性以及基本的标准问题是什么？对这些问题的回答，需要全国层面制定统一、规范的专业标准作为专业教育的基准。

（2）学理问题：职业性专业的学科基础

如前所述，德国教师教育大体上包含教育科学和专业科学这两部分内

23 KMK. Rahmenvereinbarung über die Ausbildung und Prüfung für ein Lehramt der Sekundarstufe II (berufliche Fächer) oder für die beruflichen Schulen (Lehramtstyp 5)[S]. Beschluss der Kultusministerkonferenz vom 12.5.1995 i. d. F. vom 6.10.2016, 2016.

容，其教师教育标准也基本上是从这两个视角出发制定的。为保障教育高质量以及为教师教育建立适合的标准，2004 年以来德国州文教部长联席会议制定了教师教育的一般标准《教师教育标准：教育科学的视角》，但该标准仅是从教育科学视角提出的教育要求，而未考虑各类特定专业的专业特殊要求。职业性专业的知识和能力是教师职业能力的重要组成部分，规范化和科学化描述职业性专业的知识和能力是职教教师教育与职教教师专业发展的重要前提。因此，探索与发展职教教师教育的职业性专业标准则成为必要。职教教师在职业性专业方面的知识和能力对于教师专业化来说具有重要意义，职教教师是专业人员、职业教育（教养）者和专业教学人员的统一体，职业性专业的学习覆盖了其中两种角色，是职教教师培养的核心内容。

职业性专业标准是对职教教师教育 16 个职业性专业大学学习内容的基本规定，其开发也迫切要求澄清职业科学的内涵与关联。这是由于一方面，自 1996 年新构建的德国州文教部长联席会议学习领域方案中工作导向课程的开发、实施与评价对构建职教教师教育职业性专业相应的职业科学提出了要求；另一方面，职业性专业的变化也要求在新开发的职教教师教育的职业性专业标准中能够有所呈现。因此，职教教师教育的职业性专业标准也应在职业科学意义下，在课程层面进行继续开发。

2）制定过程

在学士和硕士新学制实施的背景下，德国州文教部长联席会议于 2008 年开始开发了各州共同的教师教育中专业科学和专业教学论的内容要求作为专业科学和专业教学论方面的标准。职业学校教师也属于教师教育的一类对象，在普通教育教师教育专业标准的框架基础上，2013 年职教教师教育的专业标准的制定也被纳入计划[24]，即普通教育与职业教育的教师教育

24 “专业要求”对教师教育中普教专业、特殊教育（广义上也称为专业）以及职业性专业三个教育领域的各个专业进行了专业描述。普教教师的专业目录仅限于各州考试条例中的专业，例如古语言、美术、生物、化学、德语、历史、信息技术、数学、音乐、哲学、物理、体育、基础学校教育和特殊教育学；职业性专业的专业描述是以“高中教育阶段（职业专业）教师或职业学校教师（教师类别 5）（1995 年 5 月 12 日的德国州文教部长联席会议决议）的培养与考核框架协定”附录为导向，包含前文所述的 16 个职业性专业。

的专业标准均统合到《专业要求》的规定之中，期望对职教教师教育的职业性专业的理论与实践进行统一。

2013年，德国州文教部长联席会议开始研究教师教育中职业性专业的标准制定，并且专门组建了一个工作小组。该工作小组起草了以经济与管理、机械技术两个职业性专业为例的标准建议，德国职业技术学工作团体也对该标准的起草起到了支持作用。职业性专业标准的建设有可能为德国职教教师教育作出巨大的创新性贡献，因为一方面，职业性专业标准有助于打破大学阶段拼凑模式的职教教师教育，从而使得标准中确定的基本内容作为职业性专业的学习内容，专业科学/职业科学和专业教学论能够与职业教育学紧密相融；另一方面，职业教育领域的职业工作内容能够成为职业性专业的学习内容（如职业能力开发、企业工作过程和学生在工作环境中的职业行动等）。

2013—2019年间，德国州文教部长联席会议陆续发布了针对职教教师教育的16个职业性专业的专业标准（见附录2、附录3）。该标准与2004年已制定的《教师教育标准：教育科学的视角》形成了职教教师教育学习课程的认证和评价的基础。[25] 该标准的颁布也要求全德国职教教师教育都遵循统一的职业性专业标准以及提供相应的学习内容。[26] 统一的职业性专业标准也要求各高校的职教教师教育应具备统一的最低质量要求。

3. 职业性专业标准的结构与内容

1）总体结构与内容

职业性专业标准描述的是职教教师教育专业科学及专业教学论的内容要求，展现了职业教育领域各专业教师专业教育的特点，也为教师专业教育标准及培养内容的确定提供了重要基础。标准体现了职业性专业的双对象性、专业能力要求的专业科学导向与工作导向、教学能力要求的职业教

---

25 KMK. Ländergemeinsame inhaltliche Anforderungen für die Fachwissenschaften und Fachdidaktiken in der Lehrerbildung (Beschluss der Kultusministerkonferenz vom 16.10.2008 i. d. F. vom 16.05.2019) [S]. 2019：2.

26 谢莉花. 德国职教教师教育的“职业性专业”探析 [J]. 比较教育研究，2016，38（3）：81-88.

学导向以及专业学习内容的专业性、职业性和教学性统一等特点。[27] 尽管标准开发还存在许多不明确和不统一的方面，但也达成了基本共识：一方面，针对职业性专业首先应确定职业性的内容而非教育科学性的内容，只有如此才能使得相关双重对象关联的课程参考具有真正的意义；另一方面，所谓的《专业要求》应能更好地适应职业学校中业务流程 / 工作过程导向的学习领域课程的实施，而非简化的传统专业科学的实施。

关于德国教师教育的职业性专业标准的框架规定，首先，在整体上对专业的目标定位进行了描述。其总体目标是保证德国高校体系的流动性和贯通性，以及保证师范生所获学分和学位在各州之间的转化和认可；其次，针对教师专业能力进行了各教育阶段的定义；再次，对不同教育类型（普通教育、特殊教育、职业教育领域）的专业进行了概貌性描述。德国州文教部长联席会议对所有领域及学科的教师教育中的专业科学与专业教学论内容上的州级共同要求进行了持续加工与更新。

职业性专业标准具体包括专业特点、能力概貌和（专业 / 职业科学与专业 / 职业教学论的）学习内容三个部分。

（1）体现各个师资专业特性的特点描述

在专业特点部分主要概述了三方面的内容：一，描述某一职业性专业在技术、工作发展方面的特殊之处，如工业技术类专业具有高度的专业性和技术的发展变化性；二，明确某一专业自身在技术 / 服务 / 经营范围内的定位；三，指明某专业所涉及的职业教育类别。此外，该部分不仅对“某一职业性专业”所涉及的经典专业科学及其关联科学进行了描述，也对作为相关职业技术人员的职业活动领域及职业能力要求进行了概述，体现了职教师资专业的双对象性。该部分还指出了某一专业在专业教学上的一些特点，如“未来教师能够分析与设计与职业工作和技术相关的职业教学过程”。最后指出，该师资专业可能的深化方向或设置的重点，如机械技术专业可能的深化方向为生产制造技术、供给技术、车辆技术等。

---

27 谢莉花. 专业科学视角下的德国职业学校教师教育标准 [J]. 世界教育信息，2015，28（8）：34-37，42.

（2）体现专业与专业教学要求及新发展的专业能力描述

在专业能力描述部分，首先，对职教师资所需具备的专业科学相关理论、思想、模型、问题、方法等进行了概述；其次，对所涉及的职业工作内容（含生产/服务工作过程）进行了描述；再次，针对这些学科专业知识在教学中的应用，即专业教学能力进行描述；最后，针对当前德国面临的新问题与新挑战也增加了相应的专业能力要求。如针对融合性和数字化问题，在所有师资专业的能力描述中都增加了关于融合教育的条目，也对数字化背景下的专业教学能力应对提出了要求。

（3）涵盖专业科学与专业教学论的学习内容

学习内容主要涉及专业科学与专业教学论两部分内容。各个师资专业在这两部分内容的细化上有所差异。

其一，体现各学科专业知识基础的专业科学。专业科学部分主要涉及经典专业科学和职业活动领域知识两类。按学科领域来分，具体涉及作为自身基准科学的专业科学（如工程科学、经济学、护理学、化学等）、自然科学（如数学、物理等）、关于社会情境下的其他相关科学（如生态、经济、社会、法律、道德、伦理等）以及职业专业工作中的过程、组织、方法、管理、安全等内容（工作过程知识）。因此，许多师资专业，尤其工业技术类专业，也将该部分称为“专业科学与职业科学”。按领域范围来分，具体涉及跨学科、跨专业领域，专业领域，专业，专业方向等方面的宽基础和专门化知识领域。

其二，体现专业教学一般及特殊内容的专业教学论。专业教学论涉及该专业的教学论基本范式、思想与模型、学习对象、教育与资格化过程、能力与课程、教学过程、成绩诊断的分析与设计。而职业工作的科学分析、项目管理等方面的内容既可以在专业科学领域中，也可以在专业教学论或职业教育学领域中进行传授。

根据德国职业技术学工作团体的提议，针对职业性专业，尤其是其中的技术类职业性专业，其核心能力领域涉及教育、工作和技术三部分内容：一，在历史发展、现实影响和未来视野中分析、设计和评价职业学习过程、教育过程和资格化过程；二，职业工作过程和业务流程；三，作为工作过程和学习过程对象的技术内容[28]。职教教师职业性专业的核心能力领域体现了教学性、职业性与学术性 / 专业性的特点。

2）案例比较与分析

（1）不同领域的职业性专业标准比较

以下从技术类、服务类、经管类三类专业中各选择一个典型案例进行标准内容的比较（表 5–4）。

28 GTW (Hrsg.). Empfehlungen zur Ausgestaltung von Studienordnungen fuer Bachelor- und Masterstudiengaenge gewerblich-technischer Fachrichtungen. z.B. Berufliche Fachrichtung Metalltechnik[EB/OL]. （2010）[2015-04-10]. http://www.ag-gtw.uni-bremen.de/wp-content/plugins/download-monitor/download.php?id=40.

表 5-4 各专业类别的职业性专业标准比较

专业类别	专业特点	专业特定能力	学习内容	
			专业科学	专业教学论
技术类				
机械技术	**专业对象特殊性** • 相关对象是该专业不同领域中职业活动的能力和内容 • 除了传授特定的技术性对象外，还包括工作活动方面 • 需考虑生态、经济、社会和伦理方面内容 **专业教学特殊性** • 使未来教师获得分析、设计和在科学认知背景下情境化地反思职业教育过程的能力，基于此促进学生解决职业方面和生活方面重要任务和问题的能力 **深化方向：** • 生产和制造技术、供给技术、汽车技术……	• 职业教育专业相关和科学相关的机械技术能力 • 在机械技术职业领域专业科学方面，专业教学方面及两者关联的知识，包括重要的生态的、经济的、社会的和伦理的各个方面 • 计划、实施和评价与该职业领域相关的教学过程，以及将新的发展自主地带入课堂和学校教育教学中	• 数学和自然科学基础在工程科学中的运用 • 技术机械学、技术热力学、生产制造技术、材料技术、技术制图、结构技术和机器原理 • 劳动科学 • 电气电子技术 • 信息技术 • 测量、控制和调节技术 • 涉及职业性专业工作及其系统的过程、体系和组织方案的专业科学内容 • 质量管理、社会管理和环境管理、劳动安全	• 职业性专业工作和职业教育专业相关的学习对象分析 • 职业性教育过程和资格化过程的分析、设计和评价 • 在学校和企业课程中，职业知识和能力的课程开发和确定 • 职业性教学过程的计划、实施和反思 • 在个体促进和成绩评价的意义下，与不同学习对象交流的诊断程序和方案 • 专业教学的课堂研究

续表 5-4

专业类别	专业特点	专业特定能力	学习内容	
			专业科学	专业教学论
服务类				
护理	**专业对象特殊性** • 不同层次、不同职业团队的不同环境中护理行动的复杂和健康事业较快发展动态 • 健康维持、促进情境下的特别任务及康复、止痛任务 • 专业护理与陪伴中分析性、反思性和现象诠释性能力 • 职业性护理中复杂的和机构的体系框架条件方面的知识 **专业教学特殊性** • 在基本护理科学和相关科学的知识库以及护理教学论的理论、模型、思想和方法的背景下，分析、反思护理行动的特性，并将由此产生的教育要求转化为教与学的过程 • 教学论转化的双重行动对象：双元制和全日制学校在各自教育过程中教与学实践，以及学徒和学生工作其中的职业实践	• 掌握、评价健康科学和护理科学的科学理论、模型、思想和范式，以及相关的自然科学的、医学的、社会科学的和伦理的知识库 • 在知识库和相关学科中重建护理职业的特点，将所获得的知识转化为各类教育教学过程 • 标准为导向的职业相关课程主题，应用护理教学论的理论、模型、思想、原则和当前研究，并进行评定 • 基于证据基础的知识，分析性掌握护理实践 • 为促进受教者的诠释性情境案例能力，构建不同的案例情境 • 开发护理教育过程和由此而来的能力导向的学习情境	**护理科学** • 护理科学的对象、发展路线和视角 • 护理研究基础 • 护理行动基础 • 护理理论、模型和现象 • 护理保障模式 • 护理—质量管理思想 • 护理职业国内外发展历史和专业化 • 护理的伦理基础 **健康科学基础** • 健康促进的理论和模型 • 健康和保健研究基础 • 诊断的思想、模型和形式 • 劳动保护、健康保护、劳动医学、质量保障和质量管理领域的理论基础和思想 • 社会 / 健康法规、社会 / 护理政策和健康体系基础 • 健康事业和护理的伦理基础 **医学和自然科学基础** • 解剖学、生理学、病理生理学和病理学基础	• 护理教学论领域导入 • 护理教学论研究 • 护理教学论的行动领域、任务 • 护理职业的教育、课程开发、学习领域思想、行动导向和能力导向的规范 • 护理教学论的理论、模型、思想和原则 • 跨学习地点思想、合作 / 实践伴随、实践指导、工作过程的护理学习 • 基于护理教学论理论和模型，课程准备、计划、执行、反馈和评价，及学习成果控制 • 护理教学论语境中的主体定位 / 发展、异质性、融合性和内部分化

续表 5-4

专业类别	专业特点	专业特定能力	学习内容	
			专业科学	专业教学论
护理		• 计划自主的行动相关的教学情境，并进行执行和评价 • 融合性课程的计划与设计 • 不同目标群体学习状态的诊断方法 • 数字化教学	• 护理和医学诊断、治疗的一般原则 • 护理相关疾病基础 • 生物化学基础 • 卫生学和医学微观生物学基础 • 药理学基础 **其他相关科学基础** • 教育心理学、人性心理学、发展心理学、健康心理学和社会心理学基础 • 职业社会学和专业社会学基础 • 专业交流、关系构建和跨学业、跨文化合作的构建 • 护理职业活动中的法律基础 • 护理职业活动中企业经济、国民经济基础	
经管类				

续表 5-4

专业类别	专业特点	专业特定能力	学习内容	
			专业科学	专业教学论
经济与管理	**专业对象特殊性** · 具双重属性：企业经济学和国民经济学等关联学科；实际操作层面的商业管理形式（即运营管理层面）的职业活动 **专业教学特殊性** · 经济教育学的核心领域，侧重于职业学校的教与学过程	毕业生掌握经济科学的、经济教学论 / 经济教育的能力，用于评判和处理普适性和新的复杂任务和问题，以及在职业领域教与学过程中自主规划、执行和评价 · 企业经济学、国民经济学和经济教学论的对象领域、核心思维方式、模型和范式 · 企业经济学、国民经济学和经济教学论的认知方法和工作方法，其运用及评价，开发新的问题情境及其解决方案 · 分析企业结构和过程，开发和评价行动的能力 · 就经济和教育政策的发展、现象和问题阐释观点 · 对课堂和教育过程进行设计，反思综合的环境条件并且建立与经济和管理实践之间的关联 · 融合教育 · 运用自我评估和外部评估的方法 · 自我负责地进行经济教学化的行动 · 数字化教学	**学科基础** · 企业经济学（个体经济过程） · 国民经济学（整体经济过程） **关联科学和工作方法** · 基本的经济理论的和方法的范式和模型 · 经济和管理中个体和公共权利的重要领域，法律科学方面的方法 · 经济科学和经济教育学相关的统计领域，重要的经济数学领域 · 应用导向的经济信息学 · 经济专业外语 · 科学工作的技术，研究方法和所选的应用系统	· 经济教学论基本的范式和模型 · 教育过程和课堂系列的经济教学化设计 · 宏观教学论层面 · 微观教学论层面 · 经济教学背景下的个性化、融合和内部区分 · 经济教学背景下的教育诊断和咨询 · 课堂交流结构的经济教学设计 · 教育政策、经济政策和社会政策诸多影响因素的经济教学反思

（2）不同领域的职业性专业标准特点

其一，技术类专业。首先，技术类专业的领域跨度较大。由于工科技术类专业的技术要求高、发展动态性强，所以技术类专业的领域跨度较大，除了本专业特定领域，覆盖范围涉及与本专业相关或相近的其他学科，以及其他非相交领域。

其次，技术类专业的能力要求较广、较高。由于职教师资专业是根据德国职业教育的职业群划分的，因此专业知识并不仅仅包括某一专业，而是职业群的专业知识[29]，因此其学习具有复杂化和多元化的特点，要求较高的专业和跨专业思维能力。教师需掌握专业教育教学知识，熟悉课程设计、开发、实施、反思、评价等一系列的流程与方法等；同时作为未来的教师应当具有终身学习能力，了解所授课专业的行业领域的前沿动态，及时调整所授课程内容。相比于其他专业教育，职业教育及职教教师教育的职业导向性更强，尤其是在职业教学论方面，不论是课程还是教学逻辑都强调围绕职业工作过程与内容进行开发，也尤其注重教师专业及专业教学理论与实践相结合的能力。随着全纳教育思潮的影响，从各个专业的能力描述来看，都强调学生融合性与异质性的处理，通过增加学习、文化与社区参与，比如“与有特殊教育资质的教师及其他教育学人士进行合作”等方式，减少教育系统内外的排斥，关注并满足所有学习者多样化需求的过程[30]。作为未来的教师，在教师职业发展道路上，也需掌握在特定教学背景下教师职业的专业发展能力，并且能顺应信息时代的发展，具备数字化信息技术素养。

再次，技术类专业的学习内容结构类似。职业性专业标准主要围绕教师的两项基本能力——专业能力和专业教学能力展开描述，其相应的学习内容也主要指向专业科学与专业教学论。专业科学的学习在于掌握必需的专业理论知识，包括专业的认知方法；以职业能力和综合素质发展为导向，即未来所教授的学生需要掌握的职业发展所需的知识、技能、素养。专业教学论的学习涉及广义的职业教学论，如职业教育如何针对职业世界的变

29 高松. 德国职业教育师资培养中专业及课程设置研究 [J]. 外国教育研究，2016，43（2）：27-34.

30 UNESCO. Guidelines for inclusion: Ensuring access to Education for All[R]. Paris，2005.

化而做出反应、职业教育体系如何与职业体系相互影响、职业教育课程如何与职业工作内容相互对应、教学过程如何与工作过程相互协调等问题，也涉及狭义的课堂教学论，如教师在课堂中如何有效合理地安排教学目标和内容，以及采用何种教学方法和利用哪些媒体来完成课堂教学，以促进学生职业行动能力发展等问题。

其二，服务类专业。首先，与社会的发展需求相一致。职业教育服务类专业需要根据经济社会中职业发展程度与方向进行及时调整，因此职教师范专业也需要根据职业教育专业及社会需求的变化而进行调整。

其次，学习内容专业性、服务性与教学性合一。与技术类专业不同，与人相关的服务性专业注重人的需求，还必须学习与人交流、合作、理解关怀他人等知识以提升专业性，并通过用户反馈进一步提升个人能力。

再次，专业性质决定了专业学习内容的不同。各个服务类专业根据与人、事相关度高低也影响着专业学习内容的侧重，例如“健康与身体护理”和“护理”专业注重对医学、生物学、自然科学等领域的学习；“营养与家政”专业除服务性外也具有技术性，因此注重对社会科学、营养生理、食品技术的学习；“社会教育学”是直接与人相关的专业，因此学习内容包括教育学、社会学、心理学等学科。

此外，专业评价标准无法统一，与人的需求密切相关。服务性专业与人密切相关，因此专业知识与技能运用在人身体或心理上的步骤与反应并没有严谨统一的要求和标准，并且专业实施过程的开展取决于对象的身体素质、心理状况以及性格特征等多种因素，这就使得各专业技能水平高低并没有统一衡量标准。随着各个职业社会认同度与社会化的提升，未来专业的内容、方式以及评价必然会以人的需求为本。

其三，经管类专业。首先，专业科学内容职业性与学术性统一。如果说技术类专业是对某一技术对象的技能学习，服务类专业是倾向于满足人的需求，那么经管类专业则是通过对某一事物、现象规律的把握进而达到对人或事物的管理。其专业科学内容本质是学术层面对概念与规律的把握和实践层面达到对人、事的统筹管理，因此具有职业性与学术性双重性质。

其次，学习内容结构相同。与其他专业类似，学习内容结构依然是专业科学内容和职业性专业教学论的结合，这也是职业教育特性在职教师范教育中的体现，跨越了职业界以及教育界。

再次，专业科学内容的基础学科不同。“经济与管理”职业性专业标准以经济学相关理论学习为基础，发掘规律后进行管理学习，这个过程主要以经济学科为基础；“农业经营”专业则是跨越了自然科学、技术和经济科学三大领域，仍是以农业、自然科学为基础。

此外，学科学习与职业活动的优先级不同。专业内容与职业性质决定了进行学科学习与职业活动的优先级不同。“经济与管理”专业必须先对国民经济学、企业经济学的理论进行学习，在掌握扎实的理论知识基础上才可以进行相应的管理活动；而农业经营性专业中有关园艺、农业等科学的基础知识则可以在相关职业活动中获得并进一步提升，两者之间并无明显优先级关系。

（3）职业性专业标准的共同特点

其一，职业性专业的双对象性。标准中所描述的职业性专业特点一方面反映了关联学科的要求，另一方面也考虑了职业活动层面的工作内容要求。例如，“‘经济与管理’职业性专业的双对象性一方面由企业经济学和国民经济学等关联科学所决定，另一方面由实际操作层面和战略管理层面的商务管理职业活动所决定”“在选择教师教育的学习内容时就必须考虑：除了特定的技术性对象的传授之外，也要考虑工作活动方面”。同时，结合各职业性专业的特点，其专业教学论也考虑了职业学校一般的教育教学特点和各专业教学的特点。例如，“在‘机械技术’专业科学内容和专业教学论内容中，也应当考虑生态、经济、社会和伦理方面的内容。正如在所有的手工业和工业技术专业中，除了职业教育学或教育学科方面的普遍学习内容外，还需要补充机械技术‘职业性专业’的教学论内容”。

其二，专业能力要求的综合性和职业教学导向。根据专业能力要求，职教师资专业的毕业生应具备职业教育专业相关和专业科学相关的技术能力，具备在各自职业领域的专业科学、专业教学方面及两者关联的知识，包括重要的生态、经济、社会和伦理的各个方面。同时针对职业教育生源的异质性和技术的发展性，教师在全纳教育方面需与其他教师共同开展融合教学，也需将数字化融入课堂教学之中。

在“经济与管理”职业性专业中，具体的能力要求包括：“拥有关于企业经济学、国民经济学和经济教学论的对象领域、核心思维方式、模型和范式的广泛的概览知识；熟悉企业经济学、国民经济学和经济教学论的认知方法与工作方法，并能在核心领域中进行运用，评价该认知方法与工作方法对职业教育的重要意义，开发新的问题情境及其解决方案；在法律框架下分析企业结构和企业业务流程，拥有开发并评价策略性和操作性行动的能力；能够就当前经济和教育政策的发展、现象和问题阐释观点；能够在考虑交流方式和不同学习群体的情况下，在微观层面和宏观层面对课堂教学过程进行设计，反思综合的环境条件，并且建立与经济、管理实践之间的关联；在经济教学论中拥有自我批评的实验性态度和反思实践的热情，能够运用自我评估和外部评估的方法；拥有反思性的经济伦理方面的信念，并且能够根据不同的目标，进行经济方面的教学活动。”

对于“机械技术”职业性专业来说，具体的能力要求包括：“拥有扎实的与职业教育专业相关的机械技术专业知识、专业教学论理论和方案的知识、工作和职业的反思性知识；能够在上述知识领域中运用并评价处理学科问题的方法；在设计导向方面，联系技术和教育两个方面对业务流程与工作过程进行整体的分析和反思；基于专业教学论的知识，学习前提诊断的知识，与不同对象交流的知识，机械技术、工作与教育三者之间的关联知识，对职业教育过程进行规划；本着对社会和生态负责的思想，与所有参与职业教育培训的机构共同对课堂、课程和学校进行继续发展。”

其三，专业学习内容的专业性、职业性和教学性的融合。专业学习内容总体上体现了专业性、职业性和教学性三者的融合，即涉及专业科学的内容、职业活动的内容、职业教学的内容。

在专业科学内容方面，例如“经济与管理”专业中的专业科学的内容包括企业经济学的基本范式和模型，国民经济学的基本范式和模型，微观经济、市场模型、财政理论、企业理论、市场形式和定价，宏观经济、国民经济的整体预算、国家和国家机构的角色、目标系统，商品市场、货币市场和劳动力市场，开放的国民经济，国际收支和汇率，货币和财政政策，宏观经济平衡和不稳定性等；“机械技术”专业中的专业科学的内容包括数学和自然科学基础在工程科学中的运用、技术机械学、技术热力学、机器原理、劳动科学，涉及职业性专业工作及其系统的过程、体系和组织方案的专业科学内容等。

在职业活动内容方面，例如“经济与管理”专业中的职业活动的内容包括企业核心过程，尤其是采购、价值生产和销售过程；支持过程，尤其是人员管理、质量管理、信息和知识管理、投资和筹资；管理过程，尤其是策略、结构和系统的设计（如企业结构和流程）以及战略管理（如员工领导）”等。“机械技术”专业中的职业活动的内容包括生产制造技术、材料技术、技术交流、结构技术，以及质量管理、社会管理和环境管理、劳动安全等。

在专业/职业教学内容方面，例如“经济与管理”专业中的教学内容包括经济教学论基本的范式和模型、教育过程和课堂系列的经济教学化设计、宏观教学论层面、微观教学论层面、经济教学背景下的教育诊断和咨询、课堂交流方式的经济教学设计等；“机械技术”专业中的教学内容包括职业性专业工作和职业教育专业相关的学习对象的分析，职业性教育过程和资格化过程的分析、设计和评价，在学校和企业课程中职业知识和能力的课程开发与确定，职业性教学过程的计划、实施和反思，专业教学的课堂研究等。[31]

4. 职业性专业标准的共识与争议

从德国职业性专业标准的开发现状来看，各专业标准总体上达成了一些共识，如能力描述、特色内容与结构框架的确定等。但从各专业描述上看，仍然存在一些不同的观点，如专业科学内容过多依赖传统专业科学、专业教学未体现出各专业特性、内容描述上缺乏统一性等。

1）在总体上顺应职教教师教育发展趋势

德国州文教部长联席会议所开发的职业性专业标准首先体现了职业性专业的双对象性、专业能力要求的专业科学导向与工作导向、教学能力要求的职业教学导向以及专业学习内容的学术性、职业性和教学性统一等特点。[32]同时，体现社会发展的共同要求，如2000年10月《教育部长会议主席和教

31 谢莉花. 专业科学视角下的德国职业学校教师教育标准 [J]. 世界教育信息，2015，28（8）：34-37，42.

32 同31。

师协会主席联合声明》中所述，未来教师的专业相关能力由教师教育及教师职业形象建议进行推导。在社会融合和数字化[33]等社会和技术发展的背景下，教师的需求和能力期望也在发生变化。这种变化也必须反映在教师教育中，相应能力的发展是专业教学论、专业科学和教育科学的共同任务。

此外，在开发侧重点方面，由于职业性专业的特殊性，职教师资所依据的专业科学在大学教育中必须与其他专业技术人员的大学教育（如工程师、经济师等）有所不同。因此，在学科基础方面，所有职业性专业不再仅仅依赖传统专业科学，而是具有双对象特点，即除了专业科学基础之外，还有职业工作内容。专业教学论也参考了专业科学领域的内容和各自的职业活动内容，这些对专业教学设计内容具有重要意义。最后，从结构与表述方面来看，16 个职业性专业的专业描述遵循一定的参考框架，具有可比性。因此，可以看出德国职业性专业标准在总体上顺应了职业教育发展的趋势，能够体现职业教育领域的特色，为职业教育的发展提供了师资培养质量上的保障。

2）专业科学过多依赖经典专业科学

在所呈现的职业性专业标准的开发中还可以看出，学术界与实践界的不同代表在德国州文教部长联席会议共同工作中开发出了不一样的专业结果。但总体上来看，专业科学的思想还是处于主导地位，例如，专业能力确定方面，专业能力所表述的内容与课程学习内容之间的匹配度不紧密，后者过多体现工程科学或专业科学的内容。而期望与德国州文教部长联席会议框架教学计划一样，在职业性专业中也呈现一种“工作导向的转折”[34]还是未能完全实现。职业性专业标准证明，职教教师大学课程虽然除了专业和职业科学的部分是新的之外，基本上是基于不同的职业科学方案和思想。尽管如此，在职业性专业标准中，部分职业科学扩展的抗争也作出了

33 KMK. Bildung in der digitalen Welt – Strategie der Kultusministerkonferenz (Beschluss der Kultusministerkonferenz vom 08.12.2016 i. d. g. F.)[R]. 2016.

34 早在 2010 年，帕尔和赫克纳在《职业性专业手册》的前言中就提到，德国职业性专业呈现了野蛮发展而缺少同质性。在上千页的手册中，没有提出对于专业的科学要求，也未实现将“职业性专业作为科学或大学专业”的庞大结构描述成作为独立科学学科的一个必须的统一的方案。（Pahl J-P，Herkner V (Hg.). Handbuch berufliche Fachrichtungen[M]. Bielefeld：Bertelsmann Verlag，2010. ）

一些贡献，例如在当前来说，职业性专业的大学学习完全基于工程科学的观点在全德范围内也是不被认可的，而未来根据德国州文教部长联席会议新开发的职业性专业标准培养的职教教师是否能够充分胜任工作导向的框架教学计划的实施及发展，也是受到质疑的。

3）专业教学论未体现出各专业特性

专业教学论联结专业科学与职业教育学。将专业科学转化为职业教育教学内容的关键在于将专业与职业科学融入专业与职业教学论内容之中。但职业性专业标准在专业教学能力确定方面，一些专业教学论的条目表述与其他专业并无二致，有的甚而偏教育学或一般教学论的描述，没有真正体现职业性专业各自的特点，未来还需处理好一般要求与专业特性之间的程度关系。此外，专业教学论应与职业性专业的职业性相关，而不是工程科学或技术科学的教学论，这也意味着除了考虑课堂教学层面的专业教学论之外，还需涉及广义的职业教学层面的教学论，如职业学校的专业教学及学习地点合作等。

4）内容描述上缺乏统一标准

职业性专业标准中各个职业性专业在表述上存在差异，因此，在描述规范方面应制定统一的母标准，对结构体系进行规范化，建立统一的上位概念理解与规范性的表述，尤其是对存在不同理解和争议的专业科学与职业科学等概念进行统一解释。除此之外，还需强调教师的职业科学和职业教学能力发展对于职业技术人才培养的重要意义。职业性专业作为科学专业或大学专业的结构描述对于建立独立科学学科是必需达成的一个统一结果，这在当前的标准体系中还需进一步改进。

5. 职业性专业标准的基准科学反思

1）职业科学源于职教教师教育专业科学内容的特殊性

德国职业科学源于职业技术学，是研究技术技能人才所需能力的学科，如机械技术职业领域科学、经济管理职业领域科学等。具体来说，在德国理解中，如果职业科学是一级学科，那么二级学科应当是机械职业领域科学、电气职业领域科学、经济管理职业领域科学。

当前的职教师资培养处于一个窘境：一方面专业教师在大学学习的是

工程学科内容，另一方面他们在职业学校面对职校学生时又需传授职业学科内容。因此在职教师资培养的专业技术教学中应摒弃以往的工程培养模式。[35] 工程科学的大学学习是为未来工程师从事工程设计与开发工作做准备，而职业科学的大学学习是为未来职教教师从事职业教学活动做准备。作为职教教师教育专业来说，教师除了需要学习专业科学 / 工程科学的一部分内容外，还需要学习这些内容之外的关于职业科学 [36] 的内容。

关于职教师资培养中的核心内容——职业科学，也只有确立了这样一门专业科学，专业教学论及职业教育学的学习与研究才具有职业教育属性的独特价值。职教教师只有在更高层面理解和把握教学对象（未来的职业技术人员）所需的专业知识和技能，才能因材施教将其传授给学生，以保证职校学生在从业时能够胜任职业工作并能推动创新。这也是德国州文教部长联席会议开发职教教师教育职业性专业标准的初衷。

职业科学如同职业技术科学一样，其本源在于对职业性专业的传统大学学习的批判与讨论。[37] 该批判到今天也广泛存在，因为针对职业性专业和针对普通教育的学科专业一样，德国州文教部长联席会议都首先将之称

---

35 同济大学职业技术教育学院课题组. 教育部全国教育科学“十五”规划重点课题“职教师资培养策略体系国际比较研究”总报告 [J]. 中国职业技术教育，2006（6）：5-9.

36 结合我国近年来针对职业科学的研究，在职业科学的理解范畴，存在广义与狭义两个层面。我国对于职业科学的理解大多源于就业管理部门及社会科学和教育科学视角，与德国对职业科学的理解存在一定的差异。我国对于职业科学的理解偏向于不同学科视野下职业研究学科的综合，基本上是社会科学视阈下的职业科学，如职业哲学、职业心理学、职业社会学、职业经济学、职业教育学、职业分类学、职业史学等。从我国当前的研究来看，若职业科学作为一级学科，那么二级学科则是职业教育学、职业心理学、职业社会学、职业经济学等学科。因此，有必要厘清广义和狭义的职业科学概念。广义的职业科学大多在社会科学领域范围内来讨论，包括职业学、职业社会学、职业心理学等；而狭义的职业科学大多从（职业）教育视阈下所对应的社会职业角度出发来讨论，如各个职业领域的职业科学。由此可见，我国对职业科学的相关研究已经处于起步阶段。但从德国的经验来看，未来职业科学的内涵需进一步厘清，并针对职业科学重要问题在某些领域进行深化研究。而职业科学研究不同于职业科学本身，是一个综合研究领域，可以开展诸多跨领域、跨学科的相关研究。

37 之所以针对职教教师教育提出职业科学或职业技术科学的概念，是因为传统专业科学的大学学习对于职教教师教育来说存在弊端。虽然对于传统专业科学问题存在批判和讨论，但一般与普通教育学科专业一样，职业教育领域也将针对学科专业知识的专业称之为“专业科学”，但该专业科学不能仅仅指传统的专业科学，还应包含职业性的专业科学，或称为“职业科学”。该职业科学迄今为止在德国还存在争议，即使在学术共同体内部也未达成统一。

为专业科学。但从职业教育角度来看，职业并非专业，因此，该事实至少必须在职业科学的概念层面早已反映出来。根据现有观点和内容，仅仅只有专业科学显现了职业性专业的理论与实践。通过职业性专业标准能否对职业性专业的理论和实践有所改变，将依据其课程质量及未来的大学教育实施[38]得以呈现。

2）基于职业科学的职业性专业标准的突破与趋向

（1）突破：确定了职业内容来自职业科学的共识

根据职业性专业标准中关于职业科学的表述，80%的技术类专业涉及职业科学概念（表5–5）。在学习内容中，职业科学或是融合在专业科学中、或是融合在专业教学论中进行阐述。未涉及职业科学概念的职业性专业标准中呈现了“其他相关科学基础”“专业实践内容”等相关表述。鉴于职教师资专业的双对象性，若干职业性专业，如电气电子技术、印刷和媒体技术等，出于职业科学作为职业工作的基础以及专业科学的学术基础性与必要性，对于学科专业内容一般表述为“专业科学与职业科学内容”，尝试将内容整体上与职业科学的相应职业工作相联系。在提及职业科学概念的职业性专业标准，普遍要求教师具有职业科学分析能力，即将职业工作内容进行教学化处理、转化为职业教学内容的能力。

从职业性专业标准中的学习内容可以大体看出，其学习内容仅是一个结构性框架，基本上由专业科学和职业性专业教学论所构成。专业科学与职业科学内容的表述在这些所开发的新职业性专业标准中并不普及，而更为超前的、独立的“职业科学内容”的提法更是没有。由此可见，虽然职业科学是作为职业工作的基础，但专业科学自然一直也是必需的，职业科学作为独立学科来建设还任重道远。这些职业性专业标准的课程列表呈现出课程内容整体上与所必需的职业工作内容相联系的趋势，但由于对职业科学的不同理解与观点，也导致了职业性专业标准中不同的内容结构及表述，未达成统一的认识甚至会引起对专业科学与职业科学关系理解上的混乱。

38 其间，所有基于职业性专业标准的大学专业都将进行认证，由此也有机会改善职业性专业的大学教育。

表 5-5 涉及职业科学概念的职业性专业标准

专业	在结构标题中提及	在具体内容中提及
3. 电气电子技术	专业科学与职业科学内容	职业科学分析（体现在专业科学或专业教学论学习内容中）
4. 健康与身体护理	其他职业科学领域	-
6. 印刷与媒体技术	专业科学与职业科学内容	-
7. 车辆技术	专业科学与职业科学内容	在车辆技术的职业科学、专业科学和专业教学论的内容里包含劳动与职业科学（在一些高校地点中视为独立领域，可以相应地融合在教学中）
10. 信息技术 / 计算机科学	专业科学与职业科学内容	职业与专业科学分析（体现在专业科学学习内容中）
12. 建筑技术	-	职业与专业科学分析（体现在专业教学论学习内容中）
13. 木材技术	-	职业与专业科学分析（体现在专业教学论学习内容中）
14. 实验室技术 / 过程技术	职业科学与职业教学论	职业科学能力、职业科学知识、职业与专业科学分析、职业科学 / 职业教学论的行动和研究领域（体现在专业教学论学习内容中）
15. 纺织技术与设计	-	职业科学能力、职业科学知识、职业与专业科学分析、职业科学 / 职业教学论的行动和研究领域（体现在专业教学论学习内容中）

最初的基本思想是将职业性专业中的工程科学 / 专业科学由原始的职业科学或职业技术学来代替，尽管到目前为止该视角下相应的研究与教学探索仍然不足，但在原先观点的基础上，普遍达成了职业内容不是来自专业科学而是来自职业科学的共识。

（2）趋向：职业科学作为职业性专业标准的思想与内容

从德国职业教育领域的学术研究来看，一些德国学者认为职业科学是一个“有问题的德国产品”，另一些学者则认为它是一个“国际需要的产品”。

针对职业科学的概念、内容与结果，即使在相应的学术共同团体内也一直没有形成明确的科学阐释，反而产生了关于职业科学不同的研究方向和学术观点。虽然大家都认识到，应在职业性专业的大学学习中考虑职业性实践，但迄今为止，在职教教师教育的高校课程中还没得到进一步的澄清。虽然职业性实践最好通过职业科学来承担，但管理与实践层面目前还没有涉及。为了深化职业教育与职教教师教育之间课程的相互关联，一方面，新的工作导向和学习领域导向的州文教部长联席会议框架教学计划需进行主题化，将其与教师培养的职业性专业课程关联起来；另一方面，州文教部长联席会议当前新开发的关于教师教育的职业性专业标准也需呈现出相应的课程变化。

在职教教师教育的专业科学建设方面，需建立科学、合理的职业性基础。德国职业教育的专业与职教教师教育的专业分别以“职业群”和“职业领域”为导向，显示了较强的职业性特点。虽然职业教育的专业直接面向社会职业，当社会职业发生变化时，需根据其变化而进行调整；但职教教师专业一般面向的是职业教育的专业，不直接面向社会职业及其变化。当然，职教教师专业同时也依赖于较稳固的专业科学、技术科学和工程科学基础，其职业性的凸显及变化并没有随着社会职业变化而产生较大的波动。

随着2010年德国职业分类体系的修订完善及基础作用的显现，有学者提议，教师专业应以社会职业（群）而不仅仅以教育职业为导向，以此来实现一个更为清晰的直接面向工作一线的职业学校教师教育。就该观点而言，职业分类体系中规范的职业群的设置是比较适合的，例如，“电气技术”职业性专业的设置可以以“职业大类26：机电、能源和电气职业”作为导向。基于此，就业体系中社会职业的动态发展也能直接成为职业性专业的研究与教学对象。因此，不仅职业体系与职业教育体系，而且职业体系与职教教师教育体系也能建立直接的联结，并能为职业科学的继续发展奠定基础。

（3）发展：职业性专业标准的科学取向与职业取向的融合

德国职教教师教育的职业性专业标准已然在专业知识规定方面走出了第一步，但未来仍可继续发展的方向是：基于职业教育的职业知识（含理论知识与工作知识）发展职教教师的职业性专业标准。职业科学不仅是职业工作、职业教育的学科基础，也是职教教师教育的专业科学基础，其内容及结构具有特殊性，但仍需突破局限，继续发展。

从德国职业性专业标准的发展源起、过程、结果来看，针对职教教师的专业科学知识内容建设争议始终离不开其本身的特殊性：学术性与职业性并存。而建设的价值冲突在于，是走向科学取向还是职业取向。从德国职教教师教育的发展历程来看，职教教师教育（尤其是技术领域）由最初的实践化转向 20 世纪 60 年代以后的专业化与学术化过程中，这一争论及博弈一直存在。从建设的现有成果来看，这两者同时需要并且需进行融合。

作为一种教育类型的职业教育，无论是职业教育本身还是职教教师教育都必然要求具备独立的学科基础，既不是依托于传统专业科学的学科基础，也不仅仅是职业工作活动的简单表述，而应是在专业科学知识体系上就具有自身的独立性、科学性与适切性。因此，对于职业性专业科学的反思与探索也是职业教育确立类型教育地位的基础。职教教师“双师素质”培养的根本也是确立建立在职业性专业科学基础上的职业性专业，该专业及其标准的规范化对于培养“教师 + 技师”的双师型教师具有核心价值。

小结

职业性专业的设置是开展职教教师教育的基础。与传统的学科性专业不同，职业性专业是在职业领域基础上建立起来的培养未来职教教师在职业技术、工作和教育领域内行动能力的学业门类。德国职业性专业在其内涵、标准、培养目标与内容等方面具有较强的职业特色，由此也引发了关于基准科学、作为大学独立专业、职教教师短缺等方面问题的讨论。作为职教教师专业教育基准的职业性专业标准是德国职教教师在专业科学及专业教学领域发展的根基，其开发的核心问题在于科学取向还是职业取向。当前已开发的标准在突出职教教师教育的专业性与职业性、融合专业科学与职业知识等方面已经取得了一定突破，未来还需继续发展作为其理论基准的职业科学，为职教教师特有的职业性专业提供学科根基与内容源泉。

第 6 章

德国职教教师教育的课程体系及专业课程

一、德国职教教师教育的课程体系

1. 职教教师教育的课程框架

作为职教教师教育入口，师范生需取得大学入学资格以及具备一年左右的企业实践经历或职业教育培训经历；之后再经历完备的系统化教育阶段，即职前教育阶段，包括大学学习阶段和预备阶段；其后续成长阶段还包括在职培训和继续教育。教师教育的三个阶段分别有不同的能力发展促进重点。大学学习阶段主要是促进专业科学、教育科学、认知方法与工作方法及专业教学论要求下的基础能力学习；预备阶段主要是教学实践能力的习得；继续教育阶段是进一步发展教师这一职业角色。

与其他诸多国家不同的是，德国注重教师系统化的职前培养，只有经过系统化的师范教育并且通过国家考试才能成为正式教师。因而，大学学习阶段的教育对于德国职教教师来说至关重要，是其后续发展的基石。德国对于职教师资大学学习阶段的培养内容没有国家层面统一的课程大纲，只是规定了一些框架性条件，如德国州文教部长联席会议的“KMK 教师决议”和职业性专业标准。大学教育内容包括以下部分：教育科学（90 学分，重点是职业教育学或经济教育学；第一专业和第二专业的专业教学论和教学实践）、第一专业和第二专业的专业科学（180 学分）、学士论文和硕士论文（30 学分）（图 6–1）。

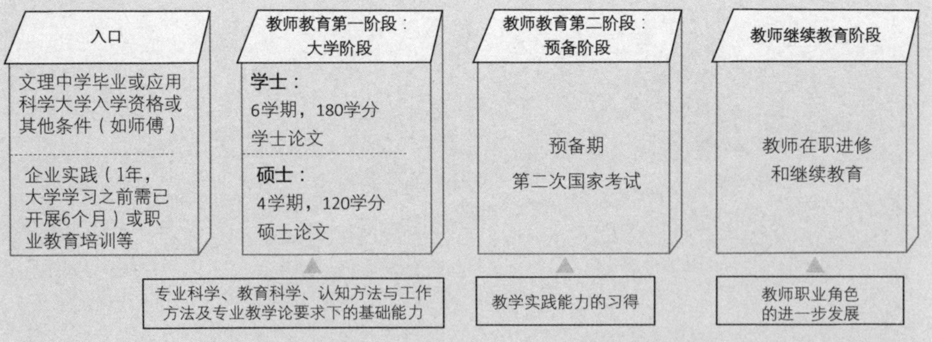

图 6-1 职业学校教师教育的培养阶段与重点

如前所述，德国各个大学都有其自身的职教师资培养模式，其课程设置也不一样。总的来说（图 6–2），德国职教教师教育在整个大学培养阶段包含三种课程类别：职业性专业课程及专业教学论；第二专业课程（如普通教育科目的课程）及专业教学论；职业教育学类及其他社会科学类课程，其中职业性专业方向所占的学期周学时数（Semesterwochenstunde，SWS）占总学时数的一半。除了这三类课程设置之外，职教教师教育课程还包括至少一年的企业实践以及大学阶段的教育实践。

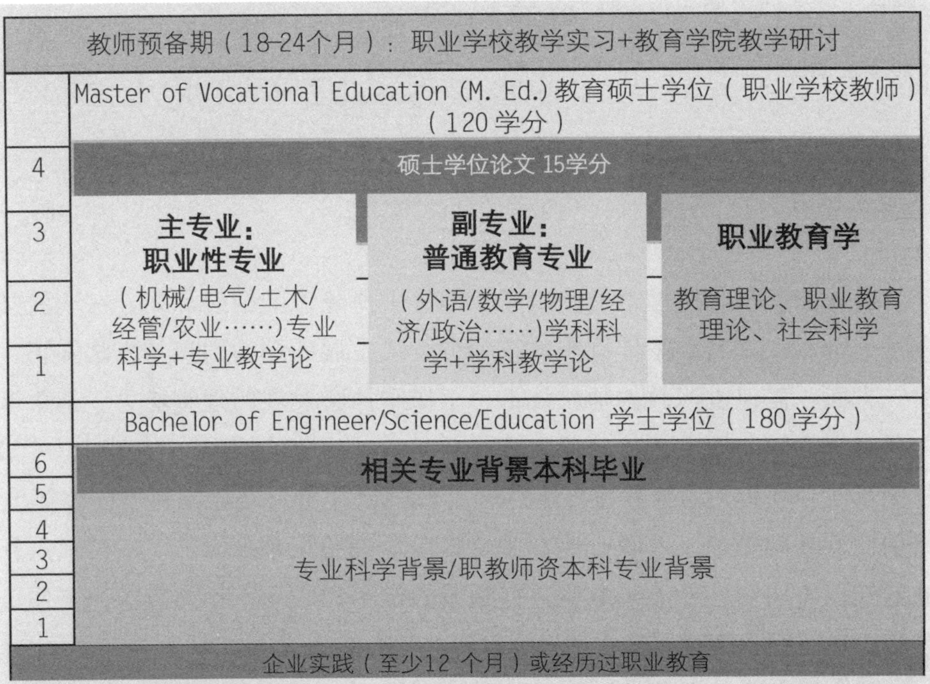

图 6-2 职教教师职前培养内容

2. 职教教师教育的课程结构

根据德国职业技术学工作团体（GTW）所建议的大学学习框架条例，以技术类职业性专业为例，职教师资学士—硕士贯通模式的培养结构和学时如表 6–1 所示。可以看出，德国职教教师教育主要设置三个课程领域的内容：职业性专业的专业课程及其专业教学论（占 50%）；第二专业的专业课程及其专业教学论(占26.7%);职业教育学课程及其他社会科学类课程(占15%),其中职业性专业的专业科学及其专业教学论内容所占比重最大。

表 6-1 德国职教师资学士—硕士贯通模式的培养结构与学时[1]

学士阶段			硕士阶段		
领域	建议学分	波动幅度	领域	建议学分	波动幅度
职业性专业及职教实践学习	120	120~130	职业性专业、专业教学论及职教实践学习	30	20~30
第二专业及学校实践学习	30	20~30	第二专业及教学论	50	45~60
职业教育学/教育科学	20	10~20	职业教育学/教育科学	25	25~35
学士论文	10	6~12	硕士论文	15	15~24
总计(学分)	180	180	总计(学分)	120	120

根据德国职业技术学工作团体(GTW)所建议的框架计划,在职教师资培养中,一方面,需传授职教教师可持续发展的结构知识与方法知识;另一方面,需促进职教教师对技术、工作和社会发展的理解能力。基于该主导思想,职业性专业的培养内容包括:基础的理论知识与方法知识(如与职业性专业相关的数学与自然科学、劳动科学、经济与生态科学内容等)、结构性宽基础知识(即职业性专业及其教学论的宽基础内容)、某重点领域的知识(职业性专业某专业重点领域的技术和职业工作内容)、工作过程知识和在职业教育实践中的迁移知识。[2]

职业性专业的课程结构同时涉及技术类、职业类、教学类内容,如以工程科学、职业科学、专业教学论为代表的课程。其中,专业(/职业)教学类内容(如课程开发、教学论)与职业性专业的专业内容直接挂钩,同

1 GTW (Hrsg.). Empfehlungen zur Ausgestaltung von Studienordnungen fuer Bachelor- und Masterstudiengaenge gewerblich-technischer Fachrichtungen. z.B. Berufliche Fachrichtung Metalltechnik[EB/OL]. (2010)[2015-04-10]. http://www.ag-gtw.uni-bremen.de/wp-content/plugins/download-monitor/ download.php?id=40.

2 同1。

时也起到联结专业课程与教育学课程的桥梁作用。职业性专业领域中具有诸如职业课程与职业教学论、工作研究、职业教育实践学习等职教师资特色的典型课程，后两者是针对职业世界的职业工作和职业教育世界的职业教育教学的研究性学习，从而实现职教教师教育学术性、教育性与职业性三者的融合。GTW 所建议的框架计划反映了德国职教教师教育课程的基本领域及一些特色课程，但各大学的培养课程又具有自身特点，如北德地区高校的职业工作研究课程、其他地区高校的教育实习课程。

二、德国职教教师教育的专业课程

1. 专业科学类课程设置及内容

专业科学类课程指向德国职教教师教育的第一专业和第二专业的专业科学内容。以下以职业性专业课程内容为主介绍德国的专业科学类课程。

职业性专业课程涵盖了专业科学中作为工作过程与学习过程对象的技术与工作内容，即职教教师所需的专业科学知识，解决"教什么"的问题。专业科学中作为工作过程与学习过程对象的技术与工作内容主要是从职业技术和职业工作两个方面出发，具体涉及职业领域的基础知识、理论与方法，职业领域中各个重点方向的深化知识及其关于如系统、元部件、工具、工件和产品等技术方面、经济方面和工作方面的影响，技术过程、过程环境和能力开发方面的分析、设计和评价，职业领域中职业形态专业工作的过程，企业组织、劳动组织、技术应用和职业资格化相互作用下的职业工作过程等内容。

不同职教师资培养模式下的职业性专业课程设置也有所不同，以下主要以一体化教育模式为主的德国不来梅大学（Universitaet Bremen）和传统国家考试模式的德国弗伦斯堡大学（Universitaet Flensburg）的课程设置为例来介绍。

1）一体化教育模式的课程设置及内容

（1）德国不来梅大学职教教师培养模式

德国不来梅大学的职教师资培养采用的主要是一体化模式，即"理科学士"加"职业教育硕士"的培养模式。该校关于职教师资培养的学士专业有两个，分别是：机械技术—汽车技术和电气电子技术—信息技术。具有大学入学资格和无传统大学入学资格但有职业资格的申请者，如技术员、师傅，都可以申请该专业，已获得的职业资格可以换算成大学学分。学士阶段共六个学期。该阶段重点在于职业性专业的职业与专业科学学习，具体课程概览见附录 4。

进入职教师资硕士阶段就读的前提条件是：获得相关的如职业教育专业、工商—技术科学专业、工程科学专业方面的本科毕业证书，或者是其他一些与上述专业的内容、范围和要求没有本质区别的，并且至少达到 180 学分的专业。职教师资的硕士阶段包含四个学期，不来梅大学提供了下列可学习的专业：机械技术、汽车技术、电气电子技术和信息技术，是为在国家或私立机构从事职业教育、进修教育或继续教育工作做准备。与之相配的第二专业可以选择：化学、德语、英语、数学、物理或政治科学等。

（2）德国不来梅大学职业性专业课程

不来梅大学的职教师资培养模式呈现了完整的职教师资培养内容。本科阶段包含七个模块领域，分别是：职业和企业教育学（如职业教育与培训基础、学生及其学习过程的伴随、获取、评价与评估学习进度等）；职业性专业的职业科学（如职业规章制度、职业科学方法、职业教育实践研究、职业科学研究等）；职业性专业的专业重点（电气安装、楼宇系统、办公系统、生产系统、新能源）；专业科学基础（数学基础、电气电子技术基础、信息技术基础）；职业性专业的专业科学（电气电子技术运用、信息技术运用、电气电子和信息技术在特定领域的应用）；专业科学的限选课 / 一般研究；毕业模块。归纳来看，学士阶段课程包含职业教育学、职业科学和专业科学三大领域的内容。

硕士阶段包含四个模块领域，分别是：职业性专业教学论（职业性专业教学论与课程、职业性专业中的工作与技术、专业教学论项目）；职业教育学（职业教育学导入、学习、发展与社会化）；核心能力模块（核心能力 / 与异质学生的交流）；硕士论文。归纳来看，硕士阶段课程包含职业教育学、专业教学论和核心能力模块三大领域的内容。

从学士和硕士阶段的模块领域可以看出，整个职教师资培养阶段（除了预备期阶段的专业教育教学实践与反思之外）包含如下几部分领域内容：职业教育学（学士 30 学分＋硕士 12 学分＝ 42 学分）、职业科学（学士

60 学分）、专业科学（学士 60 学分）、专业教学论（硕士 24 学分）。[3] 这四个主要领域的学分比例分别是：7 ∶ 10 ∶ 10 ∶ 4。职业性专业课程包括以下课程：职业和条例制度（6 学分）；职业科学方法（12 学分）；职业教育实践研究 / 项目研讨会（6 学分）；职业科学研究 / 项目研讨会（6 学分）；职业性专业的专业重点（如电气电子专业中涉及楼宇系统、办公系统、生产系统、新能源等专业重点）（30 学分）；职业性专业教学论（职业性专业的教学论与课程、职业性专业中的工作与技术、专业教学论项目）。例如课程模块“职业性专业的专业重点”的课程描述（以电气电子专业的“生产系统”专业重点为例），如表 6–2 所示[4]。

表 6-2 “生产系统”课程模块描述

模块种类	必选
学期	冬学期
教学形式	研讨课
课程	• 生产系统 I • 生产系统 II
模块内容	对象 自动化生产系统（包括资料流、生产程序、组装和操作技术、控制系统和数据技术联网）的组织、结构和组成部分；（在行业解决方案背景下的）生产系统的使用价值特性及经济的、生态的和与人员相关的特点 具体包括 • 机电系统及组成部分 • 控制和调节技术（控制与调节之间的区别、调节器、控制类型） • 可编程控制、小型控制 • 制动器，尤其是电气驱动 • 传感器的运用领域和类型 • 设置信息加工、数据传输和交流、网络化和总线系统 • 机器人技术 所有内容均蕴含相关的法律规定、技术条例以及安全和健康保护规章内容

3 本硕阶段（学士阶段 180 学分，硕士阶段 120 学分）的学分共计 300 学分，其余学分如学士限选课（15 学分）、学士论文（15 学分）、核心能力模块（9 学分）、硕士论文（15 学分）、第二专业（60 学分）等。

4 ITB Uni Bremen．Modulhandbuch Master-Studiengang (Berufliche Bildung mit den beruflichen Fachrichtungen Elektrotechnik-Informationstechnik sowie Metalltechnik-Fahrzeugtechnik)[R]．2013：35-37.

续表 6-2

学习结果	学生掌握生产系统领域中关于工艺、技术运用和职业专业工作的广泛知识；他们能反思工作、技术和职业教育的相互关联，能够以当前的案例分析性地展示职业教育相互关系的含义；他们能运用这些知识，论证性地构建职业教育措施；他们能够独立专业地挖掘技术工艺的、劳动组织的和资格的发展，认识所呈现的设计可能性 学生能够： · 描述在“生产系统”这个专业重点中专业工作的技术产品、工具和方法相关的专业解决方案 · 开发“生产系统”这个专业重点中技术服务方面使用价值导向的问题解决方案 · 反思生产和自动化技术与职业能力发展中的职业知识与能力的相互关联 · 理解工艺革新开发的基础，分析和评价技术革新对工作世界、社会和环境的影响 · 评价自动化生产技术设备的计划、组装、安装、编程、参数设置、调试、维修和运行的工作过程，以及它们对设计职业教育措施的意义 · 理解和评价“生产系统”专业重点中专业工作的变迁
学分和工作量	6 学分，180 小时
学分给定前提	不能在各门课中单独获得学分，需通过模块考试才能成功结业
模块考试和模块成绩	该模块以分数形式给定，其他的规定见考试条例 学习效力：PPT/ 报告 / 书面作业 考试形式：口头考试或书面考试或研究报告
参考文献	略

首先，在课程大纲的结构和形式上，该校的课程大纲描述以学习结果代替了传统的课程目标描述，体现了学习结果导向的职教师资培养。课堂实施多以研讨课形式为主，不仅传授给学生必需的专业知识，还注重培养学生综合的专业能力、方法能力和社会能力。课程组织形式除了涉及课堂出席外，还包含课外的独立学习和小组工作以及模块考试准备等几部分。

其次，在课程大纲的内容上，各种类型的课程针对职教教师职业行动能力的培养均各有特点。该学院的专业科学课程领域的学士阶段课程共计60 学分，此外还提供 15 学分的专业科学限选课。专业科学课程主要涉及专业科学基础类课程和应用类课程，如数学基础、电气电子技术基础、信息技术基础、电气电子技术运用、信息技术运用、电气电子和信息技术在特定领域的应用等。这些课程的设置体现出了充分的基础性、宽广性和在职教领域的应用性，为职教教师所面向的专业和职业领域提供了广阔的专业基础和联结化的应用情境。

2）国家考试模式的课程设置及内容

（1）德国弗伦斯堡大学职教教师培养模式

弗伦斯堡大学劳动、技术与职业教育学院的职教师资主要有三种培养模式：职教师资国家考试模式；职业教育学硕士模式；职业教育硕士模式。其中，第一、第二种已不多见，而第三种模式自欧洲博洛尼亚进程之后已成为该校职教师资培养的主要模式。根据生源来源和性质的不同，各种模式又细分为各种形式，如职业教育硕士模式中，招收专业学科毕业的大学生进行职教教师硕士阶段的培养，既有全日制四学期的职教硕士形式，也有半工半读六学期的职教硕士形式。后者是每周两天在大学学习，其他时间在职业学校实习和工作——这种形式缓解了当前德国某些地区职业学校某些专业的专业教师不足的困境。该学院共设置了四个工科类职教师资专业：机械技术、电气电子技术、信息技术和车辆技术。

传统的本硕一体化模式存在生源短缺和学制较长等问题，而职业教育硕士模式能够吸引一些应用科学大学的学士 / 硕士毕业生，他们通过两三年的硕士学习之后能够取得综合性大学的硕士学位，在通过第二次国家考试后也能够获得职业学校的教师资格。

自 2008 年开始，该学院在该模式下招收具有相应专业学科背景并有志于成为职业学校教师的本科或硕士毕业生。硕士阶段全日制的学习时间一般为四学期（120 学分），毕业后获得职业教育硕士学位。该学位相当于传统的通过第一次国家考试而被承认。硕士阶段的目标是在本科阶段专业学科学习的基础上，培养未来从事职业教育与培训人员在职业教育学、职业和专业科学以及教学论方面的能力。在完成预备教育和通过第二次国家考试之后，他们可以成为各级各类职业学校的教师，也可以成为职业教育培训的职业教育学专家或者在企业、协会、行会或工会人力资源管理部门工作的人员。该模式必需的入学前提是：具有与所设置的四个职业性专业或相近专业的学士毕业证明，或根据具体情况有可能需要额外补充最多 17

学分的学习证明；具有与所选专业相关至少一年的职业或企业实践证明或相关的已结业的职业教育证明。

（2）德国弗伦斯堡大学职业性专业课程

以德国弗伦斯堡大学“电气技术职业性专业方向”（国家考试培养模式）为例（图 6–3）。该大学电气技术职业性专业方向的总体课程框架（包括考试阶段）共覆盖九个学期。整个大学培养分为两个阶段：基础阶段（第一至第四学期）和主体阶段（第五至第八学期）。该专业方向又分为三个重点方向：关于生产设备和过程设备的技术和劳动、关于房屋设备和楼宇设备的技术和劳动、关于服务的技术和劳动。师资班学生在大学的基础阶段对这三个重点都进行学习，在大学的主体阶段则选择其中的一个重点方向进行深化，选修其他两个重点方向。

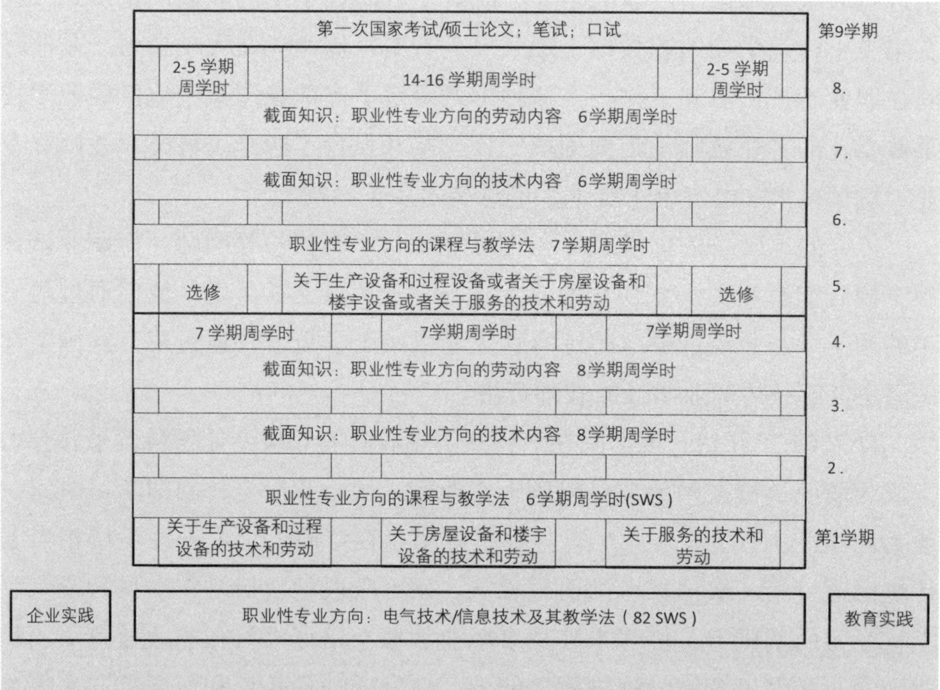

图 6-3 德国弗伦斯堡大学职教师资电气技术职业性专业方向课程框架[5]

5 Petersen A W，Spöttl G．Der berufswissenschaftliche Ansatz für die Ausbildung von Lehrern für berufliche Schulen[M]．Berufsbildung，Heft 58，1999：8-11．

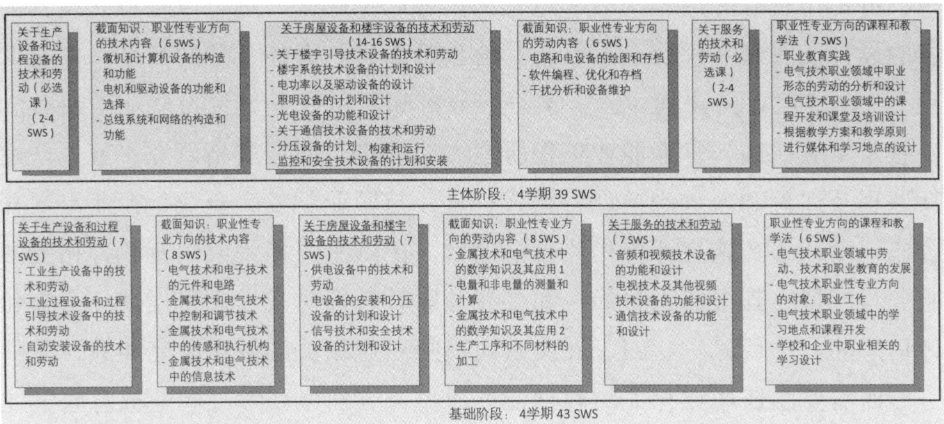

图 6-4 德国弗伦斯堡大学电气技术职业性专业方向课程内容（以“关于房屋设备和楼宇设备的技术和劳动”为重点）

图 6-4 所示是该大学电气技术职业性专业方向的课程内容。从中可以看出，三个重点方向的课程设置不是以学科为导向，而是由各个工作领域构成。与此同时，技术领域和劳动领域内的基础知识（截面知识）和该专业方向的课程和教学法知识（占职业性专业方向学时的 10% 以上）也是核心课程内容（具体课程概览见附录 5）。

从两所职教师资培养机构的专业课程设置来看，德国职教师资培养中不仅注重专业与职业的对接，而且强调未来职教教师专业能力与教学能力的协调发展，其课程设置与职业学校的工作过程导向课程设置是相呼应的，这样培养出来的职教师资无疑在专业化水平上有很大的保障。

2. 专业教学论课程设置及内容

职教教师所需的专业 / 职业教学论知识是指以职业性专业课程内容为基础的职业学习过程与资格化过程的内容，主要解决职教教师“怎么教”的问题。在职教教师教育的高级阶段着重学习专业教学论内容，如职业性专业的课程与教学论、职业性专业中的工作与技术、专业教学论项目等。在职教教师教育中，除了通过专业科学与教育科学来促进职教教师的专业能力与教育能力外，专业教学论课程则能有针对性地促进教师专业教学能力的提高，该能力是职教教师专业化发展的集中体现。

职教教师教育中所设置的专业教学论课程需要能够达成以下能力目标:

一，将工作过程和内容与教学过程和内容联系起来，进行课堂单元及其内容的设计、实施和评价；二，与其他教师商讨与合作，共同实施一体化课程 / 工作过程导向课程；三，学习、分析和评价职业教育及职业学校教学现状及发展；四，掌握职业工作研究方法和进行职业资格研究；五，开发新课程及评价和改善当前课程模式；六，与职业学校、企业、行业等展开合作，设计、实施与评价相关创新项目，提供专业相关或职业教育相关的服务与支持。其中能力目标一和二涉及职教教师对教学进行计划、实施和评估的能力；目标三、四、五关系到教师专业相关的教学研究能力，教师一方面需要胜任职业相关的教学任务，另一方面也要参与职业教育教学的改革和可持续发展的建设；目标六涉及教师的设计能力，以及要求主动参与职业教育相关机构的合作。通过为职业学校、企业或者其他职业教育机构提供一定的专业服务，不仅使得教师教育机构能够与职业学校和企业建立起联系，也为教师进入职业学校和企业进行实习实践打下基础，教师的共同设计能力也能够在这一过程得到开发与促进。

依据这些需要达成的能力目标，在职教教师培养或培训阶段需设置相应的专业教学论课程。以德国弗伦斯堡大学的职教师资培养的专业教学论课程为例，其职业性专业课程涉及三个必修模块：× × 职业领域中劳动、技术和职业教育（6 学分，具体包含两门课程：× × 职业领域中专业工作、技术和职业教育的发展、× × 职业领域中学习地点和课程开发），职业科学和职业教育实践研究（6 学分，具体包含两门课程：职业科学研究、职业教育实践研究），职业教育过程的分析和设计（6 学分，具体包含两门课程：× × 职业性专业教学论、× × 职业领域中教育培训和课堂设计），以及两个限选模块：职业教育实践导入（3 学分）及 × × 职业性专业项目（8 学分）。[6] 例如，专业教学论的课程之一“× × 职业领域中的劳动、技术和职业教育”的课程描述如表 6–3 所示。

6 Berufsbildungsinstitut Arbeit und Technik der Universitaet Flensburg. Modulhandbuch fuer den Teilstudiengang Elektrotechnik im Studiengang Master of Vocational Education/Lehramt an beruflichen Schulen (gewerblich - technische Wissenschaften) der Universitaet Flensburg[R]. 2010：3-4.

表 6-3 “×× 职业领域中的劳动、技术和职业教育”课程模块描述

专业：职业教育硕士 / 职业学校师资 职业性专业课程					
模块名称：×× 职业领域中的劳动、技术和职业教育					
模块种类（必选 / 限选）	学分	周期	学时	工作量	时长
必选	6	冬季学期	4SWS	上课：60 小时 自习：120 小时	1 学期
能力目标	大学生能够解决 ×× 职业领域中关于教育培训的基础性职业教学和专业教学问题；他们能分析工作、技术和职业教育的发展和关联，反思 ×× 职业的发展，认识 ×× 职业的职业教育培训中不同学习地点的任务和功能，认识作为 ×× 职业领域教育培训基础的相关条例制度的构成、意义及其产生结构；他们能在有目的性的信息获取和加工的基础上独立地就某个主题进行汇报准备，并通过适当的媒体运用直观地展示结果				
内容	• ×× 职业领域工业和手工业 ×× 职业的职业概貌 • ×× 职业领域的历史发展、现状发展和未来发展 • ×× 职业领域中专业工作的产生和变迁 • ×× 职业领域中技术、劳动组织和资格发展 • ×× 职业中教育培训的基本教学要求 • 手工业和工业中企业培训的发展 • 职业教育的条例制度和法律基础 • ×× 职业新条例和课程设计的条例结构 • 教学计划理论和课程理论的思想和模型				
必选	6	冬季学期	4SWS	上课：60 小时 自习：120 小时	1 学期
内容	• 学校和企业教育培训形式，双元制体系外职教专业的特点和继续教育的形式 • ×× 职业领域的职业教育中不同学习地点的角色，各类机构的意义（行会、协会、社会伙伴、联合会等）				
参考文献	（略）				
分模块					
分模块名称	类型	学时	学分	学习效力	导师
×× 职业领域中专业工作、技术和职业教育的发展	研讨课	2	3	定期参与、汇报	×××
×× 职业领域中学习地点和课程开发	研讨课	2	3	定期参与、汇报	×××

德国关于职业教育专业教学论的研究与实践是走在世界前列的，不来梅大学将职教教师教育中的专业教学论课程安排在专业科学、职业科学与职业教育学等课程之后，共计 24 个学分，主要涉及职业性专业的教学论与课程、职业性专业中的工作与技术、专业教学论项目。其中，职业性专业的教学论与课程要求职教教师具备某职业领域及相关职业与教育领域坚实和贯通的知识，熟悉基本的教学论模型、方案和类型，职业性地设计职业学校教育措施，反思和运用关于专业（教学）标准、职业、课程和教学论的知识；职业性专业中的工作与技术要求教师在学校背景下实施系统的案例研究，分析工作过程和扩展职业行动领域，运用所选择的工具和方法（如案例研究、工作过程、职业行动领域、学习和工作任务、学习情境、数字媒体等），对结果进行解释和反思。专业教学论项目要求教师在职业学校专业中能够计划、实施、分析和反思工作过程相关的课堂。[7]

3. 专业课程设置特点

针对职业性专业课程所涉及的职业科学和专业教学论课程领域，德国这两部分的课程内容具有以下六个特点。

1）课程目标的针对性和综合性

依据总的培养目标，课程目标是细化的分目标及其实现方式。在各课程领域中，如职业性专业课程和专业教学论课程，各课程领域各司其职，实现该课程领域需要完成的培养目标。同时，各课程领域之间又不是孤立的，而是整体地培养未来职教教师专业方面和教育方面的专业化行动能力。除了专业能力的培养外，无论在培养总目标还是在各课程的分目标中都体现出了培养未来教师的核心能力，如方法能力、社会能力和个性品质，这也是职教教师未来需要传递给职教学生以及职教教师自身发展的能力与品质。

2）课程结构的合理性和条理性

德国职教师资培养的课程首先划分为若干个课程领域，提供学习者

7 谢莉花．职业教育专业教学论刍议 [J]．职业技术教育，2017，38（31）：8-12.

一个概览性框架的认识和定向，如专业科学类课程、职业科学类课程、职业教育学类课程等。各个课程领域又划分为各个课程模块，每个课程模块包含密切相关的几门课程，具有较强的系统性和关联性。每个课程领域及其下属的课程模块都分别由主管教授负责整体的设计、实施和评价。

3）课程模块的理实一体且强调实践应用

德国职教师资培养的课程模块中既有实践模块，如项目课程、职业教育实践课程，又有理论模块，但这两类课程都不是单纯的理论或实践课程，而是理论课程中含有实践运用、实践课程中又包含理论伴随的反思。我国大学课程的设计也需要具备这种理论实践一体化的思想，尤其是职教师资专业这类实践应用性专业，仅有理论或仅有实践或理论实践分割的课程内容都是不适当的。尤其是实践课，除了提供伴随性的研讨课之外，促进学生将理论与实践进行结合的能力，还应引导学生对理论与实践进行反思，促使学生形成实践性智慧。

4）课程内容的科学性、系统性和前沿性

针对职业教育的特点和职教教师培养的特点，德国职业性专业课程与职业教育学类课程内容具有科学性、系统性和前沿性的特点。职教师资课程内容既包含科学理论内容，还包含经验实践内容以及理论与实践之间的结合与反思。课程覆盖了职业工作、技术、教育的各方面内容以及三者之间的相互关联，完整反映了未来职教教师工作领域中所面临的要求与挑战的各个方面。一些课程内容如“工作研究结果的评价和阐释及其对于职业教育过程、工作和技术设计的重要意义”“被培训者视角中的专业工作及其对于教师工作设计的革新意义”以及“职业教育学展望”，都体现了学习内容的前沿性，也体现了教学者和学习者对职业教育现状的科学反思和共同设计。

5）教学组织和教学方法的多样化

由德国课程模块的描述中可以看出，德国职教师资培养的大学课程的教学方法也是形式多样的，包括研讨、讲座、练习、项目、实践等多种方式，其中以研讨课形式居多。针对不同的课程目标与内容，采取相应的教学方法来实施课程，促进学生的行动能力；同时，也让学生在多种教学方法中体验方法的运用，促进他们的方法能力，为未来职业学校教学做好准备。这也体现了教学组织和方法的作用，不仅能传授给学生必需的专业知识，而且也培养了学生综合的专业能力、方法能力和社会能力。课程组织形式除了课堂出席外，还规定了课外的独立学习和小组工作以及模块考试准备等几部分的学习时间，既可以促进学生合理高效地安排时间，又可以提高学生学习的独立自主意识。

6）教学评价以提高学生综合能力、解决问题能力为导向

德国课程模块的课程描述中以学习结果代替了传统的课程目标描述，体现了学习结果导向的职教师资培养。课程模块及课程的评价多以书面论文和汇报为主，而记忆性的知识考试很少。考试主题大多围绕解决某个问题，在考试中全面体现对学生专业能力、社会能力、方法能力与个性品质的要求。一般情况下，学生选择某个主题，围绕这个主题进行资料收集、方案制定、文献调研或实践调研、分析小结、汇报与评价、完善并提交报告等，这一完整的行动过程不仅是对未来教师综合行动能力的锻炼，也期望能够影响他们，为未来从事职业学校的教学做准备，最终促进未来技术工人的职业行动能力。

小结

德国职教教师教育课程体系包含三大块：职业性专业的专业课程及其专业教学论、第二专业的专业课程及其专业教学论以及职业教育学课程及其他社会科学类课程。职业性专业课程是德国针对职教师资培养的特色课程，具体又涉及专业课程和专业教学论课程。职业性专业课程体现了职教教师教育的学术性与职业性，而专业教学论课程则体现了学术性、职业性与师范性的融合。职教教师教育的专业课程目标具有综合性，体现了专业能力和核心能力的综合；课程结构由系统性和关联性较强的模块组成，理实一体强调实践应用；课程内容具有系统性和专业针对性，覆盖了职业工作、技术、教育的各方面以及三者之间的相互关联；教学组织和教学方法也呈现多样化，教学评价以提高学生综合能力、解决问题能力为导向。

第 7 章

德国职教教师教育的学科基础：职业科学的发展

作为一种类型教育的职业教育，也必定要求其学科基础是相对独立的，而不是仅建立在传统的专业科学基础之上，因此，探寻职业教育独立的学科基础也成为必然要求。如前所述，职业技术人员所需的知识、技能和能力与工程师所需的知识、技能和能力是不同的，工程师的培养对应的科学是工程科学，而职业技术人才培养对应的科学还不存在专门设置的学科。在当前职业技术人才的培养中，学习的内容基本是简化的工程科学知识，而不是由职业技术人才工作实际出发而产生的知识体系。这样一门涵盖职业技术人才所必需的知识、技能和能力的科学才应是职业教育的基准科学，德国学者将其称之为“职业科学”。由于其实践性、内隐性与复杂性，历经几代职业教育领域学者的阐释、论证与发展，迄今为止，职业科学这一学科的概念仍没有明确的定论，学科的建立更是面临着诸多问题与挑战[1]。以下梳理和阐释作为德国职业教育学科基础的职业科学的内涵与发展，厘清职业科学与职业工作、职业教育、职教教师教育之间的关联，及其在学术层面的发展、争议与共识，以及未来的发展与挑战。

一、职业科学的内涵与研究领域

1. 职业科学的内涵演变

根据德国 2013 年出版的《职业研究手册》，“职业科学”包含多层含义，有一般层面和特定层面理解之分，特定层面还有广义和狭义理解之分（表 7–1）。一般层面的职业科学是关于职业和职业领域的上位理论，涉及职业的历史发展、法律、行为、伦理、动机、选择、形态、方法、理论等一般性认知。特定层面的职业科学针对的是特定职业或特定职业领域的职业科学理解：广义上，职业科学是作为非学术或学术领域特定职业的理论，如关于特定领域职业的行动与态度、专业化、动机、能力、法律等；狭义上，职业科学是某个特定的学术职业的专业理论或者某个特定的非学术职业的职业

1 谢莉花，尚美华. 德国职业教育领域“职业科学”的内涵、争议与发展 [J]. 职教论坛，2018（6）：22-30.

理论，后者如特定职业的业务流程与工作过程等。职业教育领域所提及的职业科学概念更多指向的是职业科学的狭义概念，尤其是针对特定的非学术职业的职业理论，它是非学术职业教育培训、职业教学论的基准科学[2]（表 7–1）。以下主要从非学术职业与职业教育的角度阐释职业科学。

表 7-1 一般职业科学和广义与狭义理解下的特定职业科学

职业科学 （作为职业形态工作、职业、职业领域的理论）		
一般职业科学 （职业和职业领域的一般性观点）	特定职业科学 （特定职业或职业领域的观点）	
职业科学作为职业和职业领域的上位理论，一般化和普遍性主题如： • 职业的产生、消亡和发展 • 职业广泛的、道德的、社会的和工作法律相关的知识 • 一般性职业或专业行为方式和行动模式 • 广泛的职业伦理和职业与专业态度 • 职业动机和职业满意度 • 选择职业、进入职业和进入职业教育的持续性问题 • 欧洲和国际背景下职业形态工作的发展 • 职业研究的一般方法 • 职业理论	广义概念 职业科学作为非学术或学术领域特定职业的理论，例如以下视角： • 典型职业行动方式和态度 • 自身的职业性或专业化 • 特殊的职业动机、满意度和职业自豪感 • 特殊的职业内容、职业活动、资格和能力 • 工作法规和职业法规的特殊内容 • 职业选择、决策可能性和特定职业进入的特殊问题 • 教育培训和晋升可能性 • 职业典型的职业道德或职业荣誉 • 特征性的职业不胜任力	狭义概念 • 职业科学作为某个特定学术职业的系统化和区分化的理论，包含某个特定学术职业的典型的大学学习内容、实践和知识理论 • 职业科学作为某个特定非学术职业教育培训的职业 / 专业教学论的基准科学，所传授的职业理论包含典型的专业内容和跨专业的内容，某个特定职业的业务流程和工作过程、工作组织、工作安全等

德语“Berufswissenschaft”（英语为“vocational discipline”）直译为“职业科学”，也有国内学者将其理解为“职业学”“职业技术学”“职业资格学”等。职业科学是以职业为研究对象的科学，它源于人类日益复杂的社会分工所产生的持续多层次、多类型深化发展的职业世界对其本身发展规律与

---

2 Pahl J-P，Herkner V (Hrsg.). Handbuch Berufsforschung[M]. Bielefeld：Bertelsmann Verlag，2013：27.

实质探索的需要。随着各学科对职业内容的不断深入挖掘，职业科学的概念也越来越多地出现在一些学术探讨中。德国的职业科学概念首先由职业教育领域内部提出，是以（技术工人）职业活动规律为研究对象的知识体系。受研究时间与力量的限制，目前尚未形成完整的理论体系，研究内容更多集中于对基础实践层面的技术工人的职业知识及其研究方法的探讨上。

最初，德国将职业科学理解为职业工作体系中的“职业知识”（Berufskunde），但该理解还是带有一定学术性追求，且是职业研究的子集内容。一方面，职业知识的诞生是作为职业科学的开端与先行者，因此，当时也有学者提出将“劳动科学与职业科学的研究成果”作为职业教育学的一种信息基础；另一方面，原先的职业知识不仅是一般的职业劳动与工作知识，还带有一些科学性的要求，这也部分地被理解为职业研究最本质的科学。此后，20 世纪 90 年代初，作为职业技术科学 / 职业技术学的一般化和扩展化，职业科学的概念也渐渐得到推广。德国不来梅大学劳耐尔（Felix Rauner）教授在 1998 年也明确指出，职业技术学代表了职业科学的子集。此时，职业技术学或职业科学成为职业技术类职业的教育专业及相应职教教师教育的职业性专业的知识基础，有时甚至等同于州文教部长联席会议所提出的职业性专业的各种变体；与其构建的职业领域相关联，将职业科学也扩展为职业领域科学。此外，职业科学和职业领域科学也几乎直接作为一种职业教育学而呈现。因此，格罗特克（Dieter Grottker）于 1998 年直截了当地断定：职业领域科学不必与一般的职业教育学进行区分——它就是一般的职业教育学[3]。但德国对职业科学并没有统一明确的定义。进入 21 世纪以来，对职业科学的理解逐步突破职业工作体系，成为教育体系内的广泛研究领域，作为涵盖职业研究、职业教育研究多方面的联结科学、综合科学或元科学（图 7–1）。

3 Grottker D. Berufsfelder – Wissenschaftsfelder – Spannungsfelder. Probleme der Gegenstands - und Methodenbestimmung von Berufsfeldwissenschaft und Berufspädagogik[M]//Pahl J-P，Rauner，F (Hrsg.). Betrifft：Berufsfeldwissenschaften. Beiträge zur Forschung und Lehre in den gewerblich-technischen Fachrichtungen. Bremen：Universitaet Bremen，1998：31-50.

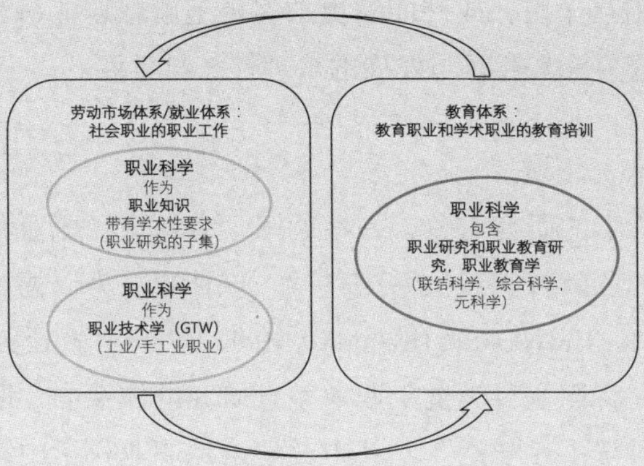

图 7-1 职业科学的内涵演变

那么作为职业教育和职教教师教育专业学习内容基础的职业科学，其本质是什么或应当是什么呢？当前依据不同学者的观点和不同机构的解释，职业科学的研究对象依旧包含着完全不同的概念、内容和结果。对职业科学的不同理解导致了相关概念之间也没有得到清晰的界定，甚而出现了与职业技术学、职业教育学等相近概念及其研究领域之间的混淆。因此，有必要从职业科学的研究发展中认识和理解职业科学的基本内涵。

从对职业科学研究的主要发展阶段及其侧重点来看，职业科学的研究定位由原先的职业工作体系内的职业研究扩展为当前涵盖职业体系与职业教育体系内职业与教育的综合研究；研究内容也由原先的专注学术性职业知识、职业技术类职业的工作基础，发展为包含职业领域与职业教育领域诸多方面研究的基础科学。

由职业科学的内涵演变历程可以看出，职业科学由最初专注于职业领域内技术技能人才的职业知识，逐渐扩展为覆盖职业领域与职业教育领域的职业及职业教学知识，甚而可能成为上位于职业教育学的综合知识体系。德国职业教育学术共同体对这一目标概念尚未获得一致理解，国内学者一般将其理解为系统研究技术技能人才（技术工人、技师和技术员等）所需能力的科学[4]。通过厘清德国职业教育视阈下职业科学与职业工作及与职业

4 赵志群. 西方职业教育研究的路径与方向：劳耐尔《职业教育研究手册》读后 [J]. 北京大学教育评论，2017，15（2）：175-185.

教育的关联和相互作用，或许能够更加客观地解释职业科学究竟应当如何定位与理解，这关乎其存在与发展的合理性与科学性。

2. 职业科学的研究领域

关于职业科学的研究对象，一些德国学者认为，职业科学是研究专业工作、技术和职业教育三者关系的科学。该种观点为以德国德累斯顿工业大学（Technische Universität Dresden）帕尔（Pahl）教授为代表的大多数学者所持有，它将职业科学置于职业教育研究的体系内，职业科学在此被理解为“专业科学＋教学论”，其中教学论是职业科学中教育与劳动和技术之间的相互关系。职业科学与职业教育学是相互映射的关系，前者是后者在特定领域范围内的具体应用。

另外一些学者则认为，职业科学应与工程科学一样，不应该包含教育的含义，它仅是研究三者关系中专业工作与技术的关系，或者说只是研究职业技术人员的专业工作（技术包含在工作中），而职业教育学的研究对象才是三者中的“教育”问题，三者之间的关联是职业教学论的研究对象。该种观点将职业科学置于与工程科学同等的地位，而一开始就没有将它放到职业教育体系内进行观察，职业科学仅相当于职业教育领域的专业科学，职业教学论则是职业教育学与职业科学两者之间沟通的桥梁。

在职业科学研究的视野中，职业科学进行了部分扩展，并且作为职业研究和职业教育研究逐渐概念化。因此，职业科学的研究对象也逐渐扩展成为职业教育领域的研究对象，包括职业技术、专业工作与职业教育之间的关系。早在 1993 年，德国高校职业技术教育研究所工作协会（HGTB）就对其主要研究内容进行了界定，包括四大领域，即职业及工作的起源与发展，职业教育过程的分析、评价与设计，专业工作过程的分析、评价与设计，以及技术的分析、评价与设计[5]。具体体现为：一，职业形态专业工作内容与形式的起源与发展、资格要求及其相关职业与职业领域的起源与发展；二，职业教育内容：教育过程、资格化过程和社会化过程的分析、设计和评价；三，学习促进性的专业工作的分析与设计，如工作方法、工具、

5 赵志群. 关于“职业科学”研究 [J]. 职教论坛，2010（33）：1.

组织及对其提出的要求；四，作为专业工作对象的技术的分析、设计与评价。[6] 德国学者进一步提炼了当前国际职业科学研究领域，认为其涉及四个领域：领域一，职业与职业领域（简称“职业”）的起源与发展；领域二，职业资格研究，对具体职业工作过程知识及所需资格要求的研究；领域三，特定职业领域的课程开发研究；领域四，特定职业领域的教与学[7]。

因此，随着职业科学研究领域的进一步挖掘与扩展，职业科学本身的内涵理解也在进行扩展。职业科学提出的出发点在于职业教育的起点是职业，因此职业科学最初是针对职业学习而产生的关于职业所有认识的科学，是职业教育和职教教师专业学习的专业科学。而职业教育领域内的职业科学研究不仅从职业视角出发研究相应的职业领域、工作过程、技术等，还涉及职业教育领域对特定职业领域课程开发及教与学的研究，包含专业工作—技术—职业教育相关联的研究。职业科学是职业工作基础的科学，同时对职业教育的职业学习和职教教师的学习及未来教学具有科学指导性。

3. 职业科学与相近学科及领域的关联

职业科学作为一个虽然发展了几十年但仍然新兴的概念，在对象与领域方面经常与专业科学、职业技术科学、职业教育学、职业教学论、职业研究、资格与课程研究等混淆。通过厘清职业科学与相关的概念的区别与联系，可以更好地理解与界定职业科学，并促进其进一步发展。

1）职业科学与工程科学 / 专业科学

（1）职业科学与工程科学 / 专业科学之间的关联

20 世纪 60 年代德国职教学者格林纳（Gustav Grüner）教授提出了职业技术工人所需知识与工程师所需知识之间的区别和联系，两者并不完全相等，而是存在交集关系。对工程师而言，其需要的典型知识为工程科学；而对在同一职业领域的职业技术工人而言，其典型知识是职业科学。由于职业领域内工程师与技术人员职业工作是相互关联和影响的，因此工程师

6 Rauner F. Berufswissenschaftliche Forschung – Implikationen für die Entwicklung von Forschungsmethoden[M]//Fischer M，Rauner，F (Hrsg.). Lernfeld：Arbeitsprozess. Baden-Baden：Nomos，2002：448.

7 同 5。

和职业技术工人还需要一定的共同职业知识。也就是说，职业技术工人与工程师的职业要求既具备共同的资格和能力要求，也存在各自特有的资格与能力要求（图 7–2）。

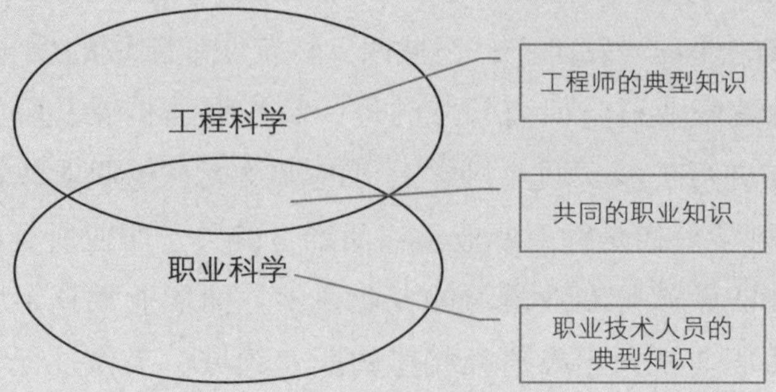

图 7-2 工程师与职业技术人员职业知识之间的关联

这里以专业科学领域中的工程科学（Ingenieurwissenschaft）为重点来说明传统专业科学与当前职业科学之间的关系。作为工程师和职业技术人员最切身的科学，即工程科学和职业（领域）科学，两者之间既有区别又存在交集关系。工程师和技术工人各自的工作性质、工作内容、工作领域和工作环境有所不同，这也就决定了其背后所支撑学科体系的不同。工程师视野中的技术只反映了自然规律和技术工具等客观事物，与技术工人的职业活动关系并不大。技术工人的职业活动中所涉及的技术知识，是关于操作程序优化执行、生产过程监督和保障等方面的劳动过程知识。[8] 但两者也存在交集关系，例如，电气工程科学是关于工程师的职业知识，自身包含诸多学科，如电气技术专业科学、机械制造专业科学、企业经济学、物理、数学等。电气职业科学则是关于职业技术人员的职业知识，同样涵盖电气技术专业科学、机械制造专业科学、社会学、劳动学、材料学等诸多学科。两类科学有很大一部分是相同的，但也有不相同的部分，如工作过程知识在工程科学领域中几乎没有涉及，而它在职业科学领域却是对职业技术人员来说最重要的知识（表 7–2）。

8 同济大学职业技术教育学院课题组. 教育部全国教育科学“十五”规划重点课题“职教师资培养策略体系国际比较研究”总报告 [J]. 中国职业技术教育，2006（6）：5-9.

表 7-2 专业科学 / 工程科学与职业科学 / 职业知识的区别

	专业科学 / 工程科学	职业科学 / 职业知识
定义	工程师的职业知识（Berufswissen der Ingenieure）	职业技术工人的职业知识（Berufswissen der Ausbildungsberufe）
目的	优化是目的	操作是目的
问题类型	解决“怎么样”“为什么”的问题，目的是研究和发现客观规律	解决“做什么”“怎么做”的问题，目的是将技术、成果应用于实践
重点	元部件优化的数学方法和参数模型是重点	综合系统功能分析的方法和程序是重点
指向	指向学科系统	指向技术的具体运用领域，工作过程系统
理实关系	以理论教学为主，实践教学为理论服务	理论教学与实践教学并重且理论教学服务于实践
素质要求	专业基础理论深厚，较强的专业研究和应用能力，专业型素质	专业基础理论够用，较强的专业实践能力，综合型素质
学科举例	电气工程科学：电气工程师的职业知识	电气职业领域的职业科学：电气职业技术工人的职业知识
职业举例	电气工程师（能源技术）	电气运行技术人员

专业科学以经典的学科理论为基础，形成了机械科学、建筑科学、生命科学等；而职业科学以现代的职业工作知识为基础，如机械技术工人的职业知识、建筑技术工人的职业知识、护士的职业知识等，形成实践领域中特有的知识体系。由表 7-2 可见，与经典的专业科学相比，职业科学在学科的目的、问题、重点、指向、理论与实践间关系以及素质要求方面都有一定的特殊性。专业科学以对象的优化、客观规律的研究和发展为目的，主要解决“怎么样”“为什么”等问题；指向学科系统，元部件优化的数学方法和参数模型是其重点；以理论教学为主，实践教学的作用是为理论服务；培养具有专业型素质、专业基础理论深厚、专业研究和应用能力较

强的人才。而职业科学以对象的操作，技术、成果的实践应用为目的，主要解决“做什么”“怎么做”等问题；指向技术的具体运用领域和工作过程系统，对综合系统进行功能分析的方法和程序是其重点；强调理论教学与实践教学并重，理论教学服务于实践；培养具有综合型素质、专业基础理论够用、专业实践能力较强的人才。

（2）职教教师教育中专业科学内容的特殊性

职业科学不仅反映职业技术工人职业工作与发展所必备的职业能力，同时也体现了职教教师所必需具备的专业科学基础。早在1973年，德国教育委员会就指出“专门设置与相关学科协调（而不是对应）的大学专门教育，是职业教育教师专门化的基础”[9]。大学专门教育的基础与核心在于构建职教教师教育特有的专业科学，该专业科学不同于传统的培养专业技术人才的专业科学或工程科学，而应当是具有职业特点的职业科学。但事实上，相关职教教师教育的高校或学院并没有发展起高水平的独立学科，职业科学的研究、开发、教学与应用都遇到了诸多问题。但总体来说，工程科学的大学学习是为未来工程师从事工程设计与开发工作做准备，而职业科学的大学学习是为未来职教教师从事职业教学活动做准备。作为职教师资专业来说，教师除了需要学习专业科学/工程科学的一部分内容外，还需要学习这些内容之外的关于职业科学的内容。

2）职业科学与职业技术学

如前所述，职业科学的概念是职业技术学的一般化和扩展化，后者是前者的子集。而之所以是包含关系，是因为职业包含多种类别，职业技术类职业只是其一个主要类别，如机械技术、电气电子技术、建筑技术、木材技术、车辆技术、信息技术等，都属于职业技术类的职业；此外，职业还包含其他类型职业，如经济管理类和人员相关类（如健康与身体护理、社会教育学、护理等）的职业也属于职业科学的对象领域。

由于职业技术类职业比重较大及类别较多，也使得职业技术类职业领域的相关人员对职业技术学的发展最为关注，尤其是具有各个职业领域专

9 Deutscher Bildungsrat. Empfehlungen der Bildungskommission: Strukturplan fuer das Bildungswesen - Lehrerbildung fuer berufliche Schulen[R]. Stuttgart：Klett，1973：242-244.

业背景并从事职教教师教育的大学教学与研究人员，他们认识到职教教师教育内的专业科学与一般专业科学的本质区别，并积极构建和捍卫职业技术学的独特内容与地位。不同于其他国家或南德高校将职教教师教育的专业科学任务转交给专业院系承担的做法，北德的一些承担职教教师教育和职业教育研究的改革型大学（如不来梅大学、汉堡工业大学、弗伦斯堡大学、德累斯顿工业大学等）设立了职业性专业专门教席，如机械技术、电气电子技术、媒体技术等，与跨专业领域的职业教育学教席并列，前者负责职教教师教育的专业科学的教学与研究，后者负责职教教师教育的职业教育学的教学与研究。正是有了学术力量与机构教席作为支撑，职业技术学 / 职业科学才能处于持续发展之中，但仍然因为人员力量和复杂程度而进展缓慢。

3）职业科学与职业教育学、职业教学论

关于职业教育学与职业科学之间关系的界定，德国学者之间也有许多不一致的地方。一些德国学者认为，职业科学研究包含于职业教育研究之中，是研究专业工作、技术和职业教育三者关系的科学。虽然其看似也是职业教育学的研究领域，但职业科学与职业教育学是相互映射的关系，前者是后者在特定领域内的具体应用。另外一些学者则认为，尽管从职业教育的视阈去理解职业科学，但其地位应与工程科学一样，只包含专业工作与技术的关系，不应该包含教育的活动。或者说在专业工作、技术和职业教育三者关系中，职业科学研究只面向职业技术人员的专业工作（技术包含在工作中），而职业教育学的研究对象才是三者中的“教育”问题，三者之间的关联才是职业教学论的研究对象。该种观点将职业科学与工程科学处于同等的地位，而没有一开始就将它放到职业教育体系内进行观察，职业科学仅相当于职业教育领域范围内的专业科学，职业教学论则是职业教育学与职业科学两者之间沟通的桥梁。

在实践中，职业教学论与职业科学的发展也是逐步丰富与选择的过程。职业教学论尽管发展历史较长，但是由于过于侧重教学而远离职业实践，在研究对象和研究方法上难以与其他教育学科区分开来，很难单独承担起职业教育教师职业专业化的重任。20 世纪末以来，建立职业教育教师培养的高水平独立学科——职业科学，成为德国北部改革型大学职教教师教育学科建设的共同愿景。[10]

由以上总结得出，职业科学和职业教育学分别是关于职业技术人才需要什么知识、技能和能力的问题和职业教育如何培养职业技术人才的问题，两者研究的侧重点具有清晰的界限。明确职业科学和职业教育学的研究对象，两者才能找到适当的定位。在职教教师教育中，职业科学作为专业科学成为解决未来教师在职业学校“教什么”的科学，而职业教育学和职业教学论成为“怎么教”的科学。职业科学的研究侧重职业研究，与职业教育研究相互作用、相互影响。职业教育研究的对象是专业工作、技术和职业教育三者及相互之间的关系，而职业科学的核心研究对象是其中的专业工作（技术包含其中）。

4）**职业科学研究与职业研究**

职业研究的含义较广，其研究的职业对象可以涉及社会职业或教育职业/专业。从社会科学视角来看，它包括人力资源管理、社会学、经济学、心理学、（职业）教育学等学科视野下的职业研究；从教育科学视角来看，它主要指向（职业）教育视野下的职业研究，即对专业性职业群的职业活动、职业发展路径、职业能力的研究。

广义的职业科学也是在社会科学领域范围讨论，包括职业学、职业社会学、职业心理学、职业经济学、职业历史学等。而在德国背景下，主要是在职业教育领域范围内狭义地理解职业科学，如果将职业科学看作一级学科的话，那么二级学科就是机械职业领域科学、电气职业领域科学、经管职业领域科学等。因此，德国背景下的职业科学仅仅是教育科学视角下，而非广义的社会科学视角下的研究，既不能完全覆盖职业教育研究，也不能完全覆盖职业研究，只是二者的交叉部分。

职业教育的研究离不开对劳动力市场和职业的研究。只有明晰了劳动力市场对劳动和工作的需求，才能理解职业教育到底需要培养什么样的人才、传授给学生什么样的内容，相应地采用怎样的教学方法和媒介。因此，劳动力市场和职业的研究是进行职业教育研究的前提。反之，通过职业教

10 赵志群．西方职业教育研究的路径与方向：劳耐尔《职业教育研究手册》读后 [J]．北京大学教育评论，2017，15（2）：175-185.

育研究对职业教育规律与经验的把握，有助于提高和改善职业教育的质量，从而促进劳动力市场职业技术人才的就业质量，同时也有利于规范劳动力市场与职业发展。在德国，进行劳动力市场和职业研究的组织和机构有德国劳工局（BA），劳动力市场和职业研究所（IAB），相关大学、研究所，以及欧盟统计局（Eurostat）和国际劳工组织（ILO）等。而进行职业教育研究的机构有联邦职业教育研究所（BIBB），相关大学、研究所，以及欧洲职业培训发展中心（CEDEFOP）、联合国教科文组织下属的国际职业技术教育培训中心（UNESCO-UNEVOC）等。两组研究机构进行的研究结果可以相互利用，促进双边领域的进一步研究。因为职业教育培养的对象是职业技术人员而不是工程师，那么职业教育相对应的职业研究就是职业技术人才职业的研究，职业技术人才在实际从业活动中需要的知识、技能和能力就成为职业科学研究的核心。

5）职业科学研究与职业资格研究

职业教育的主要任务是培养职业能力和获取职业资格（含职业入门和职业发展的有关资格）[11]。因此，作为培养与获取的前提，资格研究 / 能力研究是职业教育研究与职业研究之间的职业科学领域的重要内容。20 世纪后期，随着职业科学研究的发展，资格研究（Qualifikationsforschung）正式成为职业科学的重要内容。资格研究是对工作世界的实证研究，其研究结果是有关资格要求、职业轮廓、专业设置、课程开发和学习评价的基本数据。[12] 而资格研究的关键是科学地确定典型工作任务和工作过程，因此，工作研究或工作过程分析也成为资格研究和课程研究不可或缺的工具。虽然德国学者在职业科学的内涵之间并未达成一致，但对于具体层面的职业科学的工作研究（Berufswissenschaftliche Arbeitsstudien）却是大家共同进行并促进其持续发展的。

其中，研究人员的能力结构对资格研究的结果有很大影响。对不同背景研究人员（如工业心理学家、工程师和教师等）对同一职业的资格研究

---

11 俞启定. 论制约我国职业教育发展的主要矛盾 [J]. 国家教育行政学院学报，2017（8）：77-83.

12 菲利克斯·劳耐尔，鲁珀特·麦克林. 国际职业教育科学研究手册：下册 [M]. 赵志群，等，译. 北京：北京师范大学出版社，2017：167.

成果的比较研究发现，只有当研究者熟悉工人语言、能从专业角度解释所观察的专业行为时，才能保障研究成果的正确性和准确性。[13] 因此，这也体现了职业科学的资格研究的专业化与高要求。尤其是其中的典型工作任务分析（BAG/EXWOWO），关注工作过程的整体性和关联性，基于 DACUM 课程开发中的实践专家研讨会的方法，并借助发展性任务理论、工作过程知识、初学者到专家的成长理论等，形成了较为规范与科学的资格研究程序。资格研究的结果对职业工作进行深层次和整体化的定位，从而满足对现代职业进行科学描述的要求，使得后续职业教育的课程开发更加有效、科学。

总体而言，一些德国学者认为职业科学是一个“有问题的德国产品”，另一些学者认为职业科学是一个“国际需要的产品”。针对职业科学的概念、内容与结果，即使在相应的科学团体内也一直没有形成明确的科学阐释，产生了关于职业科学不同的研究方向和学术观点。最初的基本思想是将职业性专业中的工程科学 / 专业科学通过原始的职业科学或职业技术科学 / 职业技术学来代替，尽管到目前为止该视角下相应的研究与教学探索仍然不足，但在原先观点的基础上，大家普遍达成了职业内容不是来自专业科学而是来自职业科学的共识。

二、职业科学在职业工作与教育中的实践现状

1. 职业科学作为职业工作的科学基础

德国职业教育领域中，其普遍认识是，技术工人所需的专业科学（即职业科学）与工程师等专业技术人员所需的专业科学并不能等同。即使职业科学代替“职业的专业科学”这种基本思想已被大家接受，但与最初的理解及出发点相比，职业科学的发展却并不理想，而在此过程中衍生出来的关于职业工作的科学基础的讨论对职业科学的发展显得尤为必要。

1）学术职业的科学基础优势

在科学发展过程中，显而易见的是，所有经济与社会领域中职业的科

13 菲利克斯·劳耐尔，鲁珀特·麦克林. 国际职业教育科学研究手册：下册 [M]. 赵志群，等，译. 北京：北京师范大学出版社，2017：167.

学基础都发生了变化，尤其是那些越来越依赖科学及科学的内容与方法而执行工作的职业，呈现出持续性的增长。一般来说，当前各种社会职业都建立在一定的科学或职业科学的工作基础之上。

对于深度依赖科学的学术职业来说，从其职业定义就可以看出，它是基于某些学术内容和科学的职业。因此，从事具体的职业都需要相应的科学指导，如工程师教育依赖的是工程科学，工程师的职业工作也就以工程科学为基础。因此，一般也将工程科学理解为工程师的职业科学。与之相应，音乐学或艺术学也是音乐人或艺术人的职业科学，但从这两个例子也可以看出，职业工作不仅仅基于科学，还与职业相关机构、经验、情感等要素相关联。同样地，对于教师职业来说，职业科学作为工作基础也是最为核心的，因此教师的职业科学涉及教育科学、教学论及其所选择的专业科学的总和。

2）非学术职业的科学基础探寻

学术职业的工作及教育教学存在相应的职业科学，同样地，非学术职业也存在对应的职业科学。从非学术职业的职业定义来看，其原本是非科学性的职业，通常被描述为非科学性的或简单的实践性职业，而这主要是因为目前还没有完全认识到真正的职业要求，也缺少真正科学导向的教育培训。与学术职业相比较，在高等教育中也不存在非学术职业的科学基础。在该背景下，并不容易确定非学术职业的职业科学，在大学科学学科中也难以形成与非学术职业相对应的独立学科。非学术职业的职业科学还未获得普遍认同，因此对非学术职业的职业科学也经常产生其存在合理性与学科独立性的疑问。与科学性的规则相应，原则上迄今只能存在如下设想：对于非学术职业的职业工作来说，存在职业上必需的和被使用的科学，其作为某一职业或职业群原始的职业科学，在学术上可以相对清晰地得以确定，在课程方面也能得以描述，例如，实践性较强的护理职业，其护理学也是直到 20 世纪 90 年代才在大学得以确立，当然这也与健康职业领域的学术化趋势相关。

之所以提出非学术职业的科学基础问题，是因为德国一直以来在以往的行业学校及现代职业学校的教师教育上的学术探索，初步确立了职业科学，尤其是针对职业技术类职业的职业技术学作为特殊的职业科学。职业技术学确定的起因和动机，源于 1980 年以来在职教教师教育、行业与职业教育及职业工作中所出现的质量问题，这些问题的主要原因之一是，作为职教教师教育的专业科学只是提供了相应的工程科学，但非各职业领域的职业科学，而基于传统专业科学的教师教育并不能保障职教专业教师的质量。随后，从 1990 年开始，关于职教教师教育的讨论也出现了一些新思想，如职教教师的大学专业学习中确定了新的职业技术学。该科学与传统的工程科学 / 专业科学不同，作为尽可能独立的职业科学在大学中进行确立[14]。在实施层面，不来梅大学、德累斯顿工业大学、汉堡工业大学和弗伦斯堡大学对此在教师教育中有所尝试，随着实施更加具体与深入，也必定存在对于职业科学和职业技术学思想上长期存在的问题与困惑的回归讨论。

职业领域或职业涉及多个类别，同一职业类别具有相对共同的基础和特点，其中职业技术类职业是职业群体的主要类别，其职业科学也具体称为职业技术学。通过探索职业技术类职业中的工作与教育是如何发展成为职业技术学、如何确定其科学性及相应课程，可以为职业科学的进一步发展提供启发。

随着科学的快速发展，它在职业技术类职业中的应用也日益广泛和深入。职业技术类职业的前身是传统手工业与工业职业，如“大师”工作、“工匠艺术”等。随后，该类职业工作的设计与实施越来越需要以科学为基础的广泛和深刻的职业知识与专业知识。在传统手工业与工业职业的教育培训中，除了基于传统和经验的职业实践外，以科学为基础的职业理论也越来越重要。德国在 19 世纪便开始了关于行业与科学的职业理论的课程实施，并且除了以企业作为学习地点外，还成立了相应的行业学校（Gewerbeschule），到 20 世纪产生了今天的职业学校（Berufsschule）。除了一般的职业知识外，在新职业学校的教学计划中也越来越多地出现了“职业性”的职业与工作知识，如工作知识、材料知识、工具知识、技能学、专业理论、职业理论、专业知识、专业计算、专业制图、工艺、技术数学、技术制图、职业相关课程等。从中可以看出，职业理论已经进入职业学校课堂教学，本质上讲，这已经是基于职业科学的内容。

14 Bannwitz A，Rauner F (Hrsg.). Wissenschaft und Beruf. Berufliche Fachrichtungen im Studium von Berufspaedagogen des gewerblich-technischen Bereichs[M]. Bremen：Universitaet Bremen，1993：23.

2. 职业科学作为职业教育课程方案的基础

非学术职业的科学基础探寻对于建立职业教育及职教教师教育的专业学科基础至关重要。在德国职业教育专业科学的研究中，之所以提出建立独立的职业科学，是源于职业教育与教师教育实践改革的需求。

1）新课程改革前教学计划的问题：目标与内容不匹配

在 20 世纪七八十年代，德国职业学校的框架教学计划[15]基本是以传统的专业科学 / 工程科学为主要内容，如 1972 年制定的框架教学计划就较为明显地呈现了专业科学 / 工程科学导向，且在职业学校实施中并未产生明显的问题，因为教学计划的开发者与实施者大多经历了相类似专业的大学学习，能够做到“所学即所用”，而真正的问题通常出现在外部对课程及课堂进行诊断与评价的时候。1987 年制定的框架教学计划依然是以专业科学 / 工程科学为导向，其实施结果却显示并没有实现 1987 年新设立的人才培养目标。因此，针对职业学校的教育质量问题，必须找到职业技术人员教育质量提升与资格改善的有力的解决方案。

在该背景下，从 1990 年开始，针对某些职业领域（如机械技术和电气技术职业领域），框架教学计划的评估和改善就成为所委托的外部评估项目的目标和对象[16]，如黑森州文教部委托不来梅大学开展框架教学计划的评估项目。该评估发现，在 1987 年版的框架教学计划中，这两个领域的课程方面仅包含了专业科学与技术科学方面的内容规定，并没有达成关于“独立计划、实施和检查专业工作”的新人才培养目标。而在 1987 年版与上一版 1972 年版的比较中也显示，1987 年版框架教学计划除设立了新目标，加入了“新技术”之外，并没有实质性的发展，课程方面几乎也没有更新，

---

15 德国联邦政府依据相关法律法规确定的教育职业（即专业）及针对各个教育职业的《职业教育条例》形成了整个双元制职业教育的基石。《职业教育条例》的核心内容是：教育框架计划作为双元制职业教育中企业一元的框架计划，直接指导着企业职业教育，同时也为学校一元的框架教学计划开发提供了基础。由德国州文教部长联席会议（KMK）在《职业教育条例》基础上共同负责制定的框架教学计划规定了职业学校内职业相关的课程内容，其主体是大众熟知的学习领域课程。

16 Petersen A W，Rauner F. Evaluation und Weiterentwicklung der Rahmenlehrplaene des Landes Hessen der Berufsfelder Metall - und Elektrotechnik. Abschlußbericht. Gutachten im Auftrag des Hessischen Kultusministeriums[R]. Bremen：Universitaet Bremen，ITB，1995：1.

只是对旧版课程进行了“学习区域”（Lerngebiete）[17]的重新命名而已。例如，1972年的电气技术教育职业的框架教学计划中学科导向的课程单元“电场”和“磁场”中，1987年的新计划中也包含几乎类似的如“电容和电感”学习区域[18]这样的内容。总体而言，原有教学计划的实施结果达不到新的人才培养目标，未能实现当时所要求的完整职业行动能力的培养。

当然，对1987年框架教学计划的批判也不仅仅是因为它以专业科学与技术科学为导向的内容体系，因为这些内容对于专业工作来说也是重要且核心的。真正受到批判的是其课程内容的结构与选择。一方面是因为职业学校专业课程是专业科学的直接简化，职业学校的专业内容也呈现出诸如“由元件到部件、由局部到系统”的内容结构及分割化的学习区域结构——在映照教学论（Abbild-didaktik）思想下，课堂仅仅是根据传统的专业科学的结构和内容对其进行简化，并映射到职校教学层面的结果。也就是说，课堂内容与结构是专业科学的简单化翻版，因此而受到了批判；另一方面是因为职业学校专业课程内容缺少与职业工作的相关性，职校实施的课程内容与“独立计划、实施和检查专业工作”这一目标的实现并不直接相关，该缺陷也反映了德国所强调的职业技术人才资格缺乏的问题，因为仅仅依靠原先框架教学计划中纯粹的技术内容并不能达成工作相关的目标。从中可以看出，新课程改革之前，职业教育课程内容是专业科学内容的简单映射，缺少与职业工作的相关性，无法实现职业相关的课堂教学，也无法实现未来人才职业行动能力的提升，更无法保障培养适合社会要求的人才质量。

2）学习领域作为新课程方案的开发：以工作为导向

针对1987年版框架教学计划存在的内容选择与结构问题，尤其是缺少与职业和工作的相关性，迫切需要产生与“独立计划、实施和检查专业工作”教育目标相适应的教学计划与课程，因此，迫切需要新框架教学计划在这方面有进一步的发展，由此出现了用新的工作导向的课程设计弥补原有框

---

17 直到德国职业教育第四次大规模修订《职业教育条例》，即1996年之后，德国职业教育才开发与实施了所谓的学习领域课程。

18 Petersen A W，Rauner F．Evaluation und Weiterentwicklung der Rahmenlehrplaene des Landes Hessen der Berufsfelder Metall - und Elektrotechnik．Abschlußbericht．Gutachten im Auftrag des Hessischen Kultusministeriums[R]．Bremen：Universitaet Bremen，ITB，1995：29.

架教学计划缺陷的建议，尤其是加强课程所缺少的与职业工作的相关性。为此，评估项目组首先提出了在新框架教学计划中用新的“任务导向和工作导向的学习领域”来替代旧的学习区域的建议[19]。通过 1996 年前后所提出的学习领域课程，尤其在教学上将职业工作整体置于职业相关课堂的中心，才可能实现 1987 年设立的新培养目标。对于新框架教学计划，这意味着，要在原有框架教学计划“围绕工作相关、社会相关和主体相关的技术”[20]的基础上来设计新的职业教育课程。

根据工作导向的框架教学计划建议，其核心是关于职业工作导向的课程内容与结构问题的解决。但是，看似简单的结构问题却无法用现有的框架来解决，因此必须开发一个适当的且针对职业工作本身的结构与分析模型。其结果是，在诸多职业教育学者的努力下，开发出了一个工作与学习的三维新结构模型：职业工作对象的功能与技术（工作对象），职业工作的工具、程序与组织（工作条件），以及对技术与职业工作所提出的企业、社会和个人要求（工作要求）[21]。利用该模型，在课程层面从技术整体出发，针对新的工作导向的框架教学计划确定职业工作内容。通过首批开发的学习领域的课程案例也可以看出，虽然工作对象维度的内容，如专业科学和技术科学内容比较容易确定，但其他两个工作维度，工作条件和工作要求，却难以确定其科学化的工作内容。

新框架教学计划的核心学习领域，是由“目标”“内容”和“建议时间”三方面所描述的主题性单元，该单元是以职业任务和行动流程为导向，所有学习领域的整体形成了职业学校对于职业技术人才职业资格的贡献[22]。

---

19 Petersen A W．Evaluation und Revision der Rahmenlehrplaene des Landes Hessen – Berufsfelder Metall- und Elektrotechnik．Zwischenbericht[R]．Bremen：Universitaet Bremen，ITB，1993：67.

20 Petersen A W，Rauner F．Evaluation und Weiterentwicklung der Rahmenlehrplaene des Landes Hessen der Berufsfelder Metall - und Elektrotechnik．Abschlußbericht．Gutachten im Auftrag des Hessischen Kultusministeriums[R]．Bremen：Universitaet Bremen，ITB，1995：74.

21 当前在我国，人社部门开发的国家技能人才培养标准与一体化课程中，也运用了该模型来进行专业课程相应典型工作任务的描述。

22 KMK．Handreichungen fuer die Erarbeitung von Rahmenlehrplaenen der Kultusministerkonferenz (KMK) fuer den berufsbezogenen Unterricht in der Berufsschule und ihre Abstimmung mit Ausbildungsordnungen des Bundes fuer anerkannte Ausbildungsberufe (Stand: 09.05.1996)[R]．Berlin，1996：33.

通过新的工作导向和学习领域导向的德国州文教部长联席会议框架教学计划，职业工作的课程化或教学化重新成为职业学校课堂的重心。发展至今且不断完善的框架教学计划结构与内容体现了以企业业务流程与工作过程作为教学导向。

总体而言，由于先前框架教学计划的内容和结构与人才资格要求及培养目标之间的不匹配，新的工作导向的以学习领域为核心的框架教学计划应运而生。新开发的学习领域是以职业任务和行动过程为导向的主题性单元，为职业学校“教什么”提供了专业课程的核心内容。

3）学习领域作为新课程方案的反思与挑战

（1）对新课程的反思与批判

德国州文教部长联席会议的新框架教学计划的开发及实施，对其全国范围内课程教学都提出了巨大挑战。在所开发及实施的新框架教学计划中，从其学习领域的总体内容来看，“目标描述”体现了工作导向的特点。具体来看，各个目标包含的是专业工作中活动与任务的职业描述（作为职业技术人才的学习结果与资格要求），例如，能够“排除故障”或者“改变和检测调节过程优化的控制程序”等。学习领域中目标描述之后呈现的是（学习）内容，例如“技术故障的分析规则”或“调节器设置”等，但这些内容是否是真正的专业科学或职业科学内容，并能够实现例如“改变和检测调节过程优化的控制程序”这样的目标，目前来看答案还并不是非常充分。

针对所开发的学习领域课程的批判在于：关于目标描述只包含职业性的活动与任务描述，并且基本照搬各个教育职业的《职业教育条例》中的“职业概貌条目”（Berufsbildpositionen）。好的一方面是在总体上实现了企业教育框架计划与职校框架教学计划之间的高度协调，但另一方面，对于职业学校来说，以这种形式所呈现的两个学习地点间的计划协调，其课程只是简单地挪用企业学习地点的资格及培训内容，而缺乏在职业学校层面进行整体反思的内容。因此，对于职业学校学习领域课程来说，其缺陷是显而易见的，而且在此期间也几乎没有依据专业科学和职业科学开发学校自身的课程。这样的研究本应是德国州文教部长联席会议承担的责任，或是职业学校教师根据职业能力要求来自由地确定学校各自的课程内容。[23] 而职业学校更系统完善的课程体系的开发正需要职业科学的进一步研究与发展。

（2）对教师和职教教师教育的挑战

因为德国大部分职教教师接受的仍是以传统专业科学 / 工程科学为主导的教育，而这些教育背景与参与学习领域导向的框架教学计划的设计与实施并不相适应，教师对于学习领域导向的框架教学计划的高要求，没有做好相关课堂实施方面的能力准备工作。因此，许多职校教师之所以总体上还能适应职业相关课程的教学，主要是依赖先前的职业教育经历和工作经验 [24]。鉴于职业学校教学与课程范式的转变，德国州文教部长联席会议并没有及时改变针对职教教师教育中职业性专业的大学学习要求，以适应新的工作导向与学习领域导向的框架教学计划的实施。

德国职教教师教育一直作为专业化的教育培训而发展，职教教师教育进入高教领域后，最初由于没有统一协定与教师教育相应的大学专业，其教学只是不同程度地得以实现，后来在跨全国的首次《德国州文教部长联席会议关于职业学校教师教育的框架协定（1973.10.05）》中实现了部分统一：对于职教教师教育，必须在学术性大学所规定的包含教育科学和专业科学的大学中学习。通过参照已经实现专业结构化的普通中学教师教育，框架协定在一开始就对职教教师所必需的专业科学的学习（而非职业科学的学习）进行了明确的规定。但作为妥协，对教师教育中专业阶段的学习也明确了需以职业领域为导向的规定。直到 2013—2019 年间，德国州文教部长联席会议才逐步发布了针对职业学校教师教育所有 16 个职业性专业的教育要求 [25]，而由于各个职教教师教育的学科专业缺乏独立、统一的学科基础，导致各个专业的教育要求的理解与描述存在不一。

---

23 Petersen A W. Berufswissenschaften als Ansatz und Inhalt beruflicher Fachrichtungen [M]//Becker M，Grimm A，Herkner V，Schlausch R (Hrsg.). Flensburger Perspektiven zur Lehre und Forschung für die Berufsbildung. 20 Jahre biat. Frankfurt：Peter Lang，2018：255-292.

24 德国诸多职校教师高中阶段毕业于职业教育院校，并且具有一定的职业实习或工作经历。此外，在职教教师教育阶段，其生源也要求具备或补足至少 12 个月的企业实践经历。

25 KMK. Laendergemeinsame inhaltliche Anforderungen fuer die Fachwissenschaften und Fachdidaktiken in der Lehrerbildung (Beschluss der Kultusministerkonferenz vom 16.10.2008 i. d. F. vom 11.10.2018)[S]. 2017：73-114.

可以看出，随着职教教师教育发展的科学化，因为缺少适切、充分的基准科学，教师教育的专业科学只能建立在现有的专业科学 / 工程科学基础之上，并在某些方面实现以职业领域为导向。[26]针对职教教师当前面向的学习领域课程，他们不仅需要较好和全面地认识职业实践，而且原则上还需要掌握关于职业工作所必需的职业科学的内容。因此，职业学校教师在职前也需要基于职业科学的教育培训，但这有赖职业科学的进一步学术发展及学术共同体内达成的共识。

3. 职教师资培养的职业科学课程现状及其特点

由于职业科学需在研究目标、研究对象、研究方法、研究结果的特殊性上继续进行论证，迄今还未完全建立完备的体系。德国尤其是德国北部的一些改革型职教师资培养机构的职教研究者，在职业科学研究的基础上，尝试在职教师资培养中融入职业科学的研究成果与课程模块，期望使未来职教教师在专业能力与专业教学能力上更能适应职业教育教学的要求。下文以德国北部三所高校[27]，不来梅大学、汉堡工业大学和弗伦斯堡大学的职教师资培养机构为例，阐述与分析其职业科学课程的基本框架与内容，以期能够直观呈现职业科学的内涵与形式，更加深入地理解职业科学的具体内容。

1）职业科学课程框架

职业科学课程在职教师资培养中具体体现为职业性专业所涉及的一系列课程。职业性专业是德国职教师资培养所涉及的三大内容领域：职业性专业、普通教育专业和职业教育学的核心领域。而对于联结专业科学与职业教育学之间的专业教学论则一般归属于职业性专业或普通教育专业之下。因此，德国的职业性专业是作为职业的专业科学（职业科学）和职业的专业教学论（职业教学论）的统一体。与我国职教教师教育相比较，职业性

26 Petersen A W. Berufswissenschaften als Ansatz und Inhalt beruflicher Fachrichtungen [M]//Becker M，Grimm A，Herkner V，Schlausch R (Hrsg.). Flensburger Perspektiven zur Lehre und Forschung für die Berufsbildung. 20 Jahre biat. Frankfurt：Peter Lang，2018：255-292.

27 之所以选择德国北部三所高校，是因为这三所高校尝试运用职业科学理念创新职教教师教育，且集聚了一批对职业科学进行研究的大学教授。

专业相对应的学科是我国教师教育中的专业科学（如工程科学、经济管理科学等）。[28] 由此，挖掘德国职教师资培养的职业科学课程（含职业性专业科学与专业教学论），主要是对职业性专业课程的剖析。

总结三所高校职教师资培养计划中职业科学课程框架，大致包含了职业性专业的职业科学和教学论两类课程，各类课程又覆盖若干课程模块，各个课程模块又包含若干具体课程（表 7–3）。由于各个大学课程模块的划分依据和方式有所不同，所划分出的课程类型具体覆盖的课程模块与课程存在相互交叉的现象。但按课程内容性质来分，职业科学课程框架大致包含两类课程：其一，专业科学中作为工作过程与学习过程对象的技术与工作内容，如专业重点类课程：电气安装、楼宇系统等，职业性专业的工作 / 技术截面内容，技术和工作的分析、评价和设计等。其二，职业学习过程与资格化过程的内容，如职业性专业的课程与教学论、职业科学方法 / 研讨会等课程。[29]

2）职业科学课程内容

（1）专业科学中作为工作与学习过程对象的技术与工作内容

该部分内容从职业技术和职业工作两个方面出发，具体涉及职业领域的基础知识、理论与方法，职业领域中各个重点方向的深化知识及其关于系统、元部件、工具、工件和产品等技术方面、经济方面和工作方面的影响，技术过程、过程环境和能力开发方面的分析、设计和评价，职业领域中职业形态专业工作的过程，企业组织、劳动组织、技术应用和职业资格化相互作用下的职业工作过程等内容。以下通过介绍三所高校职教师资培养中的典型课程的教学目标与内容，如专业重点类课程、职业性专业的工作 / 技术截面内容课程、技术和工作的分析、评价和设计课程（以电气电子职业性专业为例）等，来理解德国职教师资培养中职业科学课程的技术与工作内容。

例如，大学 A 的“专业重点课程‘楼宇系统’”课程模块要求学生在

---

28 谢莉花 . 德国职教教师教育的“职业性专业”探析 [J]. 比较教育研究，2016，38（3）：81-88.

29 谢莉花，苗耀华. 职教师资培养的职业科学和职业科学课程探析：基于德国职业教育的经验 [J]. 中国职业技术教育，2016（35）：5-13.

表 7-3 三所高校的职业科学课程模块框架（以电气电子职业性专业为例）

课程模块 \ 大学	大学 A[30,31]	大学 B[32,33]	大学 C[34]
职业性专业的职业科学	• 职业和规章条例（6CP） • 职业科学方法 1（6CP） • 职业科学方法 2（6CP） • 职业教育实践研究—项目研讨会 1（6CP） • 职业科学研究—项目研讨会 2（6CP） • 专业重点：电气安装、楼宇系统、办公系统、生产系统、新能源（各 6CP）	• 跨学科截面内容（职业性专业的数学—经济科学内容、技术—生态内容和劳动科学内容）（21CP） • 职业性专业的技术截面内容（41CP） • 重点方向的技术和职业工作：楼宇系统、生产系统、活动技术、信息和通信系统（28CP） • 职业科学研讨会（10CP） • 职业科学项目研讨会（10CP） • 技术性学习环境（5CP） • 媒体辅助性学习（5CP）	• 生产与过程设备的技术和工作的分析、评价和设计（36CP/18CP） • 房屋与楼宇设备的技术和工作的分析、评价和设计（18CP/36CP） • 服务与支持方面的技术和工作的分析、评价和设计（18CP/36CP） • 职业性专业的技术截面内容（24CP） • 职业性专业的工作截面内容（24CP）
职业性专业的教学论	• 职业性专业教学论与课程（6CP） • 职业性专业中的工作与技术（6CP） • 专业教学论项目（12 CP）		• 职业性专业的课程和教学论（24CP）

注：职教师资的本硕阶段共需完成 300 学分（CP）（本科 180CP + 硕士 120CP）。

30 ITB Uni Bremen. Modulhandbuch Bachelor-Studiengang (Berufliche Bildung mit den beruflichen Fachrichtungen Elektrotechnik-Informationstechnik sowie Metalltechnik-Fahrzeugtechnik) [R]. 2012：1.

31 ITB Uni Bremen. Modulhandbuch Master-Studiengang (Berufliche Bildung mit den beruflichen Fachrichtungen Elektrotechnik-Informationstechnik sowie Metalltechnik-Fahrzeugtechnik) [R]. 2013：1.

32 iTBH Uni TUHH. Fachspezifische Bestimmungen fuer den Bachelor-Teilstudiengang ElektrotechnInformationstechnik innerhalb der Lehramtstudiengaenge der Universitaet Hamburg[R]. 2010：6.

33 iTBH Uni TUHH. Fachspezifische Bestimmungen fuer den Master-Teilstudiengang Elektrotechnik-Informationstechnik der Lehramtstudiengaenge der Universitaet Hamburg[R]. 2011：3.

34 Biat Berufsbildungsinstitut Arbeit und Technik an der Universität Flensburg. Studienordnung für Studiengang Lehramt an beruflichen Schulen/Diplom-Berufspädagogik (Berufliche Fachrichtung: Elektrotechnik/Informatik; Metalltechnik/Systemtechnik)[R]. 2002（3）：26-30.

学习之后，具备楼宇系统领域中关于工艺、技术运用和职业专业工作的广泛知识，反思与专业重点相关的专业工作、技术和职业教育的相互关联，能够以当前的案例分析与展示职业教育相互关系的含义，并运用这些知识论证性地构建职业教育措施。除此之外，师范生要求能够独立地、专业化地挖掘技术工艺发展、劳动组织发展和资格发展的内容，认识所呈现的设计可能性。学生学习后具体表现为：一，描述在楼宇系统这个专业重点中专业工作的技术产品、工具和方法相关解决方案；二，开发楼宇系统这个专业重点中技术服务方面以使用价值为导向的问题解决方案；三，反思楼宇技术和职业能力发展中的职业知识与能力间的相互关联；四，认清工艺革新开发的基础，分析和评价技术革新对工作世界、社会和环境的影响；五，评价楼宇技术设备及元器件的计划、安装、配置、调试、维修和运行的工作过程，以及它们对设计职业教育措施的意义；六，识别和评价楼宇系统专业重点的专业工作变迁。具体学习内容涉及：楼宇的电气电子技术体系 / 子系统，例如电气能源供给和分配、雷电保护和接地设备、照明设备；楼宇的信息技术系统 / 子系统，例如天线设备、警报设备、门禁控制、房屋广播设备；供给技术系统的调节与控制（暖气技术、通风技术、空调技术）；用于楼宇技术性装备的监控、控制、调节和优化的楼宇引导技术的系统和元部件；技术设备管理的基础结构；人员和物资运输的设置，如电梯、起重机等。

大学 B 的“职业性专业的工作 / 技术截面内容”课程模块涉及：电气技术导入、信号处理（以声响技术为例）、数据处理和传播（以图像技术为例）、驱动过程及其控制、办公通信系统、信息技术导入、运用开发项目七门具体课程。该课程模块要求学生在学习之后，获得有利于进一步学习的基础性的工作内容与技术内容，理解作为专业基础的原理与方法知识。典型的学习内容涉及（电气电子技术的）元部件和电路、控制与调节技术、传感装置与执行装置、信号处理的基本原理等。

大学 C 的“……技术和工作的分析、评价和设计”课程模块涉及诸如工业生产设备的技术与工作、工业过程设备和过程引导技术设备的技术与工作、自动化装配设备的技术与工作各个子模块，各个子模块具体又覆盖该领域技术与工作的分析、评价和设计。该课程模块不仅要求学生获得关于某一技术应用领域相关的技术与工作知识，还要求对该知识进行深入的分析与评价，并且能够更进一步设计相关的技术与工作内容。这对职教师范生的学术性、职业性与教育性均提出了相应要求。

总体而言，与传统的专业科学内容不同，“专业科学中作为工作过程与学习过程对象的技术与工作内容”从职业教育、技术与工作的关系出发，重点指向职教师资所需具备的对职业技术与工作知识的分析、评价与设计能力的培养。将传统的专业科学知识融于具体职业领域的职业技术与工作情境中，使得未来职教教师既能掌握职业界职业技术人才所需获得的工作过程知识与职业教育界专业人才培养所需的教育教学过程知识，又能获取学术领域中对学科专业知识的分析、评价与设计能力。

（2）职业学习过程与资格化过程的内容

职教教师教育中职业科学课程内容除了基础阶段的专业知识内容外，还涉及高级阶段对于职业教育专业教学来说重要的关于职业学习过程的知识和资格化过程的知识。该部分内容主要是在职业技术与工作内容基础上对工作相关专业知识的系统化与结构化，并且更重要的是对职业教育与培训方案和课堂教学方案的计划、实施与评价。具体表现为职教师资培养中的职业科学方法 / 研讨 / 实践类课程，职业性专业的课程与教学论课程等。

职业科学方法 / 研讨 / 实践类课程具体涉及职业科学的理论、实践与方法等内容，例如，职业和规章条例的认知课程、职业教育实践研究的伴随课程、对职业形态工作的分析（资格研究方法）课程等。职业科学的理论课程涉及某具体职业领域及其教育与培训规章条例的认识、理解与综合，使学生能够在历史形成的背景下，反思、评价和在教育培训措施设计视角下继续开发相关的框架环境。

职业科学的方法课程涉及对职业形态组织专业工作的分析过程以及职业教育课程与教学方案的开发方法，使学生具备关于职业科学工具：行业分析、案例研究、专家研讨会和工作过程分析的广泛知识；运用所选择的工具反思和阐释结果，将其用于学习过程的进一步设计。具体表现为：学生实施和反思典型的行业研究和案例研究及工作过程分析，阐释研究结果，并且为未来的学习过程服务；具备基础的职业科学研究能力和方法能力；职业科学认知背景下与经济行业中的主体进行交流、收集和评价信息，使得主体易于利用研究结果；具备基本的知识和扎实的方法，分析研究结果如何转化和适应于职业学习过程和工作过程的设计与组织；基于分析结果，描述和论证对专业技术工人、师傅、技术员和工程师的资格要求；选择和运用相关的职业科学工具和方法；使用职业科学研究结果独立和持续地设计学习过程和工作过程。课程内容主要涉及用于分析职业形态组织的专业工作的核心职业科学工具和方法，包括行业分析（行业分析的目标和功能，所研究行业的限定，关于结构、主体、经济效力、从业者、职业、教育承担者的数据收集）、案例研究（案例研究的目标和功能、行业典型主体的确定、访谈对象的选择和确定、访谈的组织、结果的评价和阐释）、专家研讨会（专家研讨会的目标和功能，组织、参与者的选择，流程、结果的评价）、工作过程分析（工作过程分析的目标和功能、典型工作过程的确定、工作过程矩阵、结果利用）。

职业科学的实践课程是职业科学理论与方法基础上的实践研究课程，要求学生能够识别职业实践的问题，构建职业实践研究的任务；鉴于可运用性来评价问题分析的工具；计划和结构化职业实践研究；运用研究方法分析和评价调研数据；认识和评价适当的解决方案；对研究结果进行归档和汇报；开发和改善教育教学方案；等等。

与职业科学方法 / 研讨 / 实践类课程相衔接的是职业性专业的课程与教学论课程，后者是在前者学习基础上对职业教育课程与教学的分析、实施与评价。学生具备某职业领域与职业教育领域中稳固与贯通的知识，设计职业学校的教育措施，反思和运用关于条例与制度、职业、课程和教学论的知识，学习和工作任务的开发，数字媒体开发，任务评价与能力开发等。其课程内容具体包括某职业领域中专业工作、技术和职业教育的发展；某职业领域中学习地点和课程开发，职业性专业教学论；某职业领域中教育培训和课堂的设计等。

3）职业科学课程特点

（1）职业科学课程在职教师资培养课程体系中的支柱地位

除了职业教育学和第二专业课程外，职业性专业课程，即职教师资培养中的职业科学类课程，也是师资培养的三大支柱类课程之一。从开设职业科学的三所高校来看，该类课程一方面涉及专业科学中作为工作过程与学习过程对象的技术与工作内容,即职教教师所需的专业科学知识,解决“教什么”的问题；另一方面涉及以此为基础的职业学习过程与资格化过程的内容，即职教教师所需的专业 / 职业教学论知识，解决“怎么教”的问题。

职教师资培养的初级阶段着重学习专业科学内容，如职业性专业的专业重点内容、职业和规章条例、职业科学方法、职业科学研究实践等，而高级阶段着重学习专业教学论内容，如职业性专业的课程与教学论、职业性专业中的工作与技术、专业教学论项目等。整个职教师资大学培养阶段的几大领域内容：职业教育学、职业科学、专业科学 / 工程科学和专业教学论的学分比例为 7:10:10:4。

（2）职教师资培养中职业科学课程体系与内容的独立性

由于完整意义上的职业科学还没有完全建立，以及对高校师资力量的高要求，目前为止，德国也仅有几所高校开设了职业科学相关课程。该门科学既不同于传统经典的学术性学科，也不仅仅是技术工人的职业工作内容和经验，而是区别于传统学科科学又高于技术工人工作内容的一类被总结提升的知识内容体系。

德国这几所高校的职业科学类课程内容为我们思考与探索职教教师独特的知识体系开拓了视野。职业科学类课程领域关乎职业工作、职业技术与职业教育三者之间的相互影响与相互作用，包含职业科学的理论、实践与方法的各个模块及其内容，如专业重点课程“电气安装”中涉及电气安装作为手工业和工业领域中电气电子和信息技术专业工作的对象，学生拥有电气安装领域中关于工艺、技术运用和职业专业工作的广泛知识，如电能源的转化、输送、分配、使用，电路的计划、安装与调试，总线系统的计划、安装和调试，电气安装项目任务等，并反思对于这些专业重点来说，专业工作、技术与职业教育三者间的相互关联及它们对设计职业教育措施的意义。“职业和规章条例”涉及对某具体职业领域与职业的认识及教育培训、进修和继续教育的规章条例。“职业科学方法”涉及职业形态组织的专业工作的分析（资格研究），即职业科学研究的工具（包含行业分析、案例研究、专家研讨会、工作过程分析）。“职业科学研究 / 项目研讨”涉及某职业领域的领域特殊性知识与方法、职业教育资格需求的确定，并与职业教育教学的设计相联系。整个职业科学课程体系涵盖针对职业教育教学所需的职业理论性、实践性与工具性知识。

不来梅大学的职业科学课程领域的内容为我们认识与发展职教教师的独特性知识体系提供了启发。该学院的职业科学课程领域涉及职业工作、职业技术与职业教育三者之间的相互作用，包含以下课程模块及内容：关于职业知识和职业条例知识的“职业和条例制度”、涉及职业形态组织的专业工作的分析（资格研究）和工具运用的“职业科学方法”、学生进行企业职业实践研究的“职业教育实践研究 / 项目研讨会”、职业教育中资格需求确定的“职业科学研究 / 项目研讨会”等。除了职业科学研究外，职业科学内容还涉及职业性专业的专业重点，如电气专业的电气安装、楼宇系统、办公系统、生产系统、新能源这些领域的职业技术工作的设计、实施与评价。

结合对德国职业科学的初步理解，可以看出，德国高校职教师资培养中的职业科学课程大致对应了关于职业科学的两种理解：或者是职业科学中包含了职业教学论的职业性专业理解，或者是纯粹的关于教育职业的理论、实践与研究方法的职业科学理解。无论是关于职业科学研究结果（职业技术、工作与教育三者间的关联，并落脚在职业技术和工作上）及其研究方法的内容，还是职业性专业的专业重点（专业技术的各个应用领域），德国职教师资培养中的职业科学内容作为职教师资培养的特殊的及重点的内容，尤其值得我们深入分析和挖掘。借鉴其开发的视角和思路，可为我国职业科学的发展和职教师资培养中职业技术内容的开发提供坚实的方法基础。

三、学术共同体内关于职业科学的发展与讨论

1. 学术共同体内职业科学的学科发展

无论是职业工作实践领域，还是职业教育及教师教育实践领域，都呼唤一门区别于传统专业科学的新学科的产生。职业教育作为一种类型教育，其核心学科基础应区别于工程科学等其他科学，因此，德国职业教育学术共同体内对它的思考与探索也一直未停歇过，当前的研究又呈现了新的发展态势。

1）职业科学的学科发展阶段

职业（技术）科学迄今为止在德国的发展经历了四个阶段：简化的工程科学、教学导向的专业科学、工作任务导向的职业科学，以及教育和工作过程导向的职业科学。[35]前两个阶段基本还停留在工程科学/专业科学的基础上，后两个阶段才转向了职业科学，而新旧职业科学理解上的基本变化可溯源到第三阶段到第四阶段的过渡。

于1990年4月成立的“职业技术类职业教育高校研究所工作团体”（Arbeitsgemeinschaft der Hochschulinstitute für gewerblich-technische Berufsbildung，HGTB）所开发的职业技术类职教教师教育的大学专业课程并没有完全采用传统的工程科学学科模式，而是基于职业技术学的理念，从技术科学分析、职业工作/劳动分析及教学内容构建[36]三个方面重新开发课程。因此，当时所开发的针对职业技术类专业的课程体系及内容的建议草案迄今为止仍然具有一定的指导性。虽然所开发的课程框架能够给各职教师资培养机构提供课程内容与考核内容的基础，但在课程真正实施中，却面临着现有高校教师较难承担课程教学的困境。这也削弱了HGTB继续开发职业技术科学课程的动力，而且各个职业性专业职业技术学课程的科学论证也面临着巨大挑战。HGTB除了在课程实施方面面临巨大挑战外，还面临着学术团体内部人员在思想、目标和结果上的不一致性问题，HGTB内部对开发的建议草案细节上也存在诸多争议。

在职业科学发展的第三阶段，以职业科学代替工程科学的课程基本思想越发明显，其对象领域也较为清晰地指向“工作”。而职业科学发展到了第四阶段，则产生了新职业科学，这一阶段的标志性特点是将工作内容与教育内容联结在了一起。对此，迄今为止都有这样的论断：“工作、技术与教育在其相互作用中成为职业科学研究的对象和职业技术学的理论反

---

35 Martin W，Pangalos J，Rauner F. Die Entwicklung der Gewerblich-Technischen Wissenschaften im Spannungsverhältnis von Technozentrik und Arbeitsprozeßorientierung[M]//Pahl J-P，Rauner F，Spöttl G (Hrsg.). Berufliches Arbeitsprozeßwissen. Ein Forschungsgegenstand der Berufsfeldwissenschaften. Baden-Baden，2000：14.

36 Bannwitz A，Rauner F (Hrsg.). Wissenschaft und Beruf. Berufliche Fachrichtungen im Studium von Berufspaedagogen des gewerblich-technischen Bereichs[M]. Bremen：Universitaet Bremen，1993：23.

思。”[37] 该论断并没有产生太大异议，是因为“工作、技术与教育的相互作用”思想已经广泛存在于职业教育学、职业教学论和专业科学教育的思想之中。

在职业技术学内容与方法追寻上的不统一也导致了 2000 年 HGTB 的解体，同时产生了一个在“劳动科学团体（GfA）”内部作为“职业技术学及其教学论”的工作团体（GTW）。GTW 团体原则上继承了前者的思想和目标，将职业技术学及其教学论置于核心发展重点。但由于第四阶段的发展导向，职业技术学没有继续停留在“工作”的范畴中，而是逐渐转向作为职业教育学、专业教学论、专业科学学科基础的元科学、综合科学和中间科学。因此，若干不同职业科学观点的哲学思想的产生，也削弱了对职业科学的本质理解。

2）职业科学向元科学偏移

GTW 团体除了将职业科学视为元科学之外，也产生了对职业科学的其他理解。一方面，例如“汽车技术”职业性专业中关于“根据顾客期望修整汽车……排除汽车发动机的故障……保养和维护汽车等”的目标及内容，这些作为职教师资大学学习内容只是工作任务，因此，将其转化为大学课程的“职业科学”，是无法令人信服的。因为，该工作任务与培养技术工人的框架教学计划里的学习领域内容基本一致，这是将职业科学直接等同于职业工作活动或任务的简单化理解；另一方面，对职业科学的理解也逐步扩展到如“（职业技术）专业教育过程的分析、设计和评价”或者“职业教育方案的开发”，这属于朝向职业 / 专业教育教学的过量移动。与第三阶段的职业科学理解相比较，职业科学已经由原先的职业技术工作活动范围偏移到教学活动范围内。也就是说，职业科学奠基者当初的设想是将各职业领域的工作过程和业务过程分析作为职业技术科学研究对象的核心，且一直处于职业的工作活动范围[38] 内，而当前的发展却出现了扩展或偏移。

而在职业技术学的发展由第三阶段转向第四阶段时，在内容上也并未

---

37 同 36。

38 Hägele T，Pangalos J．Entwicklung der Gewerblich-Technischen Wissenschaften im Zeitraum von 1998 bis 2009[M]//Becker M，Spöttl G，Vollmer T (Hrsg.)．Lehrerbildung in Gewerblich-Technischen Fachrichtungen．Bielefeld：Bertelsmann Verlag，2012：65-97．

展现如当初 HGTB 所开发的各个职业性专业新的职业科学或职业领域科学内容。目前在还能部分体现职业科学思想的德国州文教部长联席会议所开发的《教师教育中专业科学和专业教学论的内容要求》中，各个职业性专业的专业科学及专业教学论也因为学术共同体对于职业科学理解的不一致，出现了表述上的分歧。学术共同体一致认可的工作活动范围内的职业科学内容的深度开发还有待继续探讨。

3）学术共同体关于职业科学的代表性思想

由以上对学术共同体关于职业科学的发展性理解，大致可以归纳出针对职业科学的两种代表性观点。第一种观点是职业科学作为职业研究与职业教育研究的思想。职业科学成为不仅承担了职业教育学与职业教育研究的“超级科学”，而且扩展得更加丰富，同时也包括了职业研究。职业科学追寻职业研究和职业教育研究的思想，将职业教育学扩展为丰富的经验性、理论性和实践性关联科学。

第二种观点是职业科学作为职业工作的基础。在该观点下，职业科学一般理解为从事职业工作所必需和所使用的并且可以预测职业工作发展的科学。与对象领域相对应，职业科学研究的目标指向的是职业工作，是职业知识、职业理论和职业能力意义下的“简化”的科学知识和行动。具体来看，该研究指向客观与主观的知识，尤其是关于经验知识或实证论证的职业理论问题。存在指向各个社会职业或职业群的职业科学，如职业技术学或工程科学。根据职业工作或工作任务分析必需的职业资格，来形成系统研究技术实践人员的所需能力（知识、技能、态度和经验等）的科学。

以上两种观点的矛盾在于，虽然两种观点都同样使用了职业科学的概念，但各个对象领域在原则上却不尽相同。虽然对于“工作、技术与教育相互作用”的职业教育教学思想在本质上是类似的，但也需分清职业科学与职业科学研究在理解上的区别。

2. 职业科学的未来发展与挑战

综上所述，尽管对职业科学在理解和运用上存在着多面性，其未来发展也面临许多困境和疑惑，但职业科学对于职业工作、职业教育、职教教师教育的基础作用是不容置疑的，尤其是对于职业教育的专业教学标准（即框架教学计划）和职教教师教育的职业性专业标准（《教师教育中专业科学和专业教学论的内容要求》）起着核心作用。目前，能够被学术界诸多学者所认可的工作导向基本原则、建立有利于开展职业科学研究活动的分析模型、把握职业资格研究方法工具、挖掘职业性专业科学知识体系是职业科学未来发展的基石。

1）工作导向作为基本原则

职业科学的研究作为职业性专业的标准和工作导向的框架教学计划设计的课程基础，从其几十年的发展来看，依然存在较大的问题与挑战。职业科学的提出以工作导向为其重要导向，区别于传统专业科学，但也存在着课程与教学论上的误解。

工作导向与德国职业教育设计导向的总体思想并不矛盾，但与职业教育课堂层面的行动导向存在明显的区别。一方面，一些德国职业教育学家对工作导向仍然持有疑虑，认为其关注对当前工作的适应，而忽略了人的长远发展，与职业教育设计导向（而非“适应导向”）的思想并不兼容。另外坚持并促进工作导向发展的一些职业教育学者则认为，工作导向不等于适应导向，而与设计导向相对应，因为如果人们想要设计或共同设计工作并取得个人的持续发展，核心的前提是，人们必须较好地认识和把握作为职业与劳动科学基础的工作。职业体系与职业教育体系之间也是“适应”与“设计”共同作用、相互影响的关系。

另一方面，工作导向与行动导向两者也并不等同。工作导向在教学论上一般可简单地理解为“实践导向”或者“运用导向”，该导向大多意味着由技术出发的、在社会实践中的运用与利用，因此，企业环境中的工作仅仅出现在技术视角下，而对于职业教育课堂，技术科学发展已经充分，职业科学并没有存在其中的必要性。相比较而言，将工作导向理解为行动导向,那么在技术课堂中利用技术也可以设计一堂较好的行动导向的课堂，但是内容上却非工作导向的课堂。因此，在课程层面需充分体现工作导向，而课堂教学层面在工作导向的总体原则下体现行动导向，以达到培养未来人才的职业行动能力的目的。

也因如此，工作导向也被理解为在职业学校中对企业职业教育内容的接受。德国州文教部长联席会议框架教学计划中的学习领域基本也是对《职业教育条例》中的工作内容与活动的照搬，虽然体现了工作导向，或是后来所谓的“业务流程与工作过程导向”，但由于基本没有体现出职业科学最原始内容的需求，也就导致职业科学的课程研究没有提上日程。实质上，由于直接引用与企业培训直接相关的《职业教育条例》的内容，职业学校缺少独立且系统的课程开发体系，这也相应地需要职业科学课程研究的发展。

2）作为开展职业科学研究活动的分析模型

无论是专注于职业工作活动范围还是扩展至元科学的职业科学，其最大的价值仍是在资格研究与课程开发方面的贡献。建立职业科学的前提是坚实的职业科学研究，也必须全面分析职业工作任务所需资格和充分挖掘职业技术实践人员能力。

有利于开展职业科学研究活动的模型包含：企业业务流程与工作过程的分析模型、工作任务分析模型和职业资格 / 职业能力分析模型。企业业务流程与工作过程分析模型体现了在企业业务流程和职业工作过程之中整体性和关联性地对工作过程与内容挖掘的程序和方法。

而作为前述模型的最小和具体单元，工作任务则采用针对性的工作任务分析模型，由工作对象（功能与技术）、工作条件（劳动工具、程序、组织）和工作要求（对工作与技术的企业、社会与个人要求）三个工作维度来确定系列、典型的工作任务。尤为重要的是，在分析各个工作任务中的职业工作时应在企业业务与工作过程中进行把握，而不能将之孤立化。

从职业科学的“最终结果”的角度来思考，需针对职业工作任务分析必需的职业资格以确定内容。而各个工作任务和工作任务组合背后的职业资格 / 职业能力则通过较为通用的职业资格分析模型来进行获取。当前典型的资格模型如国际职业分类标准（ISCO）、德国职业分类（KLDB）、国际教育标准分类（ISCED）、欧洲资格框架（EQF）、德国资格框架（DQR）[39]等，利用它们通用的描述符 / 维度——知识、技能与能力——来确定职业资格内容及描述和分析真正的职业科学的科学知识。职业科学作为职业工

39 因国际上关于“能力”及“职业能力”概念的不同理解，此处用“职业资格”的概念。ISCO-08、KldB 2010、ISCED-11、EQF 2008、DQR 2012 等所有资格模型的共同优点在于，能够针对职业资格进行较好的全球性比较，也能体现跨国间清晰的职业认可。

作和活动的基础处于职业资格分析的结果之上。

因此，可通过各种有助于开展职业科学研究活动的分析模型来探索职业科学的本质内容，如开展职业工作研究。虽然职业科学研究的“长方案”较难统一与实施，但例如“职业科学工作研究”的“短方案”则可以较具体的实施及描述。因此，一些职教教师教育的职业性专业学习中也存在这样的课程，让未来职校教师实施职业科学工作研究，着眼于社会职业的职业资格要求的获取。这些工作研究在德国范围内或欧洲和国际项目所实施的案例研究、工作和职业研究中也对职业科学的内容澄清有所贡献。

当前职业科学研究存在两种趋向：一是职业科学作为职业研究与职业教育研究的总体思想，成为一门超级科学或元科学；二是职业科学作为职业工作的基础。职业科学是目前尚未被完全挖掘出的职业资格 / 职业能力的知识体系。职业科学指向客观与主观的知识，尤其是关于经验知识或实证论证的职业理论等，如工作知识、工作过程知识、理论知识、实践知识、经验知识、隐性和外显知识、客观与主观知识等。而这些知识都需要目标相关的方法性工具去获取，职业资格研究方法以挖掘职业技术工作的内在能力要求为目标，具有特定的研究方法和分析模型。[40] 职业工作过程分析、工作任务分析、职业资格 / 能力分析是获得作为职业工作与活动基础的职业科学的基本路径，而职业科学处于职业资格分析的结果之上。

3）职业性专业科学知识作为职业教育与职教教师教育学科知识基础

德国州文教部长联席会议的新框架教学计划的开发虽然突破了以往专业科学系统化的模式，以工作与行动为导向开发课程与教学，呈现了初步的较好成果，如学习领域课程中学习成果导向的学习目标描述协调和区分了两个学习地点的课程与教学,但在此之下仍然需要拓展与完善课程的进一步开发，而不应简单照搬《职业教育条例》中企业教育框架计划的内容；还应有职业学校层面的开发逻辑，以及为职业学校教师进一步的课程开发提供有力的支持。在学习领域中还比较缺乏作为职业相关课程的学科基础，即相关工作的专业科学与职业科学内容，这也有赖于职业科学的进一步发展。

---

40 谢莉花，尚美华. 职业教育视阈下职业资格研究的内容、方法与实践 [J]. 中国职业技术教育，2018（15）：21-30.

在新框架教学计划的前言部分所介绍的实施建议中可以看出，工作相关的学习领域课程的出发点不再仅仅是传统的专业科学理论，虽然目前尚未能对所觉察到的课程缺陷提出有效的解决方案。同时，从教师方面来看，“生产对于职业行动能力所必需的知识”，然后将“专业科学系统融入广泛的行动体系”同样属于“胜任职业活动必需的专业事务”[41]。虽然职业工作的专业科学与职业科学的内容被视为职业相关课程的学科基础，但是该方面的内容在学习领域中还较为缺乏，同时也容易被依赖于上级部门所给定课程内容的职校教师们所忽略。因此，未来职校学习领域课程开发需注重职业工作的专业科学和职业科学基础，而职业工作的专业科学与职业科学基础的完善与发展以及更广泛支持的获得，必然要求德国州文教部长联席会议对职教教师教育的专业课程内容有所规定。这也就相应地要求职教教师教育中首先需开发职业工作相关的专业科学与职业科学知识，只有教师教育的专业课程内容体现职业科学内容与职业实践，未来的职教教师才能获取相关知识、技能与能力，教师们才不至于仅凭过往的职业教育经历与工作经验来勉强胜任具有挑战性的工作导向的学习领域课程的教学设计、实施与评价。

总体而言，职业科学及其研究创新性的高要求对未来提出了较大挑战，其未来的研究需要学术力量的支持和广泛的合作，来共同进行专业讨论和开展论证。德国职业科学的未来发展还面临较大挑战，一方面是因为，职业科学及其研究作为职业教育与职教教师教育专业内容的课程基础需要全新地设计与获取，另一方面体现为德国职业科学奠基人队伍学术力量的淡化及学科后备力量的不足。尽管该方面研究在德国也已经发展并促进了几十年，但目前仍然未看到新的突破，因此职业科学也被有些德国职教学者称为“有问题的德国作品”。虽然在学科基础的建立上面临着诸多困难，但在职业教育实践中，工作导向课程的开发与实施、职教教师教育中职业性专业标准的开发与实施、职教教师专业教学论的学习及在此基础上教师

41 KMK. Handreichungen fuer die Erarbeitung von Rahmenlehrplaenen der Kultusministerkonferenz (KMK) für den berufsbezogenen Unterricht in der Berufsschule und ihre Abstimmung mit Ausbildungsordnungen des Bundes fuer anerkannte Ausbildungsberufe[R]. Berlin，2011：10.

专业教学能力的提升，也使得德国职业教育走在职业特色化发展的权宜之路上，而职业科学作为长久之策的发展目标来说，还处在继续探索之中。

小结

职业科学作为德国发展了几十年并尝试建立的职业教育学科基础，在内涵理解与研究范畴上得到了逐步扩展与丰富，并且建立了与职业工作内容和职业教育课程内容的紧密关联。德国职教师资培养中职业科学课程的框架与内容的构建，尤其是其中职业技术与工作内容及职业学习过程与资格化过程内容的融入，使得职教师资培养突破传统专业科学模式、构建了职教师资特色的专业科学。由于学科内涵的变化及偏移，职业知识挖掘的复杂性及学术后备力量补充乏力等方面的问题，职业科学在实践层面虽然有较大需求并得到了进一步的发展，但在理论层面的正式建立还面临着巨大的挑战。未来，工作导向的基本原则、职业资格研究方法作为方法性工具、有利于开展职业科学研究活动的分析模型以及职业教育与职教教师教育中专业科学知识的深入开发，是职业科学进一步发展的方法与内容基础。

第 8 章

德国职教教师教育面临的现实挑战与发展趋势

当前，德国社会与教育体系也经历着巨大的变化，要求职教教师教育保持适应性和引领性，在数量上、多模式、数字化、高质量方面作出相应变革。几年来，职业学校教师教育受到了异常大的教育政策关注，在社会发展方面，要求增强教师针对异质性学生进行融合性教育教学的能力；在就业和劳动力市场上，职业学校教师的需求远远超过目前的供给；技术与劳动变化带来对教师数字能力和新媒体运用能力提升的要求；生源短缺和变化要求职教教师教育进行模式创新和多渠道培养，随之引发教师专业化还是去专业化的讨论；对进一步提升教师质量的需求开展卓越教师教育的项目。

德国职教教师教育在遵守既定的基本框架与原则的同时，当前现实背景下也要面对增量与提质挑战。为实现高质量职教教师队伍建设，德国采取了相对应的措施，包括为实现后备教师数量上的提升，拓展新目标群体、吸引师范插班生、提升学业成功率等；为实现质量上的发展，认证师范专业、加强学校实践、融入时代新主题、结构化教师教育等。

一、德国职教教师增量需求的应对措施

德国职业学校教师需求预计在未来十年会有所增加，平均而言，每年所需的职校教师数量为 3900 人，而实际的教师应聘人数约为 2900 人，因而教师的数量需求远不能得到满足。[1] 相比之下，由当前关于职教师范专业的大学新生和在校大学生数量调查显示，学校需求更多的是工商技术类专业的职教教师。当然，这不是一个新挑战，因为工商技术类专业职教教师的短缺状况由来已久。

在职教教师教育中，变革的出发点首先是努力增加师范生数量及其学业成功率，例如，通过区域协会中不同大学之间的合作获得新的目标群体，开拓职教教师教育的新潜力。各种实施的新措施包括新目标群体的拓展、

1 KMK. Lehrereinstellungsbedarf und - angebot in der Bundesrepublik Deutschland 2020 – 2030 – Zusammengefasste Modellrechnungen der Länder[R]. Berlin，2020：23.

师范插班生的吸引、学业成功率的提升等，但这些措施和方案往往不是一个生源吸引的协调性整体，需要受到作为潜在雇主的各州支持。当然，师范生数量的缺乏不仅仅是由于教师教育本身，职教教师职业本身的吸引力也起着重要作用。

1. 拓展新目标群体：获得职教师范生新生源群体

德国对职教教师供求状况的评估结果显示有必要吸引职教师范专业的新目标群体，以便能够应对职教师范生新生数量和学生总量不足的挑战。

1）具有相关专业背景的本科毕业生

德国职教教师的职前培养必须完成硕士阶段的学习，其中既有本硕贯通的一体化培养模式，也有专业学科本科毕业生转入职教师范硕士阶段的多元化培养模式。来自应用科学大学及其他高校类型（如职业学院）相关专业的学士毕业生，虽然在学士项目中不存在师范教育的具体课程学习，但仍然是综合性大学职教师范硕士项目的潜在目标群体。对于这些学生来说，过渡到师范硕士项目需要遵守相关的规则。其中较特别的挑战在于申请人的准入资格，因为这些申请人不是来自贯通式的学士项目，而是某一专业的学科学士，例如，某一工程科学专业或经济管理专业。这些申请者对于申请职教师范硕士项目来说，缺少第二专业（学科科目或职业性专业）、教育科学（对于职教教师来说就是职业与经济教育学）和专业教学论的学习背景。对于这个群体，德国通过提供“桥梁学习”（Brückenstudien）来弥补其缺失的准入条件。如果这些“桥梁学习”在师范专业中正式固定下来，常规的师范专业学习时间将最多增加两个学期，这两个学期可由联邦教育援助法（BA-foeg）进行资助。即使对于已经获得某个专业学士学位的综合性大学毕业生，想转入职教师范硕士专业学习的话，该“桥梁学习”也具有适用性。

2）相关专业的职业实践者

首先是来自学术职业的职业工作者或职业经验者，例如工程师，他们当前更有可能直接转向职业学校（作为横向进入者），并在工作时完成额外的师资培养计划。其次是职业资格者，如师傅、技术员或企业经营者（Betriebswirt），是综合性大学职教师范专业的潜在目标群体。再次，随着与综合性大学/教育学院和应用科学大学的合作，那些没有获得普通高校入学资格的职业学校毕业生也成为职教教师教育的新目标群体。教师教育的新模式也代表了新的录取方式。与此同时，应用科学大学对于那些没有经历过普通高考（Abitur）或未获一般的高校入学资格、但具有职业资格的群体来说具有特别的吸引力。2015年，有2403多名未持一般的高校入学资格的新生进行了大学注册，因而这也是获得职教师范生新生源的重要渠道。职业资格者在融入综合性大学或师范学院的过程中是与当前关于促进职业经验者的高校入学政策联系在一起的。尤其对于工商技术类专业而言，特定的职业经验对于与教学相关的专业能力是非常重要的。另外，对于一些职校紧缺专业，也有职业实践者直接进入职业学校，但作为转行/插班人员需要开展职业伴随性的教师培养项目。

后一类群体是职教师范当前值得拓展的目标群体。首先，在准入条件上。近年来，高校法定的入学规定和准入程序发生了变化，许多开发项目都进行了尝试，如从职业教育到高校教育过渡的“ANKOM”项目、“通过教育晋升——开放的大学”项目。根据各州高校法，职业资格者可以不必具有普通的高校准入权限而进入学士课程，也可以在获得职业资格毕业证书的情况下进入硕士项目，但是一般需要高校第一学历毕业证书。进入职教师范的职业性专业之前，所获得的职业资格证书也实现了进入该专业的前提条件。德国州文教部长联席会议的规定也使得高校外获得的知识与能力能够至多进行50%的大学学业换算[2]。必要时，对于具有高校第一学历的职业资格者及职业经验者开发相应的准入和过渡，例如通过变换的认可与换算程序。

其次，在模式创新上。实际上，职业资格者一般年龄较大，因此这些“成年大学生”相比于传统大学生有不同的生活标准。此外，这些从业者一般不能或不想（完全）放弃他们的职业，因此需要能够变通的职业伴随式高校学习模式，如学业时间、学业环境。不仅双元的学业模式，而且传统的

2 KMK. Anrechnung von außerhalb des Hochschulwesens erworbenen Kenntnissen und Fähigkeiten auf ein Hochschulstudium (I), Beschluss der Kultusministerkonferenz vom 28. Juni 2002[EB/OL]. [2022-01-25]. http://www.kmk.org/fileadmin/Dateien/veroeffentlichungen_beschluesse/2002/2002_06_28-Anrechnung-Faehigkeiten-Studium-1.pdf.

学业模式也要求与职业活动相联结进而有充足的设计空间。因而，混合学业模式才能实现对于学业伴随型从业活动所必需的空间自由和时间自主。树立相应的指导理念对于这样的学生和学业模式至关重要。

再次，在学习能力上。研究领域自 20 世纪 80 年代以来就对未获得高校入学资格的职业资格者进行了研究。在该目标群体的学习力方面，迄今所呈现的研究结果清晰地表明，这些人员进行高校学习和传统准入的大学生一样成功，并且鉴于迄今的教育和职业图景，显现了较高的继续教育和学业动机。但总的来说，在大学，尤其在综合性大学，虽然该群体人数上大幅增加，但占大学生总数的比例仍然较低（2%左右）。参与率低的原因是多样的，但可以肯定的是，职业资格者与通常的高校供给之间存在匹配问题，信息交流机制还有待改善，有针对性的支持服务还需进一步提供。然而，很少有关于职教师范专业新目标群体学业成功和学习力方面的相关经验和科学研究。为了描述新目标群体的学习条件、学习过程和学习成果，从而使职教师范的“非传统派”高校学习能够实证性地设计和伴随，有必要进行相关的模型试验和实证研究。与此同时，适应新的目标群体不应导致专业教育要求的降低，必须在第一阶段的高校教育期间保持职教师范学习的学术要求，从而保障未来教师的专业化水平，因此，支持系统就至关重要。只有这样，除了量的增长可能性之外，新目标群体的职教教师教育才有质的提升机会。

2. 吸引师范插班生：不同培养阶段的学业转入者

尽管在教师培养中融入其他或者新的目标群体，但在职业学校急需教师人力资源的状况下，贯通教师培养模式还是不能完全满足需求。因而各州采取不同特殊措施以吸引教师。这些措施是教育部门在特殊情况下通过相应的培养理念来填补更大的需求漏洞，以便缓解教师短缺的状况。早在 20 世纪 90 年代，为了应对教师短缺问题，各州定期颁布特殊措施，通常的措施就是专业学科背景的毕业生的横向与侧向进入路径（Quer- und Seiteneinsteige）（图 8-1）。

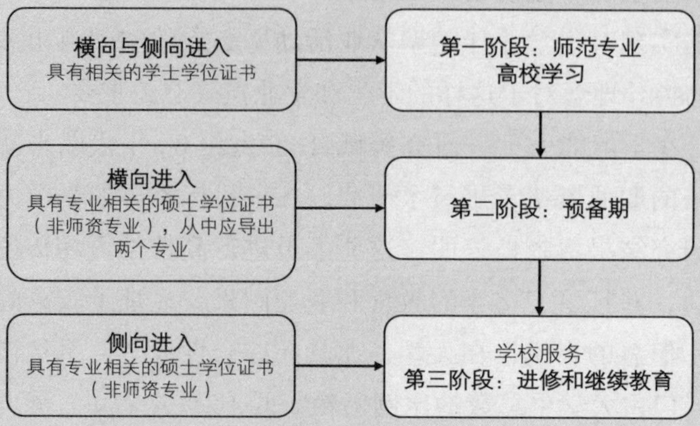

图 8-1　德国职教教师教育的横向和侧向进入区分[3]

1）侧向与横向进入职教师范专业进行高校学习

相关专业毕业的学士毕业生过渡到某个师范专业的硕士阶段，术语“Quereinstieg（横向进入）”和“Seiteneinstieg（侧向进入）”同义使用。因为横向和侧向插班者进入教师的学术型培养面临挑战，还应为进入职教师范专业的横向插班者群体提供单独的支持措施。不同的高校项目激发了师范生差异化的专业发展。

2）非师范专业但具有专业相关硕士学位横向进入预备期

毕业于综合性大学或类似高校的至少可以导出两个师范专业的相关专业的高校毕业生，他们作为所谓的横向插班者进入预备期。这类人员一般缺少师范专业第一阶段关于专业教学论和职业与经济教育学的培养部分。但如果他们通过第二次国家考试，则获得与传统贯通培养的教师同等的晋升机会[4]。这些也适用于那些通过职业伴随的学业形式获得第二专业资格要

3　Frommberger D，Lange S．Zur Ausbildung von Lehrkräften für berufsbildende Schulen - Befunde und Entwicklungsperspektiven[M]．Bonn：Friedrich-Ebert-Stiftung，2018：54.

4　Diettrich A，Martens J．Regelmodell und Vielfalt: Anforderungen und Konzepte der Lehrerbildung für berufsbildende Schulen[M]//Bals T，Diettrich A，Eckert M，Kaiser Franz (Hrsg.)．Diversität im Zugang zum Lehramt an berufsbildenden Schulen: Vielfalt als Chance?．Detmold，2016：31-65.

求而后再完成预备期（也可以是职业伴随的）的专业学科毕业生。[5]

3）非师范专业但具有专业相关硕士学位侧向进入职业学校服务

那些没有经过教师考试、也没有经历预备期而进入学校服务的专业学科毕业生通常被称为侧向插班者[6]。教师所需的（职业）教育学和（专业）教学论的资格是在职业伴随中获得的。一般来说，通过侧向方式进入学校的教师首先在晋升机会和工资方面要比传统培养的教师差一些。

此外，各州也采取针对本州的特殊措施来应对教师短缺问题。在实践中，横向和侧向进入的可能性也有不同的实施方式。2015—2016 学年的教师教育研究显示，所有联邦州的职教教师横向和侧向项目都得到维持，横向大概是侧向插班模式的一半[7]。基于 2015 年的人口普查的微观数据显示，不论教师类型的话，侧向插班者的比例占所有教师的 31%；论教师类型的话，从小学教育的 21% 到职业教育的 58% 不等。德国州文教部长联席会议证实，2016 年侧向插班者大概占学校新招聘人员的 8%[8]，这些侧向插班者流入教育行业作为教师培养和培训的候选人。

与侧向插班者相关的核心问题通常是质量问题，因为他们通常很难达到贯通式职教师范毕业生的专业化水平，现有的缺陷只能部分通过专业专长发展进行补偿。尽管缺乏教育学和教学论方面的培养，但由于各种原因，侧向插班者仍被认为是教师群体的重要组成部分。尤其是为了避免削弱可能受到威胁的职教教师传统专业化路径，横向和侧向插班者越来越多地得到职业教育研究的关注。因为横向和侧向插班者是传统教师教育的直接竞

---

5 KMK．Gestaltung von Sondermaßnahmen zur Gewinnung von Lehrkräften zur Unterrichtsversorgung, Beschluss der Kultusministerkonferenz vom 5.12.2013[EB/OL]．[2022-01-25]．http://www.kmk.org/fileadmin/Dateien/veroeffentlichungen_beschluesse/2013/2013_12_05-Gestaltung-von-Sondermassnahmen-Lehrkraefte.pdf.

6 KMK．Anerkennung und Mobilität[EB/OL]．（2013）[2022-01-25]．https://www.kmk.org/themen/allgemeinbildende-schulen/lehrkraefte/anerkennung-der-abschluesse.html.

7 Monitor L (Hrsg.)．Öffnung des Schuldienstes an Beruflichen Schulen für den Seiten- bzw. Quereinstieg – absolute Nennungen [EB/OL]．[2022-01-23]．http://www.monitor-lehrerbildung.de/web/ diagramm/blfrage62.

8 KMK．Einstellung von Lehrkräften 2016, Statistische Veröffentlichungen der Kultusministerkonferenz[EB/OL]．[2022-01-23]．https://www.kmk.org/fileadmin/ Dateien/pdf/Statistik/EVL_2016.pdf.

争对手，这将使大学生更不容易参与职教师范的专业学习。德国教育科学协会（Deutschen Gesellschaft für Erziehungswissenschaft）的职业与经济教育学部门（2014）要求在当前“职业与经济教育学”的学业课程中，为侧向和横向插班项目设置最低标准。然而，实际上，侧向插班生也面临着过度要求，他们必须在没有额外培养培训的情况下克服教师职业的日常挑战[9]。

3. 提升学业成功率：降低职教师范生的辍学人数

在德国，当前尽管进入高校学习的升学率已经将近 50%，但辍学率也比较高，例如 2018 年学士辍学率达到 27%、硕士辍学率达到 17%[10]。根据豪布赖恩（Heublein）等人的理解，所有在高校学习但后来没有获得学位而离开高校的人都被视为辍学者。过早完成学业，转专业和转学校人员和休学者等不考虑在辍学率的计算中。[11] 豪布赖恩等人认为辍学原因是多方面和多元化的。出身、个性和教育社会化和学业决策等条件因素被视为学业初始状态。学习行为、学习动机、学习成绩、心理和物理资源以及学业条件、信息、生活条件等是个人开展学习过程的先决条件。学业辍学动机集中在不同层面，通常包含较高的成绩压力、财政问题、考试失败、学业动机缺少、学习条件不足、职业新的转向、家庭或个人的问题以及疾病等。与条件因素不同，辍学动机可以理解为“条件因素的主观反映。在条件因素和学业辍学动机之间存在不同的强相关性”[12]。因此，特定的条件因素不一定导致某个特定辍学动机。豪布赖恩描述了三种辍学类型：I 型——学业效力原因的辍学。在大学学业开始之前就存在学业缺陷，对高校学习要求

9 ZDF. Lehrer über Nacht: Doku 37[EB/OL]. [2022-01-25]. https://www.zdf.de/ dokumentation/37-grad/lehrer-ueber-nacht-quereinsteiger-im-klassenzimmer-100.html.

10 Autorengruppe Bildungsberichterstattung. Bildung in Deutschland 2020 - Ein indikatorengestützter Bericht mit einer Analyse zu Bildung in einer digitalisierten Welt[M]. Bielefeld: Bertelsmann Verlag, 2020: 198.

11 Heublein U, Richter J, Schmelzer R, Sommer D. Die Entwicklung der Studienabbruchquoten an den deutschen Hochschulen: Statistische Berechnungen auf der Basis des Absolventenjahrgangs 2012, Forum Hochschule 4 (2014)[R]. Hannover, 2014: 1.

12 Heublein U, Hutzsch C, Schreiber J et al. Ursachen des Studienabbruchs in Bachelor- und herkömmlichen Studiengängen: Ergebnisse einer bundesweiten Befragung von Exmatrikulierten des Studienjahres 2007/08, Forum Hochschule 2 (2010)[R]. Hannover, 2010: 13.

认知较少，出于外部动机而选择学习专业。在高校学习期间，由于缺乏指导和学习弱势而经常受到批评或负担过重的考试和考试未通过最终导致辍学。Ⅱ型——出于动机原因或职业新转向的辍学。同样基于外部动机和缺少设想而选择大学专业。大学学业中缺少激励的指导和缺乏实践关联以及降低的学习兴趣、学习准备的不足和对学习能力的怀疑都与学业辍学有关。Ⅲ型——出于经济原因的辍学。例如，长期过渡之后才进入高校正式学业，从而导致无法保障高校学习的经费投入。此外，强化的从业活动也导致学业学习不足的局面，还有没有融入大学生活都是促使辍学的因素。[13]

职教师范专业同样存在该问题。学业成功率太低也导致职教教师的招聘需求与大学专业毕业生数量之间的不匹配。虽然未获得大学毕业证书而结束学业的学生数量范围尚不清楚，目前无法估计职教师范学生的异质性对辍学或学业成功的影响，但可预计的是，辍学的风险因素对于职教师范生的辍学同样是重要的。然而，目前尚不清楚的是，这些因素如何影响职教师范生的学业成功，需要进行辍学问题的诊断并由此提出改善职教教师教育条件的行动方案。

二、德国职教教师提质需求的应对措施

德国近年来除了对职教教师数量短缺作出反应而采取一系列新举措，也同样进行持续检查和改进教师质量，以适应新的要求和发展。

1. 增加专业认证

为实施博洛尼亚进程，德国州文教部长联席会议和高校校长联席会议（HRK）决定为新的本—硕阶梯式大学学业设置专业认证程序，从此认证成为国家批准学士和硕士专业和认可相关学位的先决条件，并且在州高校教育立法中予以固定。对于教师教育专业来说，因为其毕业生作为高级公务人员服务于国家教育事业，这种认证也尤为重要。

---

13 Heublein U. Umfang und Gründe des Studienabbruchs: Befunde aus den DZHW-Exmatrikuliertenunt ersuchungen[EB/OL]. Vortrag auf der KOAB-Jahrestagung an der TH Wildau. [2022-01-25]. http://www.dzhw.eu/pdf/pub_vt/21/2015–02–27_heublein_wildau.pdf.

认证是质量审查的过程。在专业所涉及的学业文档基础上，利用高校现场走访和谈话，认证委员会成员获得专业计划与实施的总体概貌，特别是审查专业对于国家与欧洲一般要求和专业特定要求的遵守情况。对于教师教育及其专业认证，遵守州共同的教育结构要求和专业内容最低标准尤为重要。职教教师教育需遵守的相关州共同标准体现为：《学士和硕士专业认证的州共同结构规定》[14]《教师教育的标准：教育科学》[15]《进入师资专业的教育前提：学士和硕士学位专业互认的关键值》[16]《中学第二阶段或职业学校教师（教师类型 5）培养与考核框架协定》[17]《教师教育中的专业科学与专业教学论的州共同内容要求》[18]。

2. 加强学校实践

对于高校师范专业而言，学校实践的专业化主要通过在一线学校的实践而实现。由于大学的理论教育与预备期的职业实践存在分离，因此需优化师范专业的理论、实践之间的关联。与此同时，"学校实践学期"（Schulpraxissemester）也已成为一些联邦州高校师范教育的必修部分。目前，德国至少有 11 个职教师资培养机构已经开设了学校实践学期，如汉堡工业大学、帕德博恩大学（Universität Paderborn）。

学校实践学期是一个持续数月的实践阶段，通常是在长达一个学期里以学校作为学习场所。方案的具体组织和课程设计是高校的责任，协调这

---

14 KMK. Ländergemeinsame Strukturvorgaben für die Akkreditierung von Bachelor und Masterstudiengängen. Beschluss der Kultusministerkonferenz vom 10.10.2003 i.d.F. vom 04.02.2010[R]. 2010.

15 KMK. Standards für die Lehrerbildung: Bildungswissenschaften. Beschluss der Kultusministerkonferenz vom 16.12.2004 i. d. F. vom 16.05.2019[R]. 2019.

16 KMK. Eckpunkte für die gegenseitige Anerkennung von Bachelor - und Masterabschlüssen in Studiengängen, mit denen die Bildungsvoraussetzungen für ein Lehramt vermittelt werden. Beschluss der Kultusministerkonferenz vom 02.06.2005[R]. 2005.

17 KMK. Rahmenvereinbarung über die Ausbildung und Prüfung für ein Lehramt der Sekundarstufe II (berufliche Fächer) oder für die beruflichen Schulen (Lehramtstyp 5). Beschluss der Kultusministerkonferenz vom 12.05.1995 i. d. F. vom 13.09.2018[R]. 2018.

18 KMK. Ländergemeinsame inhaltliche Anforderungen für die Fachwissenschaften und Fachdidaktiken in der Lehrerbildung. Beschluss der Kultusministerkonferenz vom 16.10.2008 i. d. F. vom 16.05.2019[R]. 2019.

一实践阶段的准备、伴随和后续工作，并以不同的方式实施。通过长期的实践阶段能够帮助学生建立对教师职业领域和职业要求的感悟和认知，并获取课堂实践的实用知识。从以知识为基础的角度来看，大学教育阶段的实践首先应服务于理论和学术研究能力的促进，也为了使学生的实践情境具有理论的渗入。因此，为了实现教师专业化，实践主要是为了提高学生的理论反思能力，这是专业教师行动的核心要素。相比于预备期阶段更大比例的理论指导下的学校实践，大学阶段的学校实践也意味着用实践促进理论的学习，提升教师的学术性能力，支撑持续的专业发展。

3. 将新主题融入教育内容

职教教师教育的基本结构与内容是由全德范围内及跨州的一般性最低标准和州高校法规定。遵守这些最低标准，职教教师教育内容的可变化范围和空间相对较小，当前的新要求也通常融入其中。职教教师一般学习两个专业:（职业性专业和普教学科专业的）专业科学、专业教学论及教育科学（即职业与经济教育学），总共不超过十个学期。一般而言，一旦新教育需求得到确认，将作为教育政策的利益结果被纳入框架协议。而职教教师培养的各个大学任务则据此确定学业条例与考试规则，并且进行具体实施。

对于新的主题内容，首先需检查其是否是长期挑战，是融入职前培养，还是补充于教师进修教育中。许多重要的发展也都通过大学专业科学或教育科学课程的主题化讲座或研讨课来进行学习。这在很大程度上也适用于当前关于异质性、包容性、新媒体和数字化的主题。这些主题领域已经体现在普教和职教教师教育标准的修订中，具体来说需进一步落实于教育科学或专业教学论课程之中。这些当前的新主题是横跨各专业的共同要求，需要持续反映于大学内容的新组织中，尤其需要体现在各专业的专业教学论课程中[19]。

4. 实施高质量教师教育项目

近年来，德国教师教育领域实施了“卓越/高质量教师教育”（Qualitätsoffensive Lehrerbildung）结构化的变革思想。2015 年开始，第一轮促进阶段中共有 59

19 这一点在德国州文教部长联席会议 2019 年最新修订的《教师教育中的专业科学与专业教学论的州共同内容要求》中得到了体现，四个新主题内容均作为各职业性专业教师培养的能力要求。

所高校参与的 49 个项目；2019 年以来开始了第二轮促进，德国政府和各州目前和未来将通过一些共同项目继续支持教师教育改革。这些共同项目不仅促进了教师教育形象的树立，同时也有利于改善师范专业的学业绩效与毕业证书的可比性，并提高学生和教师的流动性。这些促进项目在内容方面涉及：大学学业部分（专业科学、专业教学论、教育科学）之间的关联及与学校实践地点的合作；教师教育阶段及其贯通之间的一致性，并在教师教育的所有阶段应对“包容性”和“异质性”等主题；为教师提供职业生涯支持；专业化的学术性教育与特定的专业化导向供给之间的竞争关系；在学业早期阶段，专业教学论的学校实践指向和有目的的学校实践要素的融合；教师职前教育与继续教育的高效结构；关于改革措施的伴随性和职业领域的相关研究。[20]

截至 2018 年，在所有促进项目中，教师教育的一般问题和职教教师教育的特殊问题均得到了关注，有 32 个项目涉及职教教师，其中有 3 个属于职教教师专项项目。提高师范生源数量的主题，是作为职教教师的一大问题领域。为更好地应对教师职业面临的新挑战和促进其发展，这一主题包括诸如通过更好的实践关联来处理新媒体、异质性和包容性等新主题内容，教师教育阶段的贯通，专业化咨询和指导的供给等。

一方面，为了增加职教教师教育的师范生和毕业生数量[21]，德国各高校在“高质量教师教育”的框架下实施各种措施和项目。例如，斯图加特大学（Universität Stuttgart）尝试针对工业技术类职教师范生数量较少的问题，改进学校的宣传工作，建立毕业生与潜在生源的联系，通过接受巴登州 MINT 学院的 MINT 专业学生来吸引适合的生源。此外，为降低大学辍学率，利用大学指引方案来丰富学生的大学导入阶段，通过指导人员来辅导学习薄弱的课程等。[22] 慕尼黑工业大学（Technische Universität München）通过缩短培养周期和相关学士学分的换算，为学士毕业生提供“在机械及电气

---

20 BMBF. Bund-Länder-Vereinbarung über ein gemeinsames Programm “Qualitätsoffensive Lehrerbildung” gemäß Artikel 91 b des Grundgesetzes vom 12.4.2013[R]. 2013.

21 因为大学分阶段且有转换通道，进出的新生数、在校生和毕业生的数量并不总是一致的。

22 BMBF. Projekte Lehrerbildung an berufsbildenden Schulen (LEBUS)[EB/OL]. [2022-02-07]. https://www.qualitaetsoffensive-lehrerbildung.de/lehrerbildung/shareddocs/projekte/lehrerbildung-an-berufsbildenden-schulen_01ja1602.html?nn=297658&cms_projectView=Projektdarstellung.

技术领域针对性的资格化教育潜力”的职教师范专业。在“融合职业教育”的硕士学业中，综合性大学联结硕士培养与预备期学校实践培养之间关联，缩短一年左右培养时间，等等。[23] 通过这些项目计划，职教师范教育的课程和结构的改进可能性得到探索。另一方面，项目的重点不仅是吸引新学生或增加毕业生人数，处理职教教师培养中专业内容相关的问题也是重点。例如，斯图加特大学项目提升未来职教教师在处理职业学校的包容性和异质性及学习弱势群体方面的专业能力。又如柏林工业大学（Technische Universität Berlin）为职教师资培养制定了专业化和研究性导向的学习安排等。[24]

小结

德国职教教师教育一方面体现了教育阶段之间的系统衔接，统一的教育与专业标准的共同遵循，职业性、专业性、师范性的三性融合的基本原则；另一方面在当前发展背景下也面临着新的变革需求。

为实现高质量职教教师队伍的建设，德国采取了相应的措施，包括为实现数量上的提升，拓展新目标群体、吸引师范插班生、提升学业成功率；为实现质量上的发展，认证师范专业、加强学校实践、融入时代新主题、实施质量攻坚计划等。

---

23 BMBF. Projekte Teach@TUM: Kompetenzorientierte und Evidenzbasierte MINT-Lehrerbildung[EB/OL]. [2022-02-07]. https://www.qualitaetsoffensive-lehrerbildung.de/lehrerbildung/shareddocs/projekte/teach-tum-kompetenzorientierte-und-evidenzbasierte-mint-lehrerbildung_01ja1501.html?nn=297658&cms_projectView=Projektdarstellung.

24 BMBF. Projekte TUB Teaching 2.0 – Innovativer Einstieg, Professions- und Forschungsorientierung im berufsbezogenen Lehramtsstudium[EB/OL]. [2022-02-07]. https://www.qualitaetsoffensive-lehrerbildung.de/lehrerbildung/shareddocs/projekte/tub-teaching-2-0-innovativer-einstieg-professions-und-forschungsorientierung-im-berufsbezogenen-lehramtsstudium_01ja1628.html?nn=297658&cms_projectView=Projektdarstellung.

第 9 章

德国职教教师教育的经验与启示

一、教师教育体系层面

1. 教师队伍建设上，强调双师结构与双师素质

德国在职教教师队伍建设上主要有两支队伍：职校教师与企业培训师傅。前者经过学术教育从而具备全面的专业能力、教育能力与专业教学能力，后者则侧重工作实践经验并兼具培训指导能力。总体上，两支队伍分别侧重理实一体化的理论教学和实践教学。在教师个体素质方面，职校教师除了学术能力外，也需具备工作过程知识和职业能力；企业培训师傅除了较强的职业实践能力外，也需具备工作项目或教学项目开发、实施与评价的教育教学能力。

近年来，我国关于职教教师队伍建设的政策持续推出，在框架建设也呈现了两种导向：一是职教教师队伍的结构建设，即鉴于职业教育的跨界性，职教教师队伍理应进行哪些群体结构层面的建设；二是职教教师个体的素质建设，即如何提升职教教师的专业、教育及教学能力等个体质量层面的建设。未来还需进一步明确职教教师在队伍结构与个体素质上的问题与挑战，制定和落实相适应的建设策略。

在教师队伍结构框架上，根据《中华人民共和国职业分类大典》（2015年），第二职业大类"专业技术人员"中包含职教教师类别，近年来增补的"职业培训师"类别也为企业师傅或企业导师岗位设置提供基础。相比于引进企业技术人员到职业学校任教，企业师傅具有不脱离行业企业情境、紧随技术发展、在真实工作环境中指导的优势特点。如何将企业师傅纳入职业教育与培训队伍，需要有国家层面的制度设计、企业层面的积极参与以及全方位的质量保障与监督。总体上，我国职教教师队伍也包含职业学校（学校环境与模拟工作环境中）的教师和企业真实工作环境中的企业师傅 / 企业导师，前者在学校内又包含普通学科教师、理论实践一体化教师以及实训指导教师。未来需要根据各学习地点的师资能力要求制定和落实更加系统化的教师培养培训方案。针对培养理实一体化特点的教师，德国职教学者利普斯迈尔（Antonius Lipsmeier）提出两条路径：一是将职教教师进行

理论教师和实践教师或理实一体化教师的功能划分，但鉴于职业教育的理论和实践结合的一般比较紧密，理实分割的教学对职业教育来说是没有意义的，这就要求理论教师也需懂得如何进行实践；二是从工作世界招聘实践者，这可以使工作实践世界的经验和专家知识流入职业教育领域，同时，对这些实践者进行课程与教学方法的培训。[1]

在教师队伍能力要求上，作为主体力量的理实一体化教师既要具备专业领域的理论与实践能力，又要具备教育领域的理论与实践能力。也就是说，职教教师需要“在教学和育人过程中，能够把专业理论与职业实践相结合、职业教育理论与教育实践相结合；遵循职业教育规律和技术技能人才成长规律，提升教育教学专业化水平”。[2] 教师的能力发展呈现“三性”融合的特征：学术性 / 专业性＋师范性＋职业性。学术性 / 专业性是要求教师掌握系统的专业科学知识；师范性是要求职教教师具备教育教学能力；职业性是要求职教教师具备高于所培养人才的职业技术实践能力。作为培养者，职教教师最终应当能够将这“三性”进行融合，在更高层面上掌握专业与职业技术理论知识和随着工作世界的变化对职业工作进行分析与教学转化的能力。

在提升双师素质上，未来还需构建职教教师一体化的教育体系，注重不同层次、不同阶段的有效衔接与结合，如构建师范生本、硕衔接机制，职前职后衔接机制，提升教师的专业化发展能力；创新多层次、多样化、多规格的培养模式，注重适合师范生生源（如应用型、职业型高校毕业生）的吸引与选择，培养院校与企业、职业学校协同培养机制的建设；加强教师系统化的基础能力（专业理论、教育理论、专业实践、教育教学实践）的培养，制定专业视角的教育标准，对教师进行理论、实践一体化能力的培养等。对于企业师傅这支队伍来说，除了本身所擅长的职业技术技

1 Lipsmeier A. Approaches towards enhanced praxis-orientation in vocational teacher education (VTE) [M]//Deutsche Gesellschaft für Internationale Zusammenarbeit (GIZ) GmbH. Vocational Teacher Education and Research as a Regional Task and Challenge for the East and Southeast Asian Region (Regional Conference on Vocational Teacher Education). 2013：39-46.

2 教育部. 教育部关于印发《中等职业学校教师专业标准（试行）》的通知 [EB/OL].（2013-09-20）[2019-8-23]. http://www.gov.cn/gzdt/2013-09/27/content_2496265.htm.

能外，还要进一步发展其他专业能力，如育人能力、教学能力、管理能力、职业指导能力等。

2. 教育体系完善上，全面构建职教教师教育体系

1）打造开放型教师教育体系，补充不同群体相应培养模块

鉴于职教教师职业及其教育的跨界性和复杂性，像德国那样贯通式一体化培养的职教教师队伍固然是一支专业化程度最高的队伍，但从实施条件来说，仍需发展开放型的教师教育体系。德国经验也显示，除了传统正规、长学制的职教师范教育外，由于职教教师培养周期长、所涉专业领域多、专业要求高，德国也尝试将职教教师教育体系向外开放，吸引适宜的生源进行教师培养。针对各个阶段不同的插班生进入教师培养渠道后进行专门的课程设计，为不同群体补充以不同的针对性培养与培训。

如果从阶段上来划分我国的教师教育，也基本包含职前培养（本科、硕士）、入职教育和职后培训阶段。针对不同阶段的插班或转行者，应有不同的培养方案和评价体系。对于本科进入者，一方面需加强专业科学、教育科学、专业教学论课程方面的基础学习及其与实践之间的关联；另一方面需利用这类群体实现贯通培养，留住这类群体实现更高层次的或卓越职教教师的培养。对于硕士层次的插班生，如当前的职教专硕，他们一般是来自专业学科的学士毕业生，这类群体具有专业科学基础，但缺乏教育理论与实践和专业教学论的学习以及企业实践的锻炼，因而在硕士阶段需进行补充。而对入职阶段的插班者或转行者，一般是专业学科毕业生或企业实践人员，对于前者来说，一般只具有专业科学基础，却缺乏职业性和师范性/教育性，因此需进行教育科学、专业教学论和企业实践等方面的培养；对于后者，缺乏学术性和师范性/教育性，需进行教育科学和专业教学论的学习和重点促进（表 9-1）。总体而言，根据不同目标群体，供给不同的课程，以期培养作为职教教师的完整的专业化能力。但仍需明确的是，应给予贯通培养渠道的职教教师更好的发展机会，以提高职教师范培养本身的吸引力。

表 9-1 职教教师不同的目标群体及促进重点

<table>
<tr><td>本科阶段的师范生</td><td>加强专业科学、教育科学、专业教学论课程方面的基础学习及其与实践之间的关联</td><td rowspan="2">贯通培养，实现高层次、卓越职教教师培养</td></tr>
<tr><td>硕士阶段的插班生</td><td>具有专业科学基础，但缺乏教育理论与实践和专业教学论的学习以及企业实践的锻炼</td></tr>
<tr><td>入职阶段的插班者</td><td colspan="2">具有专业科学基础，而缺乏职业性和师范性 / 教育性，需培养教育科学、专业教学论和企业实践等方面的能力</td></tr>
<tr><td>入职阶段的转行者</td><td colspan="2">具备职业技术能力，但缺乏学术性和师范性 / 教育性，需促进教育科学和专业教学论的学习</td></tr>
</table>

2）加强职教师范专业及院校建设，实施卓越职教教师培养

德国的教师教育强调职前的系统化培养，近年来也强调高质量及卓越教师的培养。一方面体现了系统培养的稳固地位，另一方面与时俱进，不断融入新的时代主题要求和提升质量。专门化培养的职教教师应是整个职教教师队伍的中坚力量，他们也是卓越职教教师的最主要来源。卓越职教教师要求系统化的阶段设计，分别和融合地促进“三性”能力。在学习地点建设上，加强专门的职业技术师范学校和学院建设，强化高校—职业学校—企业多元培养模式，优化专业建设以提升职业教育师范生的职业认同感、专业实践与专业教学能力。另外，就我国当前而言，职教教师培养仍是整个职教教师队伍建设的核心，需要在专业认证、培养标准、人才质量上进一步夯实基础，同时对于教师教育体系也需不断融入像课程思政、工匠精神、数字素养等时代主题的内容，打造一支稳固的高质量职教教师队伍。

3）设立专门的省市级别教育学院，实施职教教师预备教育

德国除了系统化的大学教育阶段的师资培养外，还需经历理论与实践融合的阶段，即至少 12 个月的预备教育。我国职教教师的培养体系也需进行系统化设计,除了职前培养和职后培训外,入职前的预备教育也尤为关键。我国基本是将未经任何师范教育的毕业生投入职业学校课堂，这种后置化培养（即在职培养模式）存在较多问题，一方面将尚不成熟或不合格的新

手教师投入课堂教学，无法保证教育教学质量，对职校学生产生的不利影响也是巨大的；另一方面教师日常事务较多，难以集中主要精力进行系统学习，也影响他们自身的在职学习和培养。繁重的工作任务侵害了在职学习的专注程度和自我提升，使他们疲于应付各类培训。如果这类培训在需求上和质量上存在缺陷的话，更是对教师的在职学习没有起到促进作用。教师自身压力大，也影响其职业认同及专业可持续发展。对于教师后置化培养来说，需要进一步加强其培养培训系统性，平衡工作与培训，保障入职与职后培训质量。

德国的做法是在职补充（职业）教育学的和（专业）教学论的资格，进行分阶段教育，职前培养奠定系统化的学科基础，入职后进一步发展教师角色，而作为旋转门的预备教育则是在州教育学院开展，结合专业知识与教育教学实践，提升教师实践能力。我国也可考虑集合高校、职校和省市教育学院的多方力量，加强预备期教育，使得实践锻炼与理论反思紧密切合。教育学院能够使得教师职前培养和职后培训相结合，完善整个师资培养体系。当前，一些地方如上海市教委与高校合作成立职业技术教师教育学院是个契机，为多方渠道来源的后备教师的系统化和专业化培养提供支撑。作为进入职业学校的前提，德国实施国家层面的教师考试制度，全面考核预备教师的综合能力，我国当前也提倡“完善职业教育教师资格认定制度，在国家教师资格考试中强化专业教学和实践要求”，需要进一步落实相关设计和实施。而我国职教教师资格考试的内容与形式也未完全体现职业教育的特色和教师教育的实践导向，“无论是考试环节还是考试内容，都与普通文化课的考核没有太大差异，没有体现出职业教育的职业性和实践性特点”[3]，这些都是需要改善的方面。

4）创新职后培训模式，加强职后培训体系建设

虽然德国更多的是将职教教师教育的重点放在职前阶段，但对于我国来说，系统化的职前培养较难。鉴于我国职教教师来源的特殊性，职后培训是提高我国职教教师职业能力的重要途径。“近年来，我国对职业学校

3 和震，杜小丽．美国与德国职业学校师资培养中的“三性”融合原则研究 [J]．教师教育学报，2021，8（2）：33-39.

教师职后培训投入了大量的人力和财力支持，但效果却不尽如人意。究其原因，可以发现，我国职教教师职后培训以理论知识为主，且内容大量重复，培训后也没有配套措施对培训效果进行评价，长此以往，培训成为教师要完成的指令任务而不是一种促进专业成长的学习，这样的培训其效果必然不理想。”[4] 因而，我国需要系统设计职前职后培养培训体系，依据教师的能力框架模型，分阶段补足教师在专业与职业技术、教育教学、专业教学方面的能力缺口。尤其需要注重教师理论—实践—反思的有序循环，促成教师专业化职业的发展。

德国职教教师因为具备系统化的职前培养，其中一般包含硕士毕业之前的学习课程和至少 12 个月的体现双元特点（实习学校＋州教育学院）预备期的培养，在职后的定位基本是与时俱进的补充性培训，正如教师标准中对其的定位是“教师这一角色的进一步发展”。德国职教教师进修教育侧重更加细致化的教育教学能力的进一步补充，例如，媒体发展、异质性班级、技术发展方面的进修。因而，我国在分析和借鉴德国经验时，不能仅仅同比性地只分析它的职业进修教育，正因为系统化的职前教育，使得它职后教育的定位和功能与其他国家有所不同。而对德国全链条的职教教师教育的观察，从中汲取有益经验，进而与我国职前或职后的需求进行比较，是开展比较研究时须注意的。

3. 培养模式打造上，多渠道多形式培养职教教师

1）采取相应促进措施，挖掘职教师资生源的新目标群体

我国职校教师也存在增量的问题，由现有的生师比可以看出：2020 年中等职业学校生师比 19.54 ： 1，与 2019 年的 18.94 相比，呈现上升趋势，需要加大教师补充力度。2020 年高等职业学校生师比由 2015 年的 17.77 ： 1 上升为 20.28 ： 1[5]，这表明，中等、高等职业学校教师数量需求也在持续增加。由近年来的教师数量发展来看，部分地区师生比有所扩大，

4 和震，杜小丽. 美国与德国职业学校师资培养中的“三性”融合原则研究 [J]. 教师教育学报，2021，8（2）：33-39.

5 2020 年全国教育事业发展统计公报 [EB/OL]. [2022-02-03]. http://www.moe.gov.cn/jyb_sjzl/sjzl_fztjgb/202108/t20210827_555004.html.

有的超过国家基本标准，在数量上仍需保障与补充。未来应按照各级各类职业院校师生比和结构要求配齐专业教师。

挖掘适宜的新目标群体。我国与德国同样面临专业化培养的师资少的问题，尤其在工科专业方面。因此需要有一系列的促进措施或项目，通过各学习地点的合作来培养后备教师力量。参考德国经验，对于吸引职教师范生源来说也可采取拓展性的相应措施，充分发掘不同渠道适合的职业教育师范生来源，如吸收乐教适教的优秀高职和职业本科毕业生，既打通他们进一步的升学渠道又可为职业院校培养具备职业教育特点的教师队伍。在入职与职后阶段也开放性地吸收相关专业科学大学毕业生和企业高技能人才等。

此外，针对不同背景来源的新进教师进行比较研究，包括从教动机、教师认同、基础能力、培训效果等方面进行探析，反思何种教育背景来源的教师最为适切，应补充哪些相适应的培养培训模块内容，在此基础上进一步针对性地改善教师教育与培训。

2）提升职教师资生源吸引力，保障职教教师的多方来源

职教师范生缺乏不仅是教师教育的问题，也是本身职业吸引力的问题，需进一步提升职教教师与其他类别教师以及与同类职业（如医生、律师、工程师等）的平等地位。德国职教教师与普教教师的培养培训结构类似，这也利于最终产生等值认可和归类。不仅与其他类别教师，与其他专业性职业（如医生、律师、工程师等）也等值，而这种等值性对于教师动机和质量来说都很重要。对我国而言，职教教师相对于普教教师来说，其地位和待遇还较为弱势，要求反而更高；相比于其他专业性职业而言，职前的系统培养缺乏，其专业化程度不够，总体来说吸引力不足。

为何需要提升职教师资生源的吸引力？一是本身职教教师本身的高要求："双师型""双专业"——专业科学与教育科学（对于德国来说是"三专业"，还有普教学科专业）、"三性融合"——学术性/专业性、职业性、师范性/教育性；二是教师本身是学术型职业：在我国，成为教师的生源普遍走学历道路，而学历型群体对作为另一类型教育的职业教育相对陌生，有较大的距离感，认同感不高，从而导致他们不太轻易转入职业型的教育轨道从事教育教学，而非像德国职教教师大多是职教毕业生通过学术教育走上教师岗位；三是学历型社会背景下的社会偏见：相比于普教，职教学

生及职教教师职业的地位不高。即使是具有专业科学背景的高校毕业生也更愿意投入普通教育的学科教学。

相应地，拓宽职教教师来源的具体措施包含以下几方面。

（1）吸收职业院校毕业生作为职教师范生源

在建设现代职业教育体系的背景下，继续求学的中高本职业教育毕业生也是本硕层次职教师范生的重要来源，而且是乐教适教师范生源的重要力量。这部分学生本身来源于职业类院校，对职业教育的类型特点、学生特征、课程与教学要求较为熟悉，具备相应职业技能，更重要的是对职业教育本身的认同感也是支持他们扎根职教人才培养的重要因素。但还需进一步系统化提升他们的教育教学能力和学术能力，以支持他们专业化的教学活动和持续的专业发展。

（2）大学向更多职业群体开放

行业企业的职业实践者 / 经验者 / 资格者 / 高技能人才也是职教师范生的适切来源。在德国，职业实践者或者职业资格者如果进入高校继续学习，一般采取职业伴随的大学学业形式。一方面保持在职业界的职业工作，保障其经济来源及与实践的关联；另一方面为提升职业与个人发展，进行大学学业学习。这种形式既发生在职业教育中也发生在职教教师教育中。这也意味着，可以设计适合这类群体的高校学习方式，例如采取半工半读的形式吸引这类群体在大学进行学习。在遵循高校既定的入学规定之外，为职教教师教育开设特别通道，如降低学历要求，而更加注重职业经验、实践背景，如《国家职业教育改革实施方案》（国发〔2019〕4 号）、《深化新时代职业教育“双师型”教师队伍建设改革实施方案》（教师〔2019〕6 号）中对于教师“企业工作经历”的强调。

（3）相关专业学科本科毕业生也是潜在目标群体

在德国，虽然专业科学毕业生缺少第二专业、教育科学、专业教学论的学习，但通过“桥梁学习”可以相应补充。而这部分专业科学毕业生更是我国职教教师来源的主要部分，也是需要通过招生宣传、入职引导、在职培养等针对性措施具体落实。

3）加强招聘需求与供给匹配度，提高专业对口就业率

德国教师招聘需求与师范生供给之间的不匹配，辍学问题是其中一个重要原因。对我国来说，虽然辍学并不显现为一个较大的问题（这也与各国的专业标准与考试要求相关），但专业对口就业率绝对是一个严重问题。我国职教师范毕业生的对口就业率最多只有百分之十几。为了提升专业对口就业率，需要建立专门研究机制，从政策（国家—地方）、市场（地方招考、学校需求）、培养机构（高校招生、培养过程、毕业要求等）、个人（意愿、能力）等各个方面厘清非对口就业的根本原因，是学习效力、职业动机、还是社会地位等外部原因等。针对这些原因，优化环境设计和提升对口从业意愿和能力，真正促进所培养职教师范生流入职业教育领域从事各项工作的比例。此外，为提高职教师范专业吸引力、显示教师贯通培养的优势、提升教师的专业化水平，职教师范生成为职教教师应有一定的鼓励政策，如在入职、晋升上具有相对于插班生的优先性。

4）依据培养目标和不同生源，创新丰富师资培养模式

总结德国职教师资培养模式和我国长期发展形成的职教师资培养模式（表9–2）可以看出，职教师资培养模式中被大家普遍认可的一些维度要求：对职教教师的资格要求主要体现在专业学科、职业领域、教育教学三个方面，有些模式虽然表述不同，但目标指向最终还是这三个维度，并最终体现为教师资格证书的获得；在职教师资的生源选择上，我国职教师资培养的对象主要是以普高或职校的中学毕业生为主，也有一些地区尝试招收高职相关专业毕业生进行师范专业培养，德国职教师范生源则要求具备至少一年企业实践经验，既包含职校毕业生，也包含工作若干年的专业技术人员；在培养机构上，我国以师范院校和综合高校为主，德国第一阶段是在师范院校进行，第二阶段在州教育学院进行；在培养内容上，我国根据职业教育教学需求设置了涵盖专业类、实践类、教育教学类等的课程，强调学生学术能力、职业技术能力和师范能力的综合发展，德国则分不同阶段进行促进，最终实现融合。

职教师资培养因其对教师的资格要求、生源、机构、内容的不同而形成了各具特色的多样化模式。从专业科学的视角来看，职教师资培养模式大致可以归纳为以下三种。

（1）工程科学专业的培养模式

该模式是我国的普遍模式，也部分地存在于德国某些州。职教师资的

表 9-2 德国、中国职教师资培养过程比较

维度＼国家	德国	中国
培养生源	至少有一年企业实践经验，含学校毕业生、专业技术人员	普高或职校学校毕业生
培养机构	大学阶段：师范学院或普通大学职教学院；预备阶段：州教育学院	职业技术师范学院或普通大学师范学院，专业学院
培养内容	专业科学、教育学、专业教学论、教育实践	专业科学、教育科学、职业技能训练、教育实习
资格要求	硕士学历、通过国家考试获取教师资格	本科及以上学历、教师资格证书

培养挂靠（或合并）于工程师培养的专业，职教教师的专业科学内容等同于工程科学的专业内容，同时补充一些教育教学类课程。从整体来看，职教教师的专业内容从属于工程师的专业内容，是其子集。

（2）职业技术专业的培养模式

该模式将职教教师所需学习的专业科学作为独立的职业技术学，该科学与工程科学是交叉关系。德国职教师资培养机构将职业技术学作为“面向教学的专业理论”来看待，由职校学生未来职业工作和教师教学工作的视角出发，将专业科学的内容进行重新组织和取舍。职业技术专业不是相关工程专业的“子集”，而是一个与相关工程专业有“交集”的另一个集合。[6] 但职业（技术）学创立本身遭遇许多现实问题，目前也只是德国一些高校职教师资培养的创新思想。

（3）以应用技术科学为基础的培养模式

该模式以应用型专业的毕业生为主要生源，依据其所学的应用技术内容及实践，在此基础上补充职业教育所需的教育学内容和专业教学的综合内容。该模式在德国硕士层次的职教教师培养和我国本科层次的“3+2”职教师资培养模式中都进行过尝试，并且实践证明是一种可行的模式。考虑

6 徐朔．德国职业教育教师培养的历史和现状 [J]．外国教育研究，2004，31（5）：56-59.

到纯粹专业科学缺乏职业技术人员所需要的职业性、实践性，该模式一方面解决了工程科学与职业学校职业技术内容之间的落差，而采用了介于两者之间的应用技术内容；另一方面也提高了生源质量，解决了职教师范生对职业教育的认同和在职业教育领域发展的问题。该模式作为一种折中和可行模式应在我国职教教师教育中进行尝试和推广。

5）依据职教教师成长规律，分阶段促进教师综合能力

针对职教教师专业的复杂性，构建与完善具有职教教师特点的教师教育体系。一方面，完整的职教教师教育需要分阶段进行，专业学习、教育课程、职业经验的获得都是其中必不可少的阶段，单单靠大学阶段不能实现所有的能力目标。职教教师在专业性、师范性和职业性上都有相应的资格要求。另一方面，职教教师教育基本上都是在生源具备相关的实践基础上再进行定向的教师培养，这也引发我们对职教教师培养模式改革和对职教师资培养有效性的思考。适合的生源的吸引与选择、培养院校与企业、职业学校协同培养机制的建设、多层次多样化多规格的培养模式的创新等，是职教教师教育统筹设计的重点。因此，系统地构建针对职教教师特点的教师教育体系已成为我国的职教教师教育的急需。

德国职业学校教师的培养周期相当长，除了职业准备阶段，还包括大学学习阶段、预备阶段和职后培训阶段，在成为职业学校教师之前，其职前培养时间为至少1年企业实践，至少5年的大学教育期和1~2年的预备期，总共需至少7~8年。作为学校偏重理论的教师，德国职教教师职前培养较为系统化，以期通过职前培养就已经成为合格教师、进入职业学校进行正式教学。另外，德国职业学校教师学历要求必须是硕士毕业，且通过国家考试，不同培养模式都离不开这一要求，否则不能进入职业学校正式任教。这一方面体现了职业学校师资准入的严格性，另一方面也体现了其“封闭性”[7]。德国专业化职教师资培养模式对于其他国家来说，虽然具有一定的启示作用，如强调专业化师资培养的过程，但很难在其他国家照搬和实现，

7 和震，杜小丽．美国与德国职业学校师资培养中的“三性”融合原则研究 [J]．教师教育学报，2021，8（2）：33-39.

如我国职业教育和职教师资职业本身缺乏一定的吸引力，当前的职教师资培养模式具有较大的开放性。

为真正成为“三性”融合且具备双师素质的职教教师，需分阶段促进以下三方面的能力，且需将其结合。首先，企业实践经验的积累。我国近年的政策文件也在强调行业企业经历的优先性，这也是我国职教先贤早就认识到的规律，如陶行知在一百多年前就提出“经验”相比于“学识”和“教法”的优先性。同样，这也是德国职教教师教育中较为注重的前提条件。在行业企业经历的基础上进行师范教育是否能更有效地培养教师，是新时代职教教师教育需深入思考和实践的重要方面。其次，专业能力 / 学术能力的促进主要体现在专业科学知识的学习和积累，这也是首先应当培养的，无专业科学基础则缺乏“教什么”的基础，无法为“如何教”奠定基础。再次，师范能力的提升，尤其体现在教育教学能力的培养方面，同时结合专业科学知识与职业技术知识，培养具有融合性的专业教学能力。

6）加强教师教育的实践导向，塑造教师双实践能力

德国职教教师在职前就完成了完整的教师教育，相比而言，我国职教教师的职前教育似乎是可有可无的，只要达到相应的学历要求、凭借所学的专业科学即可以进入职校，再通过入职和在职培训等补充形式的非系统化培养成为职校教师。教育教学和企业实践方面的要求虽然是入职优先考虑的条件，但不是硬性的规定。德国职教师资培养重视对职教教师的实践要求，注重未来职教教师的双实践能力，即教育教学实践和专业实践能力的培养。

教师的实践能力，包含教育教学实践和职业工作实践方面能力的形成和增长，是职教教师教育的主要目标，也是成为职教教师的最重要条件。在另一些国家，如北欧国家、新加坡等，具备企业经验是职教教师培养培训的前提条件。诸多职业教育发达国家的职教教师职前培养都体现了明显的实践导向性，而我国教师的职前教育在大学阶段却过多参照了理论导向的教育与考核模式，在教师入职后再进行实践经验与能力的补充与促进，导致教师教育的有效性受到质疑。

总体而言，第一，职教教师教育基本上都是在生源具备相关专业实践的基础上再进行定向的教师培养。适合的生源的吸引与选择，培养院校与企业、职业学校协同培养机制的建设，多层次、多样化、多规格培养模式的创新等

是职教教师教育统筹设计的重点。第二，职教教师实践能力的提高，尤其是当前较为缺乏的职业技术实践能力的促进，可考虑通过企业实践、项目实践等方式解决。近年来，我国职教教师的政策文件中也极为重视教师企业实践能力，当前更需高质有效地落实企业实践和教学转化。第三，各国对职教教师在专业性、师范性和职业性上都有相应的资格要求，我国也应当对教师个体和群体同时加强三方面综合资格和能力的培养，同时注重这三者融合。教师教育中的实践导向，或者称为理论伴随性的实践导向，是我国职教教师教育中尤其应加强的方面。

7）实施师范教育专业认证，人才培养遵循专业标准

德国职教教师培养需进行专业认证，以保证毕业证书的有效性和等值性。具体在培养过程中，需遵守各种既定的培养标准。我国职教教师培养在人才培养标准制定方面近年来也不断发展和完善，如教育部印发的《中等职业学校教师专业标准（试行）》、教育部教师工作司印发的《职业技术师范教育专业认证标准》、教育部办公厅印发的《中等职业教育专业师范生教师职业能力标准（试行）》等。这些标准对培养合格职校教师、保障职教师范专业建设和师范生职业能力提出了明确参考。相比而言，由于职业教育的专业领域众多，仅有普适性的一般职教教师标准还不够，我国还缺乏对于专业科学（含企业实践能力）[8]和专业教学论方面的专业领域特定标准，才能保障各专业领域职教教师培养过程的专业实践能力和专业教学能力，发挥专业/职业科学理论与实践的核心作用。

二、专业科学教育层面

1. 主导理念建设上，学术性与职业性并重

在高等教育普及化背景下，传统大学也好，新型大学也罢，无一例外地要经历“学术漂移”和“职业漂移”两个转化。“学术漂移”即定位于职业技术教育的大学向“学术性”的挪移和靠近；“职业漂移”即定位于

8 谢莉花，陈慧梅，唐慧. 职教教师“双师素质”形成的另一基准：学科专业标准的缺位与反思 [J]. 职教论坛，2020，36（5）：97-105.

学术研究教育的大学向“职业性”的挪移和靠近。“学术漂移”与“职业漂移”之下的职教教师教育何去何从？引领职教教师教育的“专业性 / 学术性、职业性、师范性 / 教育性”是职教教师教育的一般理念，在德国高质量、系统化的职教教师教育中也体现得尤为充分。在整个教育过程中，教师教育体系的整体设计得以体现：职业准备阶段因为要求具备企业实践经验首先实现了“职业性”；高校学习阶段体现“专业＋教育＋专业教学”三个板块的能力培养，从而实现了专业性 / 学术性、职业性及师范性 / 教育性“三性”融合；预备期阶段是“三性”融合的深化；职后阶段则是“三性”融合的贯彻实施。具体而言，各个阶段分别体现“三性”，最终又实现了融合。

在学术性上，德国职校教师需经过大学与预备阶段两个阶段至少六至七年的教育，获得硕士学位。在此过程中，专业科学、专业教学论及教育科学在理论上都应达到相应的学术要求，最终通过硕士论文的综合训练而具备系统的学术化能力。基于这些坚实的理论基础，更能为专业化的职业奠定学术基础，并通过实践及反思成为专业化人员。在职业性上，德国职教师范生在进入师范专业前大多具备企业实践经验，并通过学术教育将职业性与学术性进行结合，最终反映在教师的专业教学能力上。

就专业科学而言，德国职教教师教育也体现了学术性与职业性的结合，一方面他们必须在大学学习某一专业领域的专业科学知识，另一方面他们也具备某一职业领域的职业实践知识。这两方面是与第三性“师范性 / 教育性”结合的前提。一般而言，在具备专业科学理论与职业实践的基础上展开教师教育，更符合职教教师成长的规律。相比而言，我国院校来源的职校教师一般只满足了专业学科的毕业要求，即学术性 / 专业性，而职业性一般在职后通过企业实践进行专门补充，师范性则主要依靠教学过程中的自身教学经验积累，而“三性”之间的融合更多是依赖教师自身的加工和联结。因而，对于大多数职校教师来说，如果未经系统化的师范教育，“三性”能力的获取是较为零碎的，“三性”之间的融合更是需要依赖自身去建立。对于职教师范的毕业生来说，一方面入职职校的比例不高，另一方面，其职业性仍然不足。对于企业来源的职校教师，一方面转型存在较多障碍，比例也同样不高，另一方面，更多作为实习指导教师而聘用，学术性不足。因而，总体来看，我国各条来源的职校教师在学术性和职业性上均存在短板，而且两者存在分离，教师需要花更多的时间来建立两者关联，达成一体化能力。德国将企业经验作为职教教师培养的前提条件，即在具备企业实践的基础上（或者招收优秀的职教毕业生）再进行教师教育或培训，是否更有助于专业科学的学习以及将“三性”更好地融合、更加符合职教教师的能力构成需求，也为我们提供了反思与启示。总体上，德国职教教师教育首先在专业知识领域上体现了职业性与学术性，也体现了专业实践与理论的结合与融合，从而为师范教育提供了重要基础。

当前，有观点认为，职教教师去企业实践是个伪命题。企业以生产效益为主要目标，教师去实践收获有限。我们认为，企业实践有必要，但更需明确企业实践的能力目标，以及将这些企业实践能力转化为专业教学能力，突出实践最终产生的教育属性和价值才是最重要的。德国的经验也表明，作为未来职业学校的教师，其企业实践经验（或职业（教育）经历）是必要的，当然更重要的是在此职业性基础上生成学术性、师范性能力。

2. 专业标准建设上，奠定教师专业教育基准线

当前，深化职业教育教师、教材、教法的“三教”改革是下一阶段职业教育教学改革的总体方向。教师作为其中的核心主导人员，其知识结构及质量高低对改革成败起着关键作用。推动职业教育“双师型”教师队伍建设改革具有多方面的任务，其中具有引领性的是“完善教师专业标准体系”。“教师标准是对教师素养的基本要求。没有标准就没有质量。”[9]我国在2013年已经发布了《中等职业学校教师专业标准（试行）》（下文简称《教师专业标准》），其中对合格的中等职业学校教师专业素质作出了基本要求。该标准是中等职业学校教师开展教育教学活动的基本规范，是引领中等职业学校教师专业发展的基本准则，是中等职业学校教师培养、准入、培训、考核等工作的基本依据[10]。该标准从“专业理念与师德”“专业知识”“专业能力”三个维度对合格职教教师进行了描述，可以将其理

9 教育部等四部门. 教育部等四部门关于印发《深化新时代职业教育“双师型”教师队伍建设改革实施方案》的通知 [Z]. 教师〔2019〕6 号，2019-09-23.

10 教育部. 教育部关于印发《中等职业学校教师专业标准（试行）》的通知 [J]. 师资建设，2013（11）：17-19.

解为教师专业的一般标准，作为制定教师专业标准体系的引导性和基准性标准[11]。但仅有该标准还远远不够，尤其对于培养各行各业职业技术人才的专业教师或“双师型”教师来说，其专业性或职业性的要求体现得还不充分。《深化新时代职业教育“双师型”教师队伍建设改革实施方案》（下文称“职教师资 12 条”）也提出“建设分层分类的教师专业标准体系”“建立中等和高等职业教育层次分明，覆盖公共课、专业课、实践课等各类课程的教师专业标准体系”。[12] 因此，对于专业教师来说，还必须有针对其学科专业知识的专业标准，以体现各个专业领域对教师专业科学知识体系上的特殊要求。该知识体系要求包含专业知识与专业教学知识两方面的内容，可称之为职教专业教师的专业要求；而教育教学方面一般、共性的内容则已经由《教师专业标准》所规定。[13]

职教教师的来源一般为相关学科专业的高校毕业生、企业实践人员或职校毕业生。其中，高校毕业生是职教教师来源的主体，但这些教师在大学所学的专业科学是否就是职业技术人才所需及职业院校所教的学科专业知识？为什么近年来职业院校的工作导向或实践导向的课程改革落不到实处？为什么近年来极其强调教师的企业实践技能？“职教师资 12 条”甚至提出，“自 2020 年起，除‘双师型’职业技术师范专业毕业生外，基本不在从未具备 3 年以上行业企业工作经历的应届毕业生中招聘，特殊高技能人才（含具有高级工以上职业资格或职业技能等级人员）可适当放宽学历要求”。[14] 可见，“职业技术”“企业工作经历”“高技能”对于职教教师的双师素质发展尤为关键，这都凸显了大学传统经典的专业科学与职业院校所需的学科专业知识存在差距，因此需要探索一种基于职业能力的职业教育特有的学科专业知识结构。

---

11 《中等职业学校教师专业标准（试行）》从素养、知识、技能三个维度将合格教师的工作分为 15 个领域：职业理解与认识、对学生的态度与行为、教育教学态度与行为、个人修养与行为、教育知识、职业背景知识、课程教学知识、通识性知识、教学设计、教学实施、实训实习组织、班级管理与教育活动、教育教学评价、沟通与合作、教学研究与专业发展。

12 同 9。

13 由此，这里的专业要求与《教师专业标准》中关于专业的指向并不一致，前者指的是专业教师所教所学专业的专业科学领域的内容，后者指的是教师作为一门专业化职业。

14 同 9。

可以看出，无论是从教师队伍建设实践还是从教育教学改革实践来看，职教教师在各专业领域上的专业要求的制定是必要的，它决定着专业教师在专业上的素质要求，而教师的专业教学能力也正是在此基础上发展起来的。很难想象，仅有教学技巧而无学科专业知识的教师如何能够传授给专业工人必需的技术技能。因此，各个专业领域教师队伍的专业建设及教师教育中专业要求的确立是至关重要的。

3. 课程内容建设上，打造特色性“三性”融合课程

相比较而言，在专业科学、教育科学及专业教学论三大领域的课程中，中德两国都较为重视专业科学与教育科学的建设，两大领域各成体系。具体而言，专业科学（如工程科学）、教育学课程、教育实习类课程都是职教教师教育的固定组成部分，而两国的差异在于，联结专业性 / 学术性与职业性的职业科学课程以及联结职业性与教育性的专业教学论（或称为职业教学论）课程。

相比于普通教育的学科知识与学科实践而言，职业教育的学科知识与学科教学知识要复杂得多。在学科知识方面，普通教育的知识基础较为明晰，其研究也较为成熟；但对于职业教育而言，各个专业领域的学科知识尚未发展成熟，除了显性的工程科学知识及工作知识外，还有大量隐性的经验性缄默知识，这要求职业科学的进一步发展。在此基础上，才能进一步发展学科教学知识。相比于普教而言，其教学简化的对象要复杂得多，是需要对职业情境中的职业活动进行简化。只有发展好职业教育独特的学科知识，才能更好地发展专业教学的知识，这两者是职教教师教育中的重难点。

1）职业性专业课程

德国职教师资培养总共只有 16 个专业，而这些专业与工程专业或其他学科专业不同，它们是职业性专业，是依据职业教育的职业领域而设定的，具有专业面的覆盖性和专业方向的实践导向性。如电气电子职业性专业涵盖了电气电子职业领域的所有科学内容，以便为该职业领域的职业教育做准备；而我们国家的职教师资培养的专业依据的是各专业的学科体系，划分较细，覆盖面有限。

首先，专业覆盖面应面向职业活动领域。由于较宽的专业覆盖面，德国职教师资专业也分为若干方向，但其方向划分不是按照学科方向来划分，

如我国职教师资电气专业基本按照电气技术、电子技术、通信技术、自动化技术等学科分类来划分，而德国职教师资培养的专业是按照职业活动领域来划分方向，如电气电子专业划分为“生产与过程设备的技术和工作”“房屋与楼宇设备的技术和工作”“服务与支持方面的技术和工作”三个专业重点 / 方向。这三个重点 / 方向对应了三类较宽的应用领域，例如各项电技术，含强电、弱电、信息、通信、自动化技术等，都一体化地融入各个应用领域，而不是各自分割的。以职业工作领域的应用与需求为导向的专业方向划分符合职教教师未来的专业 / 职业教学要求，也是我国职教师资专业及专业方向设置可考虑的方面。

其次，课程设置应具有职业技术特色和职业教育特色。除了部分的工程 / 专业技术特点和一般教育的特点外，职教师资培养中一部分针对职教师资的特色课程应体现很强的职业技术特色和职业教育特色，职业性专业课程的培养目标及其课程内容应体现将大学的科学知识和实践内容与职业工作世界和职业教育世界的内容与实践结合起来，教会未来职教教师如何更好地适应与设计未来的职业工作世界和职业教育世界的能力。

再次，课程内容的选择应突出实践性和应用性。反思我国职教师资培养中的专业科学，内容虽然不仅有基础性和理论性的，也有应用性的和实践性的，但较为繁杂，研究性内容较多，结构比例不合理，所占学时较多，系统性关联性不强，因此也挤占了对于职教教师来说真正切身相关的专业内容。而对于职教教师未来专业教学工作直接有影响的却是一般的专业基础性和应用性知识以及职业技术知识。因此，职教师资培养中专业科学内容的广度与深度是设计职教教师培养内容及其比重时需要考虑的重要问题。德国职教师资培养中以专业科学基础及其应用为主，再设置一定比例的专业选修内容，是可以考虑借鉴的做法。

当然，专业科学 / 工程科学也是职教师资培养中的重要内容，在一定层面也是不可或缺的，只是按照德国职教师资的培养阶段来看，它的培养大部分在学士阶段已经完成。其专业科学课程主要涉及专业科学基础性和应用性内容，如数学基础、电气电子技术基础、信息技术基础、电气电子技术运用、信息技术运用、电气电子和信息技术在特定领域的应用等。这些课程具有基础性、宽广性和应用性特点，为职教教师未来所面向的专业领域和职业领域提供了广泛的专业基础和实践应用基础。

2）职业科学课程

德国职教师资培养中职业科学课程的框架与内容，为我国职教师资培养突破传统专业科学模式、构建职教师资特色的专业科学提供启发。德国几所改革型职教师资培养机构的方案中，除了必需的专业科学类与职业教育学类课程外，还增加或融合了职业科学类课程。我国职教师资培养的模式一方面也可以遵循大学教育的一般专业要求，另一方面也可以在此基础上有所突破和改良，使得所培养的职教师资既能达到大学教育的一般目标，也能更加适切地满足职业教育对师资提出的专业化要求。

因此，建议在课程体系中增加职业科学类课程的框架与内容。通过缩减与归并原有的各门专业科学理论和实验课程，增加专业相关的职业科学类课程。该类课程的设置是为了使职教师资掌握本专业相应职业领域的职业技术理论、实践及方法，包括专业相对应职业的历史与发展、职业工作研究理论、职业技术实践、职教课程开发与评价、职教教学理论与实践、教学环境与媒体设计、专业项目设计等具体课程。

为保障该类课程的开发与实施，需在人员配备、实训条件和教材开发等方面进行重点建设。首先，职业科学类课程的设计、实施和评价需要由高校教师、职业学校教师和企业师傅／技师或行业专业人员共同参与合作完成。高校相关教师也应当在职业理论和教学理论方面以及职业学校和企业的实践方面进行进修。职业学校教师和行业企业专业人员应作为职教师资培养的兼职教师参与某些职业科学类课程或主题的教学开发、实践和评价。其次，高校职教师资培养的实训室建设应面向行业企业的应用领域，形成专业实践型和专业教学型的一体化实训场所，促进未来教师的“双师”能力。再次，重点开发职业科学类课程的教材。传统的专业科学类和职业教育类课程教材的建设已相对成熟，职教师资培养中尤其缺乏具有职教师资特色的专业科学和职业教学论教材，因此，为保障职教师资培养的专门化，该类课程教材的进一步研究与开发也是提高职教师资教育专业化水平的重要方面。[15]

15 谢莉花，苗耀华．职教师资培养的职业科学和职业科学课程探析：基于德国职业教育的经验 [J]．中国职业技术教育，2016（35）：5-13.

3）专业教学论课程

德国职教师资培养中的专业教学论课程安排在专业科学、职业科学和职业教育学基础内容之后，主要涉及职业性专业的教学论与课程、职业性专业中的工作与技术和专业教学论项目。它是职教师范生所学各门课程内容的集中应用领域，也为培养未来职教教师的专业教学能力奠定了基础。

专业教学论课程集中反映了职业技术、工作和教育的相互关联，并落脚在专业教学上。同时，该课程针对的是专业教学中的实践问题，体现了理论实践一体化的思想。与我国当前已有的专业教学论课程相比较，一方面，我国职教师资培养已经认识到专业教学论课程的重要性，但其内容大多还局限在课堂教学法层面，与职业世界还未建立紧密的联系；另一方面，我国职教师资培养中的专业教学论课程与职业教育的理论与实践、专业科学的理论与实践之间的关联还未建立，与专业教学实践，如教育实习之间的关系也较松散，在实践基础上进行的伴随性研讨和反思也没有得到规范化的设计、实施和评价。这也意味着，专业教学论课程的内涵和内容还有待开发。

（1）专业教学论的归属与定位

如果说工程科学的大学学习主要是为未来工程师的工作做准备，那么，职教教师的大学学习也应为未来职教教师的工作，即职业教育教学的行动领域做准备。职业教育专业教学论涉及各专业领域的专业科学/职业科学及教育科学的内容及问题，起着跨学科的桥梁作用。在对专业教学论尤为重视的德国，除了理论层面上可考虑将专业教学论进行独立设置外，在实践层面上，教学论的归属主要存在以下两种形式：一，专业教学论归属于相应的专业科学之下；二，专业教学论归属于教育科学之下。在这两种形式中，专业教学论与教育科学或专业科学的关联在机构设置上应有所保障，如在大学设立教学论中心。[16] 由于各专业领域的专业教学论首先基于专业科学理论与实践，因其不同而不同，因此，将专业教学论归属于专业科学之下更为合理和可行，且需要既具有相关专业背景又了解职业教育教学特

16 Petersen A W. Berufs-und Fachdidaktik Elektrotechnik im Studium von Berufspädagogen[M]// Lipsmeier A，Rauner F (Hrsg.). Beiträge zur Fachdidaktik Elektrotechnik (Beiträge zur pädagogik; Band 16). Stuttgart：Holland & Josenhans，1996：123-136.

点的教师或教师团队才能胜任该领域的教学。

职业教育专业教学论与相应的专业科学之间联系较为紧密，它也是联结专业科学与教育科学（职业教育学）这两门学科的纽带，是研究专业及职业知识在职业教育领域进行教育教学的科学。专业教学论课程是职教教师所学各门课程内容的集中应用领域，也为培养职教教师专业教学能力提供课程基础。

据此，职教教师教育的核心内容可概括为两个领域：专业科学及其专业教学论和教育科学。其中，专业科学及其专业教学论领域所包含的理论与实践内容所占的比重至少为一半以上，专业教学论也不再是原先归属于教育科学领域的“教材教法”等普适性、无职教特色的内容，而是与专业/职业内容紧密结合的具有职业特色和职业教育特点的内容。职教教师进修教育的核心也应是集聚与融合专业理论与实践以及教育理论与实践的专业教学论知识，兼顾职业教育领域教育教学理念与方法的更新以及职业技术与工作内容的发展。

我国职教教师教育大多采取的仍是加法式的课程模式，即专业科学课程加教育科学课程。近年来随着职业院校教师素质提高计划的实施，职教教师培养培训机构越来越重视教师教育中专业教学类课程的开发与建设，使得专业科学课程与教育科学课程能够联结起来，促进职教教师的专业教学能力。尽管专业教学类课程在开发与实施上均取得了较大进步，但在传统的学科课程模式下，未来职教教师或是仍处于学科教学的视角下，利用教学简化的手段将专业科学内容进行简化后传授；或是丰富课堂教学层面的教学方法，如行动导向教学法，来促进知识的传授，提升学生的综合能力。对于职教教师来说，除了专业科学知识外，系统化的工作知识尚处于通过企业实践方式的补充之中。专业教学论的真正内涵、对象与内容的认知、理解与应用还需在当前普遍流行的专业教学法的层次上得到提升。

（2）专业教学论的能力目标与内容结构

专业教学论的能力目标与内容结构可大致划分为以下八个课程模块。

模块一：某职业领域内工作、技术和职业教育的发展。该模块作为导入模块，首先介绍专业教学论的主要研究对象：职业工作、职业技术与职业教育三者之间的关系，为之后的模块学习提供一个基本导向和整体框架。

模块二：职业工作研究工具和方法及某职业领域内的职业资格研究。该模块从职业教育的源对象，即职业出发，介绍职业工作研究的方法论，即如何发掘工作世界的职业资格和要求。该模块为模块七的教师企业实践提供理论基础和方法指导，也可与模块七共同实施。

模块三：职业教育专业（群）的校企合作及相应课程的开发与评价。该模块建立在模块二的基础之上，即在获得了职业资格与要求之后，解决如何将这些资格要求转变成相应的课程内容，如何评价和完善现有课程以及在学校教室、实训室和实习企业等学习地点如何分配和组织课程内容的问题。

模块四：某职业教育专业内工作相关地设计课堂教学。该模块紧接着上一模块，涉及开发后的课程内容的具体实施、如何设计成各个教学单元、教师之间如何就这些教学单元进行分工合作以及如何行动导向地实施教学等。该模块也可以与教师的职业学校实践部分（即模块八），联系在一起共同实施。

模块五：依据培养要求与教学理念相应地构建教学环境。除了对课程与教学内容及方法进行准备外，课堂环境的设计，教具、教材和教学软件的开发等，对于高效的教学实施来说也是不可或缺的，教师也需为课程的实施准备和构建相应的硬件和软件设施。

模块六：综合项目设计。该模块需职教教师能够独立设计与实施某个专业项目，以便他们在之后的职业教育教学中也能够指导学生进行专业项目的计划和实施。面对未来发展中不断涌现的包含新技术和新工作要求的新内容，教师需能够借助专业项目的锻炼来应对未来未知和多变的学习对象和情境。此外，项目内容也可与企业、学校和其他机构的需求联系起来，为这些机构提供创新项目的专业支持，如引导学校进行专业课程改革，为企业提供技术支持等。

模块七：某职业领域的企业实践和职业工作研究。职教教师，尤其是年轻教师，除了在继续教育阶段进行企业实践的补习外，职教教师大学培养阶段也应当利用时间参与企业的工作实习实践、从事相关的职业工作、进行工作内容和工作过程的调查和研究。具备与企业接触的初步经历后，他们在以后的生涯发展中也才知道该如何与企业及职业工作交流。企业实践工作和工作过程研究对于职教教师来说尤为关键。教师如果没有充分的企业实践与工作知识，工作过程导向的课程开发和实施都将难以进行，学校专业教学与企业工作要求之间的鸿沟也将一直存在。

模块八：职业学校某专业的教育教学实践。职业学校作为职教教师未来的工作地点，他们应尽早熟悉和胜任学校的教育教学工作。通过教育教学实践，未来教师能够将所学专业理论与教育教学理论进行应用，促进他们专业教学能力的进一步提升。[17]

4. 基准学科建设上，夯实职教教师教育学科基础

职业教育是基于职业知识的，而专业教育是基于学科知识的。尽管随着科学知识在实践中的应用越来越深入，技能型人才工作时所需要应用的科学知识越来越多，但他们在工作时所应用的主要还是工作实践产生的职业知识，即使需要应用科学知识，这种科学知识也是已经在实践中通过应用获得了功能的知识，是实践性科学知识。而一般专业人才工作时所使用的知识主要是直接的科学知识，他们的工作内容本身，就是综合应用科学知识获得符合科学原理的方案。两类人才工作时所依据知识的不同，导致了他们培养方法的根本性不同，即职业教育人才培养的逻辑起点是职业对人的要求，而专业教育人才培养的逻辑起点是科学知识及其应用策略。[18]

职业科学是关于职业技术人员所需的工作过程知识体系，是职教师资培养的核心内容。职教师资培养中也只有确立了这样一门专业科学，才能在此基础上进行教学论以及职业教育学的学习与研究。职教教师只有理解和掌握了教学对象（即未来的职业技术人员）所需的专业知识和技能，才能有针对性地合理地传授给他们，以保证他们在从业时能够胜任职业工作并且能够设计性地创新工作。当前我国许多职业学校都在进行“工作过程系统化课程”的改革，但职教师资培养中的专业课程依旧是简化的工程科学课程。即我国现有的职教师资专业培养处于一个窘迫的境地：一方面在大学学习的是工程学科内容，另一方面在职业学校面对职校学生又应该去传授职业学科内容。依靠掌握工程科学以及补充的一些教育学、教学法知

17 谢莉花. 职业教育专业教学论刍议 [J]. 职业技术教育，2017，38（31）：8-12.

18 徐国庆. 什么是职业教育：智能化时代职业教育内涵的新探索 [J]. 教育发展研究，2022，42（1）：20-27.

识的教师来进行工作过程导向的教学势必遭遇较大的困难与问题，因此在职教师资培养的专业技术教学中应摒弃以往纯粹的工程培养模式，职教师资培养中专业科学的改革势在必行。而关于职业科学在我国的发展研究，国内职业教育领域的学者主要是对德国职业教育领域中职业科学的发展进行诠释和引申，如姜大源提出，在深度的职业研究基础上，创建职业科学的学说以及与之紧密相关的职业教学论思想，为职业教育研究开拓了一片新天地；同时指出，职业科学作为一门新学科，是职业教育作为不同于普通教育的另一种类型教育的基准科学[19]。

职业科学是以职业为研究对象的科学，它源于人类日益复杂的社会分工所产生的多层次、多类型深化发展的职业世界对其本身发展规律与实质探索的需要。随着各学科对职业内容的不断深入挖掘，职业科学的概念也越来越多地出现在一些学术研究探讨中。我国对职业科学的一般理解是，它隶属于社会科学，借助于心理学、社会学、经济学等领域的研究方法，以职业及其相关问题作为相对独立的研究对象，是职业研究相关学科的集成和总称。我国的职业科学概念除了对国外职业教育界职业科学概念的吸收与理解外，主要是由人社部门从就业管理实践的角度提出。随着对职业教育逻辑起点的追寻，职业教育界也开始从最初在教育体系内思考和解决职教发展困难与问题的局限性中走出来，转为同时注重对职业分类与标准、职业活动规律和职业技术人才成长规律的研究，开展职业领域内的科学研究。

其中与职业教育较为相关的方面，一是人社部门对劳动力市场中劳动供给与劳动需求的相互作用的职业研究，二是职业教育部门对于职业教育、它与其他教育领域以及与职业体系之间的关联性探索。人社部门的职业研究对于所有其他研究领域来说是基础性的研究内容，而职业教育部门的职业研究则一般是作为职业教育研究领域的一部分。

职业研究领域对职业科学的研究主要涉及两种思潮：一种是基于社会科学定向的职业研究，主要是围绕职业的结构及其对个体和社会的价值进行研究，其典型的研究领域包括职业声望、职业道德、职业角色和职业功能描述以及关于职业特征的思辨等。另一种是基于教育科学定向的职业研究，即职业教育学

---

19 姜大源．基于职业科学的职业教育学科建设辨析 [J]．中国职业技术教育，2007（11）：8-16.

指向的研究，主要是围绕职业的工作来研究职业工作（劳动），将职业研究看做一种如何使个体掌握特定的职业能力或获取特定的职业资格的科学。[20]

由此可以发现，我国与德国在职业研究和职业科学研究上都存在两个视角，一是就业管理视角下对职业结构与内容的广泛基础研究，另一个是在特定学科视角下对职业某方面的特殊研究，例如职业教育学视角下对职业工作、职业资格、职业能力的研究。

职业教育的培养对象是职业技术人员，而非工程师，则职业教育相对应的职业研究就是对职业技术人员职业的研究，其中又以职业技术人员实际从业中所需的知识、技能和能力为重点研究对象。与职业相关的知识体系能不能构成一门科学，职业可不可以建立自己的学科领域，这一问题随着经济社会的发展、人们对职业研究的进一步深入，越来越引起社会各界的普遍关注。与工程师培养所对应的工程科学不同，职业技术人员培养所对应的专业科学还未建立。面对众多的职业和职业领域，职业教育缺乏一个与之对应的具有其自身规律和特色的基准科学，以至于在目前的职业教育实践中，不得不将职业教育的专业教学建立在与其名称一致、相近或类似的专业科学的基础之上。[21] 因此，在当前职业技术人员的培养中，所传授的内容大多是作为替代的工程科学的简化内容。如果说中学的普通文化课程，如数学、语文等是建立在数学科学、汉语言文学等基准科学基础上的话，则争议不大；而如果说职业学校的机械课程、商贸课程也是建立在机械工程科学、经济学等基准科学基础上，则需要进一步思考，因为工程师、经济学家的科学基础与技术工人、商贸专业人员的科学基础并不完全一致。因此，单独研究职业及职业科学的知识体系就成为必要。

如果说专业对应的科学称之为专业科学，那么与职业教育的专业——教育职业——相对应的科学就可称为职业科学。[22] 总体而言，职业科学是系统研究技术工作实践者（技术工人、技师和技术员）所需能力的科学，是职教师资培养的基本专业内容。在学科性质上，职业科学是将专业工作、

---

20 中国就业培训技术指导中心组织. 职业概论 [M]. 北京：中国劳动社会保障出版社，2009：1-4.

21 同 20。

22 姜大源. 基于职业科学的职业教育学科建设辨析 [J]. 中国职业技术教育，2007（11）：8-16.

技术和教育三者及其关系作为研究对象，涉及多个学科（如职业教育学、劳动科学、社会科学、自然科学、经济科学以及各个专业科学等）的交叉边缘学科。鉴于德国职教研究领域探索职业科学的曲折历程与多种理解，职业工作世界工作任务的变迁以及工作过程知识的内隐性，建立独立、完整的职业科学面临巨大的困难与挑战，目前来说，还是个概念，也很难成为规范的学科，尚不能提升到学科建设的层面，而是一个与实践紧密关联的研究领域。因而，采用折中的专业教学论 / 职业教学论方案则是可选之举，尤其在我国，像德国的职业教育一样完整的职业性尚且还不突出，建立职业科学更是不太可行，而将职业性反映在职业教育的教学处理上，而非构建职业性专业科学，则是更加适合的，即职教教师能够结合专业科学、根据职业性工作内容进行教育教学处理。因而，专业 / 职业教学论的建设尤为重要，也是职教教师教育中的核心课程。

无论在哪个国家，职业教育如果要作为一种类型教育继续发展的话，必须有独立的学科基础。而建立独立的学科基础又必须有其独特的研究目标、方法、过程与结果。德国职业科学的提出与探索已经为世界职业教育作为类型教育发展提供了较好的基础，如职业资格研究方法的提炼、职业性专业的建立等，但离真正的学科建立还有较长的距离，相关基础还需得到进一步的发展与提升。职业教育作为一种类型教育，必然依赖职业教育独立的学科基础的建成。

小结

当前我国职教教师队伍建设尚不能完全适应和引领职业教育的人才培养要求，进一步完善系统化的职教教师教育是解决问题的根本策略。借鉴德国经验，需厘清教师队伍职责和任务，为提升相应能力提供基础。职教教师教育发展也应在体系上全面构建职前、入职和职后职教教师教育体系，保障专业化的教师队伍；在数量上扩展生源目标群体、提升职教师资专业吸引力、提高专业对口就业率；在质量上实施职前教师教育的专业认证和专业标准遵循、依据目标群体合理设计课程、提升教师的能力融合性与发展性。具体到专业科学教育层面，在主导理念建设上需突出学术性与职业性并重的思想；在专业标准建设上奠定教师专业教育的基准线；在课程内容建设上尤其需要打造特色性的“三性”融合课程；在基准科学建设上，探索职业性的专业科学及专业教学论，夯实职教教师教育的学科基础。

结 语

职教教师教育侧重职业取向（如强调企业实践经历）还是学术取向（如强调专业科学知识）一直是各国职教教师教育的焦点。德国是结合了两种取向，并以职业取向作为前提。我国以往是在学术取向的基础上融入企业实践，但近年来的一系列政策文件则表现为职业取向转向，如新修订的《职业教育法》规定，“具备条件的企业、事业单位经营管理和专业技术人员，以及其他有专业知识或者特殊技能的人员”“取得职业学校专业课教师资格可以视情况降低学历要求”。这也引发我们思考，职业或专业底色基础上的教师教育是否能更好地培养职教教师，能更好地促进其专业发展？

相较于英国的职教教师教育强调双专业专家（行业技能优先；职业专家和教学专家）、工作本位的学徒制模式和结果导向评价[1]，德国职教教师则是企业实践经验基础上的教师系统化培养，要求成为“三专业”（职业性专业、普教专业、教育学专业）专家，在职业学校主要从事偏向理论或理实一体化的教学，强调学术型、专业化而不仅仅是工作本位的学徒制模式，注重教师能力的全面培养并以国家考试为资格审核标准，但同时更加注重培养过程，分阶段有阶梯地促进不同能力，真正体现了“三性”及其融合能力。相较于美国的职教教师教育注重职后培训（培训与教学工作同时进行）、师资准入的开放性、师资认证的动态性[2]，德国职教教师教育更强调系统化的职前培养，教师从业以通过国家考试获得教师职业资格证书为前提，师资准入具有封闭性且资格认证具有终身性。

在进行比较研究时，仅观察一个国家的案例难免有些局限，比如德国

1 涂三广. 英国职教教师教育的改革与发展 [M]. 上海：上海教育出版社，2021：99，165，189.
2 和震，杜小丽. 美国与德国职业学校师资培养中的“三性”融合原则研究 [J]. 教师教育学报，2021：33-39.

的职教教师准入具有一定的封闭性，只有完成系统职前教师培养并通过国家考试的人员才能进入职校成为教师，而这一经验如果直接用于我国，则具有很大的局限性。我国还属于开放型的教师准入，如果照搬德国模式，其环境条件不一样，所需采用的策略也不一样。因而，只能从理念和方法上有所借鉴，而不可人云亦云。再比如英国的职教教师具有行业背景优先的原则，但这点在我国全面铺开也不太可行，因为我国的职教教师主要还是学校内的教师，不仅承担专业理论教学，还承担更多的全人培养的职责。又比如美国模式，美国职教教师教育注重职后培训（培训与教学工作同时进行），与我国当前的后置化模式比较类似，也是我国职后培训非常值得参考的；另外，其师资准入的开放性同样也适用于我国。当前我国职业教育与职教教师职业吸引力不足，只能吸引具有某一相关背景的人员走开放性的师资准入路径进行在职培养，而培养的能力目标和模块内容参考德国经验仍具有积极意义。

就职教教师教育中的专业科学教育部分而言，未来教师既需要具备具有学术性、发展性的专业科学知识，又需要具备职业实践知识，作为囊括这些知识的职业科学还只是一种理念和理想模式，在现实中，更具有可行性的是采用职教教师教育的折中模式，即通过专业教学论来联结专业科学、职业知识和教学知识，使得教师具备专业或职业教学能力。

此外，本书虽然侧重研究的是专业科学视角下的职教教师教育，但在未来研究中需更加注重对职教教师实践性知识的研究及促进。传统教师教育经常出现的问题在于，仍然采用“在实践中应用理论”的单线模式，这也造成从理论到实践的迁移出现问题，不能够弥合理论与实践的差距。因而，以科萨根为代表的现实主义教师教育模式也强调“实践—图示—理论”的三阶段学习理论以及大学—实践的轮换模式。在教师教育过程中，我们也发现教师的行为并未完全遵循教育理论，而更多是遵循日常实践中发展出来的主观性理论。这也要求我们更加关注理论与实践的关系，尤其是实践中生成的反思与智慧知识。总体而言，未来教师教育模式应当朝向科学的、反思的方式以及实践导向的方式，培养其具备情境性的、理论与实践一体化的知识。

另一方面，我们逐渐认识到，如果重点仍然放在发展特定的技能，而不考虑教师的认知，尤其是他们的信念、目标和态度，教育改革必然会失败。而绝大多数教育改革都没有成果，或者一段时间后以失败告终，是因为教师在一段时间后都放弃了新的行为方式而回到他们以往的常规中。我们发现，原先的改革可能与教师的思想非常一致，但下一步的问题可能是如何进一步促进教师的认知（然后是他们的行动）。为了达到这一目标，不仅需要研究教师的知识，而且还要研究如何能够改变教师的知识，换句话说，就是要研究他们的学习过程。在任何变革中，教师的认识都是多年形成的，改变起来并不容易。另一个复杂因素是，“这些信念并不明确，或者是缄默的，因为教师可能并不知道它们试图和影响自己的行为”[3]。因而，除了培养教师的教育教学技能外，对教师的认知，尤其是内核的信念、目标和态度的改变也尤为关键。

只有推进职教教师教育学术化，进而创设职教教师教育学，才能真正提高职教教师的吸引力，更好地引领专业发展。因而教师教育学内部的相关问题，核心的如学科关系的处理，教师教育学与职业科学、职业教学论、职业教育学的关系等，都是需要在理论上进行澄清和发展的问题。

3 尼克·温鲁普，简·范德瑞尔，鲍琳·梅尔. 教师知识和教学的知识基础 [J]. 北京大学教育评论，2008，6（1）：21-38，188.

附 录

附录 1 德国职教教师培养与考核框架协定

1995 年 5 月 12 日德国州文教部长联席会议决议，2018 年 9 月 13 日修订

1. 培养与考试的基本思想

职教教师专业旨在为高中阶段（职业科目）或职业学校（教师类型 5）的师范生提供在大学进行学习的专业基础，获得科学知识、专业实践，并形成专业方面和教学方面的专业化行动能力。

2. 培养结构和时长

2.1 包括专业实践活动的教师培养分为两个阶段：大学学习阶段（学士和硕士阶段），包含学校实践；预备期阶段。这两个培养阶段应在教育和教学方面紧密相关，并针对职业学校制度。培养的参考标准是《教师教育标准：教育科学》（州文教部长联席会议于 2004 年 12 月 16 日通过决议的最新版本）和《教师教育中的专业科学及专业教学论》（州文教部长联席会议于 2008 年 10 月 16 日通过决议的最新版本）。在异质性、包容性，支持诊断以及数字世界中教与学的主题领域中，教育学的、专业的和教学的基础资格尤为重要。

2.2 大学学习的常规学制为：学士至少六个学期，硕士至少两个学期，包括在学校的实践学习在内的总学制应为十个学期，并应符合 ECTS 规定的 300 学分。完成第一次国家考试的课程的常规学习期限为九个学期，相当于 270 学分。与职业性专业有关的专业实践活动是必需的，一般是 12 个月。

2.3 大学学习内容包括：一，以职业教育学或经济教育学为重点的教育科学、职业性专业和第二专业的专业教学论、学校实践，共 90 个学分；二，职业性专业（第一专业）和普教科目（第二专业）的专业科学，共 180 个学分；三，学士论文和硕士论文，共 30 个学分。

各州之间可以有 10 个学分左右的偏差，本硕分阶式培养模式须达到 300 学分，国家考试模式达到 270 学分。第二专业可以选择第二个职业性专业或特殊教育学专业。在例外情况下，第二专业也可以选择第一专业的

相近专业或专业方向。在应用科学大学中学士或硕士专业中获得的学习和考试成绩可以得到认定和换算。在特殊情况下，职业性专业、第二专业的专业教学论、以职业教育学和经济教育学为重点的教育科学，以及学校实践的学习和考试成绩可以在硕士学习中完整获取。

2.4 职业性专业设置：经济与管理，机械技术，电气技术，建筑技术，木材技术，纺织工程与设计，实验室/过程技术，印刷和媒体技术，色彩工程、空间设计和表面工程，健康和身体护理，营养和家政，农业，社会教育，护理，车辆技术，信息技术。州层面可以设置其他职业性专业。

2.5 职教师资毕业：职教师资专业的大学毕业可以以教育硕士或第一次国家考试而结束。

2.6 不考虑任何换算的情况下，预备期的期限应至少为 12 个月，最多为 24 个月。学校实践和类似的专业学习部分可以换算为预备期的学习。预备期以通过第二次国家考试而结束。通过的第二次国家考试标志着教师资格的获得。

2.7 预备期的任务是在科学学习的基础上提供学校实践锻炼。该阶段还应考虑到处理包容性和异质性的教学和教育工作。预备期培养包括一定程度的独立授课。

3. 个人发展

入职阶段特别重要。通过进修教育，教师职业能力应当得到持续提升。该阶段应确保在专业性和教育性的专业化领域中以及在学校组织和学校管理中的人员发展与企业和机构中科学和职业实践的发展状况相适应。

4. 认可

根据本协定规定所获得的顺利通过的大学考试证书应被视为进入预备期的条件。1999 年 10 月 22 日德国州文教部长联席会议关于“教师考试和资格的相互承认”决议不受影响。

附录 2 德国教师教育中专业科学与专业教学论内容的州级共同要求

2008 年 10 月 16 日德国州文教部长联席会议决议，2019 年 5 月 16 日修订

1. 任务

为进一步开发《教师教育标准：教育科学的视角》（2004 年 12 月 16 日的德国州文教部长联席会议决议），德国州文教部长联席会议约定了教师教育专业本科学历和硕士学历的互认要点（2005 年 6 月 2 日的德国州文教部长联席会议决议，即奎德林堡决议）。此外，有必要开发针对专业科学及其专业教学论的各州共同内容要求。教育科学标准和对专业科学及其专业教学论的要求形成了教师教育课程的认证和评价的基础。

总体目标是保证德国高校体系的流动性和流通性，以及保证师范生所获学分和学位在各州之间的转化和认可。

通过制定“专业要求”（或称“专业概况”），德国州文教部长联席会议就专业学习的内容要求的框架达成一致意见。州与大学可在框架之内自行确定重点、差异和附加要求。

专业概况涉及教师教育中普教专业、特殊教育（以下称为专业）以及职业性专业。普教教师的专业目录仅限于出现在州考试条例中的专业。职业性专业的专业概况是基于“高中教育阶段（职业专业）教师或职业学校教师（教师类别 5）（1995 年 5 月 12 日的德国州文教部长联席会议决议，当前有效版本）培养与考核框架协定”附录。

专业概况是在专业协会、教会和教师组织的参与下，由专业科学人员、专业教学论人员共同合作开发。德国州文教部长联席会议感谢所有以设计、建议或批评等形式参与专业概况开发过程的人员、机构和协会。

2. 教师专业能力的定义

教师专业科学和专业教学论学习的内容要求源于教师在职业领域中的要求。它涉及教师为了胜任其教育任务而必需具备的能力（广义）及其下属的知识、能力（狭义）、技能和态度。

这些能力是在教师教育的不同时期和在不同的教育机构中获得的：

- 有关专业科学、认知和工作方法以及专业教学论要求的基本能力主要在大学学习中形成。
- 教学实践能力的习得主要是在预备期阶段；其大量的基础在大学学习中已经奠定。
- 作为教师这一职业角色的进一步资格化和发展是教师进修和继续教育阶段的任务，通过此更新现有能力，以应对教育中的新挑战。

尽管确立这些阶段性的重点，仍然有必要结合实际情况关注教师教育要求，也就是说，除了关注整个资格化期间，还需关注胜任职业实践相关的要求。由此可推断出，大学学习阶段的专业科学和专业教学论培养的内容要求不仅需要与后续教育阶段相关联，而且需要为后续阶段的能力获取做准备。

未来教师的专业相关能力源于 2000 年 10 月“教育部长会议主席和教师协会主席联合声明”中关于教师教育及其形象建议。在社会融合和数字化等社会和技术发展的背景下，对教师的要求和能力期望也在发生变化。这种变化也必须反映在教师教育中。相应能力的发展是专业教学论、专业科学和教育科学的共同任务。

未来教师在大学学习阶段建立和发展的专业及专业相关能力如下。

<u>具备关联性的专业知识</u>

毕业生：

- 掌握专业或专业方向基本领域中扎实的和结构化的专业知识（规则性知识）；可以基于此进行应用和扩展专业知识。
- 根据概述性知识（导向性知识），掌握解决专业或专向方向中当前基本性问题的方法。
- 掌握在科学、专业及各个相关职业中，数字技术在何处及如何影响专业日常和认知过程的知识（技术性专业知识）。
- 应用专业或专业方向的反思性知识（元知识）和追溯重要的思想历史性和科学理论性思想。在职业性专业中，也需要通过职业实践的反思性经历对此进行补充。
- 根据对其他学科的了解，挖掘更多的专业知识及以此发展跨专业的资格。

具备该专业的认知方法和工作方法

毕业生：

- 熟悉专业或专业方向的认知方法、工作方法和媒体，掌握专业特定的模拟、数字媒体和工具的基本知识。
- 能够在专业或专业方向的核心领域根据对象和实际使用这些方法和媒体。

具备关联性的专业教学论知识

毕业生：

- 掌握关于专业教学论定位中牢固的和结构化的知识，并且基于教学效果和教学论视角分析专业科学和专业实践内容；
- 将复杂的事实根据对象进行简化呈现；
- 了解和使用与专业学习相关的专业教学论和学习心理学的研究成果；
- 了解合乎专业和要求的成绩评估的基础，具备关于促进或阻碍学生学习成效的因素的坚实知识，并且根据此设计不同的学习环境。

在预备期阶段，重点获得或继续发展以下能力：

- 规划和设计具有专业特点的学习；
- 掌控教学情境的复杂性；
- 促进学习的可持续性；
- 掌握具有专业特点的成绩评估；
- 计划、实施和分析异质性学习小组的课堂教学；
- 具有与混合专业团队合作的能力；
- 借助数字技术来支持课堂教学和学习过程，组织学校生活。

最后，教师需通过教师进修和继续教育阶段专业化和个性化地进一步发展教师角色。

3. 专业概况

专业概况包含在大学学习阶段所需达到的能力描述及必需的各项内容重点。一般来说，所有的专业概况都含有以下要求。

- 尽管各个专业概况中没有提到大学专业简介，但其仍属于各个大学专业中的课程。

- 各个领域中学习内容的划分不可理解为各门课程的区别或划分。关于课程的内容分配在学习计划中有所体现。某些情况下，根据教职和学校形式进行区分是有意义的。
- 学习计划和课程的内容实施并不意味着必须自始至终单独提供教师相关的课程。尽管第二专业的大学学习和学校所提出的特殊要求，与教师培养相关的某些部分的学习根据此学习目标进行设计，即形成独一无二的教师培养。这并不适用整个大学学习过程：由此出发，与教师培养相关专业科学的大多课程领域是专业学习的一部分（专业与专业间存在区别），这必须由大学进行详细说明。
- 大多数的专业概况是学习中重要的理念基础，因为它包含了专业概况设计的重要论证或描述了教师教育的特别要求，以及一定程度上建立了跨专业的广泛关联。
- 通过这些文件，关于职业性专业的跨专业课程和专业实践方面的资格化思想可以一定程度上从专业概况中得出。

<u>中学第二阶段或文理中学教师</u>

- 中学第二阶段或是文理中学教师培养的额外内容，大部分情况下是中学第一阶段教师培养的内容深化，通常具有更高的专业性、复杂性和抽象性水平以及更强的研究导向。
- 对于只在文理中学教师培养中才出现的专业，不考虑中学第一阶段和第二阶段教学内容的细分（例如，古语言）。
- 同一个专业的教学论学习内容在两个中学阶段一般来说没有进行区分。

<u>职业学校教师</u>

- 对于职教教师来说，该师资专业须考虑职业学校各种不同专业的高度差异性：从《职业教育法》框架内的职业准备教育到职业初始教育或各种以取得普通教育和大学入学资格毕业证书的全日制学校教育，再到学校型和职业型继续教育。职业教育的特点，一方面是与职业世界动态转变的长期联系，另一方面是复杂的制度和组织体系。对于学习小组明显的异质性和包容性，教师教育学的、课程的和教学论的行动特别重要。职业学校教师也面临着因职业情境中数字化而迅速变化的工作内容的挑战，需在考虑到数据保护法规下将其纳

入日常教学中。对于职教领域，教师的要求是经常性的不可预测的变化。基于职业领域和专业的知识、动机以及态度而不断审视自己的职业选择是绝对必要的，这对于职业学校教师的职业身份发展也是如此。这是可以通过实践经历及其学习前后的反思来实现的。

- 教育科学和职业性专业教学论的特点是基于职业行动的专业科学和专业教学论内容的整合和职业学校教与学过程，此外，还有双重参考，即相应的科学学科和适应目标群体的职业实践。
- 中等阶段 II（职业性专业）或职业学校的教师培养特点是，除了职业学校的工作外，在相关活动领域工作也是有可能的。
- 为了符合（双元制职业教育中）企业学习地点的职业实践指向和考虑，职业初始、继续教育的职业相关部分传授的是以业务流程为导向的学习领域，而不是专业。

以下为普教专业、特教专业和职业性专业的专业目录：

普教专业和特教专业

1. 古语言　2. 劳动、技术和经济　3. 美术　4. 生物　5. 化学　6. 德语
7. 地理　8. 历史　9. 信息技术　10. 数学　11. 音乐　12. 新外语　13. 哲学
14. 物理　15. 新教宗教学　16. 天主教学　17. 社会学 / 政治 / 经济
18. 体育　19. 基础学校教育　20. 特殊教育学

职业性专业

1. 经济与管理　2. 机械技术　3. 电气电子技术　4. 健康与身体护理
5. 护理　6. 印刷和多媒体技术　7. 汽车技术　8. 营养和家政
9. 社会教育学　10. 信息技术　11. 农业经营　12. 建筑技术　13. 木材技术
14. 实验室技术 / 过程技术　15. 纺织技术与设计
16. 色彩技术、室内设计和表面技术

附录3 德国职教教师教育16个职业性专业的专业要求

经济与管理

1. 特点

“经济与管理”职业性专业的教学论（以下简称“经济教学论”）是经济教育学的核心领域，侧重职业学校的教与学过程。“经济与管理”职业性专业双重参考对象的确定，一方面通过企业经济学和国民经济学及其关联科学，另一方面通过实际操作层面的商业管理形式（即运营管理层面）的职业活动。

2. 专业特定能力描述

毕业生掌握经济科学的、经济教学论的/经济教育的能力，用于评判和处理常见的和新的复杂任务和问题，以及在职教领域教与学过程中自主规划、执行和评价。

毕业生：

- 拥有关于企业经济学、国民经济学和经济教学论的对象领域、核心思维方式、模型和范式的广泛的概览知识；
- 熟悉企业经济学、国民经济学和经济教学论的认知方法和工作方法，在核心领域中进行运用，评价它对职业教育的重要意义，开发新的问题情境及其解决方案；
- 在法律框架下分析企业结构和过程，开发和评价策略性和操作性行动的能力；
- 能够就当前经济和教育政策的发展、现象和问题阐释坚实的观点；
- 能够在考虑交流结构和不同学习群体的情况下，微观和宏观地对课堂和教育过程进行设计，反思综合的环境条件并且建立与经济和管理实践之间的关联；

- 能够与受过特殊教育学专门训练的教师和其他教育工作人员合作进行全纳教育的规划和设计，并与他们一起发展专业学习机会；
- 在经济教学论中拥有自我批评的实验性态度和反思实践的意愿，能够运用自我评估和外部评估的方法；
- 拥有反思性的经济伦理方面的信念，并且能鉴于不同的期望自我负责地进行经济教学化的行动；
- 在职业工作领域和职业教育中，在教学背景下反思性地利用数字化的新发展，继续开发课堂及课程的方案。对数字学习媒体的学习机会保持敏感，并使用数字媒体在课堂上进行差异化和个性化教学。

3. 学习内容

企业经济学（个体经济过程）

- 企业经济学的基本范式和模型
- 企业核心过程，尤其是采购、价值生产和销售过程
- 支持过程，尤其是人员管理、质量管理、信息和知识管理、投资和筹资
- 管理过程，尤其是在策略、结构和系统的设计方面（如企业结构和流程）以及在运营管理中（如人员管理）
- 审计和内外部的会计工作
- 行业特性的深化：所选行业的个体经济的深入观察
- 生态环境和经济伦理环境中企业的生存与发展

国民经济学（整体经济过程）

- 国民经济学的基本范式和模型
- 微观经济，尤其是市场模型、财政理论、企业理论、市场形式和定价
- 宏观经济，尤其是国民经济的整体预算，国家和国家机构的角色，目标系统，商品市场、货币市场和劳动力市场，开放的国民经济，国际收支和汇率，货币和财政政策，宏观经济平衡和不稳定性
- 经济政策，尤其是制度政策、经济政策、社会政策、欧洲和国际经济和货币政策、世界经济秩序、可持续性

经济教学论（经济教学过程）

- 经济教学论的基本范式和模型：经济教学论模型、职业教育理论
- 教育过程和教学系列的经济教学化设计
- 宏观教学论层面：
  — 职业教育的系统、机构和规章，课程标准，教育目标，普通教育与职业教育，经济教育，经济教育方面的可持续性，工作和学习之间的关系，学习地点合作，学习行动，行动情境和学习情境的学习领域方案，教学论转化和设计，综合的教学组织，模拟性的情境教学，行动导向和问题导向，能力导向，能力测量和能力评估，课堂单元的经济教学化设计
- 微观教学论层面：
  — 课堂单元的经济教学化的计划和分析模型、学生的学习前提条件分析和教学分析、课堂目标、微观教学排序、课堂方法和媒体
- 经济教学背景下的个性化、融合和内部区分
- 经济教学背景下的教育诊断和咨询
- 课堂交流结构的经济教学设计
- 对来自教育政策、经济政策和社会政策方面诸多影响因素的经济教学性反思

重要的关联科学和工作方法

- 基本的经济理论的和方法的范式和模型
- 经济和管理中个体和公共权利的重要领域，法律科学方面的方法
- 经济科学和经济教育学相关的统计领域，经济相关的数学领域
- 应用导向的经济信息学，尤其是经济方面重要的标准软件和企业经济方面的应用系统
- 经济专业外语
- 科学工作的技术，研究方法和所选的应用系统

机械技术

1. 特点

“机械技术”职业性专业的特点在于相关科学的对象领域差异巨大并有较高的发展动态。相关对象是该专业的不同领域中职业活动的能力和内容。“机械技术”的教师教育也必须能够与该发展动态保持一致。

因此，在选择教师教育的学习内容时就必须考虑：除了特定的技术性对象的传授之外，工作活动方面也起着重要的作用。

在“机械技术”专业科学内容和专业教学论内容中也应当考虑生态、经济、社会和伦理方面内容。正如在所有的手工和工业技术专业中一样，除了职业教育学/教育学科方面的普遍学习内容外，还需要补充“机械技术”职业性专业的教学论内容。

职业性专业的教学论的主要作用在于：使得未来的教师获得分析、设计和在科学认知的背景下情境化地反思职业教育过程的能力，最终能够在此基础上促进学生解决职业方面和生活方面重要任务和问题的能力。

在“机械技术”职教师资培养中可提供各种不同的深化方向。达成共识的可能的深化方向包含：生产和制造技术方向及供给技术方向，其他的深化方向可根据地区特点而设定。[1]

2. 专业特定能力描述

毕业生应具备职业教育专业相关和科学相关的机械技术能力。他们具备在机械技术职业领域专业科学方面、专业教学方面及两者关联的知识，包括重要的生态的、经济的、社会的和伦理的各个方面。这使得师范毕业生能够计划、实施和评价与该职业领域相关的教学过程，以及将新的发展自主地带入课堂和学校教育教学中。

毕业生：

• 拥有牢固的、职业教育专业相关的机械技术专业知识、专业教学论理

1 德国州文教部长联席会议将“车辆技术”视为独立的职业性专业。除此之外，也可将其作为“机械技术”的一个深化方向。

论和方案的知识以及工作和职业的反思性知识；

- 能够在上述知识领域中运用和评价学科问题处理的科学方法；
- 在设计导向方面，联系技术和教育两方面整体分析和反思业务流程和职业工作过程；
- 在专业教学论知识、学习前提诊断、与不同对象交流、机械技术和职业工作及职业教育三者之间关联知识等基础上，计划和组织职业教育过程，另外也包含关于技术的、工作组织的和职业发展的知识以及历史背景的知识；
- 拥有在机械技术职业领域内机械技术职业和其他职业类专业中计划、组织和实施能够促进能力发展的课堂的反思性经验，能够启动、伴随和反思学习过程；
- 能够与受过特殊教育学专门训练的教师和其他教育工作人员合作进行全纳教育的规划和设计，并与他们一起发展专业学习机会；
- 在社会的和生态的责任之下，在共同设计工作世界和社会的教育目标下，与所有参与职业教育培训的机构共同对课堂、课程和学校进行继续发展；
- 在职业工作领域和职业教育中，在教学背景下反思性地利用数字化的新发展，继续开发课堂及课程的方案；对数字学习媒体的学习机会保持敏感，并使用数字媒体在课堂上进行差异化和个性化教学。

3. 学习内容

专业科学内容

- 数学和自然科学基础在工程科学中的运用
- 技术机械学
- 技术热力学
- 生产制造技术
- 材料技术
- 技术交流（机械制图）
- 结构技术
- 机器元件

- 劳动科学
- 电气电子技术
- 信息技术
- 测量、控制和调节技术
- 涉及职业性专业工作及其系统的过程、体系和组织方案的专业科学内容
- 质量管理、社会管理和环境管理，劳动安全

“机械技术”职业性专业的教学论

- 职业性专业工作和职业教育专业相关的学习对象的分析
- 职业性教育过程和资格化过程的分析、设计和评价
- 在学校和企业课程中，职业知识和能力的课程开发和确定
- 职业性教学过程的计划、实施和反思
- 在个体促成和成绩评价方面，处理异质性 / 融合性的诊断程序和理念
- 专业教学的课堂研究

电气电子技术

1. 特点

“电气电子技术”职业性专业的特殊性在于相关科学对象领域的高度职业专业性和技术发展变化性。教师培养的对象是电气专业人员的能力和职业活动内容以及教师在校内和校外行动领域中的能力和活动。电气职业的教师培养必须随时关注与相应的技术、职业工作和职业教学的发展变化之间的关联。

因此，“电气电子技术”职业性专业的大学学习内容必须考虑，除了传授电气电子技术的技术内容和系统思维的发展外，丰富的活动领域和职业工作也起着重要的作用。同样，在创新发展的背景下，“电气电子技术”职业性专业的教学论内容以及尽可能在专业科学内容考虑生态的、经济的、社会的和伦理的内容。

如同所有工业技术专业一样，除了职业教育学和教育科学方面的大学内容外，也补充了“电气电子技术”职业性专业教学论内容。该职业性专业

的教学论的核心在于，使未来的教师能够分析与设计与职业工作和技术相关的职业教育和学习过程，并且在科学认知的背景下，进行职业相关和行动相关的反思，以使得学生能够在此基础上解决职业和生活中重要的任务。

在“电气电子技术”师资专业学习中，除了宽泛的专业基础内容外，也会提供各种深化内容。可能的深化方向为：与职业相关的能源技术、自动化技术和信息与通信技术。其他深化方向根据所在地的情况开设。

2. 专业特定能力描述

毕业生拥有专业相关的科学能力和教学能力。他们具备电气电子职业领域和电气电子技术方面的基础知识。同样，他们拥有电气电子技术职业领域中不断变化发展的专业科学知识和职业/专业教学论知识，包括相关的生态的、经济的、社会的、伦理的方面。他们拥有基于科学知识和教学论知识进行“电气电子技术”职业领域课程设计的基本能力。毕业生首先能够在“电气电子技术”教育过程的框架中分析、计划和实施学校的教学过程以及对其进行反思和评价。

毕业生：

- 拥有坚实和广泛的电气技术专业知识，对工作和职业的反思性知识以及关于专业教学理论和思想的广泛知识，能够在不同的职业要求背景下灵活运用；
- 能够基于所获得的知识和能力在电气电子技术和职业工作中独立地开发新的技术；
- 能够运用科学的方法在电气电子技术职业性专业的各项技术领域与工作领域中处理学科和跨学科的研究问题，评价相应的认知；
- 能够评价用于分析和评估电气电子和信息技术系统的测量程序，并且有目的地使用；
- 能够适当地理解对技术、工作和教育进行分析的研究结果，在教学背景下反思性地进行使用，促进专业教学理论和思想以及课程理论和思想的继续发展；
- 具备在电气电子职业领域的职业教育过程中计划、组织和实施促进能力发展的教学的初步反思性经验。同时在考虑异质性和融合性处理时，能够启动、伴随和反思他们的学习过程；

• 能够与受过特殊教育学专门训练的教师和其他教育工作人员合作进行全纳教育的规划和设计，并与他们一起发展专业学习机会；
• 能够在具有社会和生态责任感的共同设计工作世界和社会的教育目标下，与其他参与职业教育培训机构共同继续发展课堂、课程和学校；
• 在职业工作领域和职业教育中，在教学背景下反思性地利用数字化的新发展，继续开发课堂及课程的方案。对数字学习媒体的学习机会保持敏感，并使用数字媒体在课堂上进行差异化和个性化教学。

3. 学习内容

职业性专业大学学习有助于获得所描述的能力及其持续的继续发展。这将通过讲座伴随的方式或者项目方式得以实现。内容也能够在部分领域中融合传授。

专业科学与职业科学内容

• 数学和自然科学基础，尽可能考虑在电气电子技术领域的运用
• 电气电子技术基础
• 信息技术基础
• 安全技术和规章
• 楼宇系统和基础设施系统
• 自动化技术基础
• 职业工作和对其发展的职业科学分析和专业科学分析 *
• 关于项目管理、质量管理和环境管理方面所选的基础和运用 *，在以下某个领域中的深化：
  — 能源技术设备的技术、功能和运行 **
  — 信息和通信技术的过程、技术和系统 **
  — 自动化技术设备的结构、功能和运行 **
  — 其他的深化领域也是可能的

“电气电子技术”职业性专业的教学论

- 职业教学论思想和专业教学论思想，论证关联
- 职业教学过程的计划、实施、反思和分析及评价
- 职业教育过程和资格化过程的教学分析、设计和评价
- 个人促进和成绩评定的诊断程序和方案，包括异质性和融合性的处理
- 职业教育研究和专业特殊的教学研究，包括诊断性程序
- 职业工作及其发展的职业科学分析和专业科学分析 *
- 关于项目管理、质量管理和环境管理方面所选的基础和运用 *

* 这些内容既可以在专业科学中，也可以在专业教学论或职业教育学中传授。

** 这些内容可根据各个高校所处地点设置不同的重点。

健康与身体护理

1. 特点

“健康与身体护理”职业性专业的参考科学（例如医药、自然科学、经济学和社会学）和职业活动存在相同和重叠之处。健康和预防在内容上将健康与身体护理两者的概貌联接起来。健康和安康并不是个人特质，而是作为人与环境相互作用的结果。

“健康与身体护理”职业性专业中“健康”方向的概貌特点在于卫生事业中职业活动的复杂性和较快的发展动态。由于社会、政策、生态和社会框架条件的不断变化，慢性病、多发病的增加及职业内外要求的扩展要求卫生健康专业职业的多样化和专业化的提升。此外，必须考虑到健康专业职业内的职业概貌和身份以及参考科学的不同权重。同时，这与“护理”职业性方向存在大量的重叠之处。

“健康与身体护理”职业性专业中“身体护理”方向的概貌特点在于，直接向客户提供全面的服务，因此需要在咨询、治疗和评估领域拥有广泛的能力。除了扎实的手工技术和专业知识外，同理心、对人的认识、交流能力、团队能力和创造力也是特别重要的。此外，新技术和新认知也需要

持续的进修和继续教育。

毕业生接受教育后能够在基本自然科学—医学、经济学和社会学知识库中，以及在更进一步的相关科学理论、模型、思想和方法的背景下，分析、反思“健康与身体护理”职业性专业的专业行动特点，并将由此产生的教育需求转化为教与学的过程。

下文将分别介绍“健康”与“身体护理”领域。鉴于学习过程、下属的教育职业及专业组合的多样性，两个专业描述的专业特殊的能力概貌和基本学习内容在统一制定时必须普遍化。为“健康与身体护理”职业性专业的培养提供一个明确的导向框架，形成共同的概貌可能不能实现。

在专业教学论领域，鉴于两个专业描述形成一个统一的基本要求，与其他教师教育的职业性专业一样，教育科学的学习内容是对“健康与身体护理”职业性专业的教学论补充。

2.“健康”能力描述

毕业生:

- 理解健康是一个受不同生物—心理社会决定因素影响的过程；
- 从相关科学的多学科知识库中构建健康专业职业的特性和为不同的教育过程进行教学论加工；
- 掌握“健康”专业概况中基础的、相关的专业科学和专业教学论知识，使其能够在各自有效的培养方案的框架内目标导向地、媒体能力胜任地计划教与学过程；
- 在匹配相应专业教学论研究现状的融合框架内，掌握异质学习小组中以能力为导向学习过程的计划、启动、执行、分析和评价的一手反思经验；
- 能够与受过特殊教育学专门训练的教师和其他教育工作人员合作进行全纳教育的规划和设计，并与他们共同开发专业课程；
- 能够尽可能基于证据地评价、使用和反思在个体、社会和职业语境中的相关学科的问题提出、方法、理论、研究成果和内容；
- 在跨专业、跨文化合作框架内，掌握一手的经验和知识，并能根据具体情况进行适当交流；
- 在职业工作领域和职业教育中，在教学背景下反思性地利用数字化的

新发展，继续开发课堂及课程的方案；对数字学习媒体的学习机会保持敏感，并使用数字媒体在课堂上进行差异化和个性化教学。

3.“健康”学习内容

在“健康”专业概况中全面融入相关科学工作与认知方法。

公共健康领域基础

- 健康、疾病和健康行为的理论和模型
- 健康促进的理论、模型和行动理念
- 健康、护理的实证研究基础
- 劳动保护、保健和劳动医学领域的理论基础和思想
- 健康事业的质量保障和管理
- 社会 / 健康法规、健康政策、健康体系和健康生态的基础
- 健康事业的伦理基础
- 诊断、预防、治疗、康复、缓解治疗和实证性实践的基础

医学和自然科学基础

- 解剖学、生理学、病理学和病理生理学基础
- 诊断和治疗的一般原则
- 特殊病理学：特定的急性和慢性的身体、精神疾病的病因、发病机理、诊断、治疗和预防
- 卫生学和医药微观生物学的基础
- 药理学基础
- 实验医学的职业特性基础

其他相关科学基础

- 在不同的护理安排和机构中，在不可或缺的合作背景下展开工作领域中的专业沟通、关系处理和跨专业、跨文化合作的设计
- 健康事业的职业活动中精选的法规基础
- 健康专业职业的职业活动中精选的企业经济和国民经济基础

- 健康专业职业中的医疗援助和/或护理/治疗行为的基础
- 健康事业机构的文档、文档系统和数据保护
- 健康事业机构的组织和管理

4.“身体护理”能力描述

毕业生

- 掌握专业概况“身体护理”中基础的、相关的专业科学和专业教学论知识，使其能够在课程规格的基础上目标导向地、方法能力胜任地和媒体能力胜任地计划、设计和反思教与学过程；
- 掌握“身体护理”相关学科的宽泛的、结构性的专业知识，这些知识可以在与学校相关的背景下检验与反思，并在当前专业相关或跨专业的问题中接受这些知识；
- 在匹配相应专业教学论研究现状的融合框架内，掌握异质学习小组中以能力为导向学习过程的合乎学习地点的计划、执行和评价反思经验；
- 匹配相应专业教学论研究现状，就融合性课程的计划与设计与有特殊教育资质的教师及其他教育学人士进行合作，并与他们共同开发专业课程；
- 能够反思性描述可持续发展原则对“身体护理”职业性专业的重要性并加以应用；
- 反思行动领域“美容美发”的道德规范基础；
- 掌握沙龙/机构和劳动组织的基础，关注职业领域内健康、安全和法律相关方面；
- 考虑关系形成的情况下，进行专业相关的、情境相符的交流；
- 在职业工作领域和职业教育中，在教学背景下反思性地利用数字化的新发展，继续开发课堂及课程的方案；对数字学习媒体的学习机会保持敏感，并使用数字媒体在课堂上进行差异化和个性化教学。

5.“身体护理”学习内容

以下列出的学习内容是与美发沙龙、美容机构的实践过程和流程相关内容进行设置的。“身体护理”专业概况中全面传授工作和认知方法。

生物基础

- 细胞生物学基础
- 微生物学基础
- 人类生物学基础

医学基础

- 皮肤病学基础
- 过敏学基础
- 具有流行病学意义的都市病
- 劳动、环境条件性的健康危害和职业病

化学基础

- 一般和无机化学基础
- 有机化学基础
- 生物化学基础
- 化妆品化学（产品）
- 职业特性的化学（过程）
- 领域特性毒理学

时尚与设计

- 颜色和形状规范基础
- 艺术和文化历史基础
- 美学基础和时尚理论

健康科学和环境科学

- 健康促进和预防基础
- 健康心理学和健康教育学基础
- 职业和日常的健康知识和健康行为
- 保健基础
- 职业和日常的环境知识和环境行为

其他职业科学领域

- 沟通基础
- 美容方式
- 与专业相关的企业经济学、客户管理和广告基础
- 物理学基础，尤其是辐射、激光和仪器知识
- 职业领域中精选的法律基础

6.“健康与身体护理”职业性专业的专业教学论

- 职业性方向思想中的研究方法和教学论模式
- 根据专业教学论专家的研究和发展现状，针对职业性专业中异质性和融合性学习团队的教学诊断和处理
- 具有专业特性地实施学习领域、行动导向、能力导向、课程任务、团队合作和专业语言
- 作为学校质量发展的一个元素，具有专业特性地计划、执行、反思、评价和优化职业性教与学过程

护理

1.特点

职业性专业“护理”的特点在于不同职业群体中不同层次、不同环境的护理行动的复杂性和健康事业较快的发展动态。随着护理需求的上升和复杂疾病病症的增加，“护理”专业描述也更加突出健康维持、促进情境下的特别任务及康复、止痛任务。尤其是针对个别事件中非重复性的个案，除了基于证据的知识，专业护理与陪伴中分析性、反思性和现象诠释性能力也是必需的。这包括在不同生活导向的护理保障环境中有护理需求、帮助需求和健康障碍的所有年龄段的人。因此，职业性护理中复杂的和机构的体系框架条件方面的知识是至关重要的。

从这个视角来看，毕业生接受教育后应当能够在基本护理科学和相关科学的知识库中，以及护理教学论的理论、模型、思想和方法背景下，分析、

反思护理行动的特性，并将由此产生的教育要求转化为教与学的过程。此外，目标定位于在自己的行动中考虑反思与能力的辩证关系，并在学习者中建立此关系。这意味着在教学论转换中需考虑到双重行动参考：双元制和全日制学校在各自教育过程中教与学的实践，以及学徒和学生工作其中的职业实践。虽然与职业性专业“健康与身体护理”中的“健康”专业描述有一定的重叠，但“护理”的专业描述主要针对“护理”，表现的是护理行为和护理教学行动的特点。

与其他教师教育的职业性专业一样，教育科学的学习内容是对“护理”职业性专业的教学论的补充。

2. 专业特定能力描述

毕业生

- 在自身多学科的知识库和相关学科中重建护理职业的特点，将所获得的知识转化为各类教育过程，并考虑到异质性学习小组；
- 为不同职业领域相关的教与学制定问题情境和开发行动可能性，分析性地掌握、评价健康科学和护理科学的科学理论、模型、思想和范式，以及相关自然科学的、医学的、社会科学的和伦理的知识库；
- 为规范导向的职业相关课程主题应用护理教学论的理论、模型、思想、原则和当前研究，并进行评定；
- 利用循证知识，分析性掌握护理实践；
- 为促进受教者的诠释性案例能力，构建不同的案例情境；
- 开发护理教育过程和以此而来的能力导向的学习情境；
- 在身体相关的情境理解和跨专业、跨文化合作的必要情境中，独立计划行动相关的教学情境，并执行和评价；
- 匹配相应专业教学论研究现状，就融合性课程的计划与设计与有特殊教育资质的教师及其他教育学人士合作，并与他们共同开发专业课程；
- 为确定不同目标群体的学习状态选择不同的诊断方法，在护理相关的教育过程中，也在融合性的框架内，应用这些方法开发能力导向的学习过程以及提供课堂内外的学习咨询；
- 在职业工作领域和职业教育中，在教学背景下反思性地利用数字化的

新发展，继续开发课堂及课程的方案；对数字学习媒体的学习机会保持敏感，并使用数字媒体在课堂上进行差异化和个性化教学。

3. 学习内容

护理科学

- 护理科学的对象、发展路线和视角
- 护理研究基础，包括范式在内
- 护理行动基础，例如在科学和专业行动中的护理过程、身体、循证护理和案例
- 生态条件、技术条件、社会条件、生活背景、生平思考和专业处理之间转化关系下的护理理论、模型和现象
- 护理保健形式，预防护理的理论和方法，社区导向的护理、急救护理、长期护理、康复和缓解性护理
- 护理—质量管理思想、护理网络、跨专业合作
- 护理职业国内外的发展历史和专业化
- 护理的伦理基础，在性别敏感的、生活导向的、关怀伦理的视角、困境和悖论的思考中形成伦理的、护理相关的和医学的话语

健康科学基础

- 健康与疾病 / 健康促进与预防的理论和模型
- 实证性健康和保健研究基础
- 诊断的思想、模型和干预形式，及其与护理特性问题的相关性
- 劳动保护、健康保护、劳动医学、质量保障和质量管理领域的理论基础和思想
- 在国内外领域和健康生态中的社会 / 健康法规、社会 / 护理政策和健康体系基础和健康经济学基础
- 健康事业和护理的伦理基础

医学和自然科学基础

- 在护理特性的问题情境中，解剖学、生理学、病理生理学和病理学基础
- 护理和医学中诊断、治疗的一般原则
- 护理相关疾病基础：急性的、慢性的、身体的和精神的疾病及循证医学的病因学、发病机理、诊断学、治疗和预防
- 生物化学基础
- 卫生学和医学微观生物学的基础
- 药理学基础

其他相关科学基础

- 教育心理学、人性心理学、发展心理学、健康心理学和社会心理学基础
- 职业社会学和专业社会学基础
- 工作领域中的专业交流、关系构建和跨学业、跨文化合作形成
- 护理职业活动中的法律基础
- 护理职业活动中选定的企业经济、国民经济基础

护理教学论—“护理”专业教学论

- 护理教学论领域导论
- 护理教学论研究，包含范式在内
- 宏观、中观和微观层面护理教学论的行动领域、任务
- 护理职业的教育条例、课程开发、学习领域思想、行动导向和能力导向
- 护理教学论的理论、模型、思想和原则
- 跨学习地点思想、学习地点的合作 / 实践伴随、实践指导、工作过程的护理学习
- 基于护理教学论理论和模型，以理论为导向的课程准备、计划、执行、反馈和评价，及其相关的能力导向的学习成果控制
- 护理教学论语境中的主体定位 / 发展、异质性、融合性和内部分化

印刷与媒体技术

1. 特点

技术类职业性专业“印刷与媒体技术”关注极具差异化的相关职业中不同而复杂的职业结构：由不同专业重点的媒体技术人员、媒体设计人员、活动技术专业人员共同形成了此份职业描述。教师培养的目标是“印刷与媒体技术”职业活动的能力和内容，以及校内外活动中教师的能力与内容。教师培养应考虑与相关技术、工作和教育相关联的典型职业生产和服务业务流程。

在“印刷与媒体技术”职业性专业的学习内容中借助实践导向和行动导向的案例来促进在工作过程、技术和方法的教授中形成系统思维是极其重要的。需考虑与不同职业活动领域和职业专业工作相关的典型方案。在平面媒体、数字媒体和生产技术的创新发展的背景下，生态的、法律的、社会的和伦理的内容也应包含在教学论的教学内容中，如有必要也应包含在专业科学的教育内容中。

如同所有的技术类专业一样，职业教育学和教育科学的学习内容补充进“印刷与媒体技术”职业性专业的教学论。职业性专业教学论的核心在于，所培养的教师应当能够分析、设计与职业工作、技术相关的职业教育和学习过程，并能在科学认知的基础上对职业、过程进行相关反思。基于此，学习者有能力解决与职业和生活相关的个别的、特殊的任务。

印刷与媒体技术已发生了巨大变化，以至今天在许多教师教育中的分支领域（分科）中，机械技术和工艺技术基础，以及媒体技术和信息技术基础都需要进行传授。因此在教师教育中需要提供不同的专业重点，其内容主要与各职业的具体情况有关：在所有可能的重点中，印刷技术和印后加工的媒体技术、数字和平面媒体设计、图像和声音媒体设计以及生产技术等职业相关的内容是适宜的，而其他的重点需视具体情况而定。

2. 专业特定能力描述

毕业生需要掌握与专业相关的科学和教学能力，以及印刷、媒体技术的生产和工作过程的基础知识，并至少以两个重点领域为例进行深入学习。

一方面，学生可以扩宽和深化其在其他媒体技术专业领域的能力；另一方面，在应对技术和社会的转变时，学生可以自主提高能力。在此情况下，学生也需要考虑生态、经济、法律、社会和伦理等相关方面。

学生掌握基于科学和教学知识从而参与专业相关的课程设计的基本能力。毕业生应具备在特定教学过程的框架中分析、计划、执行、反思和评价的能力。

毕业生：

- 掌握扎实的设计思想、印前准备、印刷技术、印刷加工技术、包装技术、视听技术（即媒体技术）的专业知识，对工作和职业的反思性知识，对专业教学理论、思想的广泛知识，并能在不同的职业要求的情境下应用自如；
- 基于已掌握的知识和技能，自主学习印刷和媒体技术以及专业工作的新发展和新趋势，并将其纳入教学过程中；
- 除原有的两个重点领域外，还能自主学习印刷和媒体技术在其他领域的重点，并将其纳入教学过程中；
- 能够应用科学方法处理“印刷和媒体技术”职业性专业在不同技术和工作领域中的学科和跨学科问题，并对其进行相应的评价和评估；
- 能够辨别印刷、媒体和信息技术专业中的误差分析方法，并针对性地使用；
- 能够对关于技术、工作和教育的研究成果作出适当反应，通过对教学过程中的反思与对研究结果的应用，为专业教学论、课程论的理论和思想发展作出贡献；
- 在职业教育的所有领域和继续教育领域的提升教学的计划、组织和执行的能力，以及对相邻专业结构的持续反思与经验积累。与此同时，能够启动、指导和反思学习过程，同时也考虑到异质性和融合性问题；
- 匹配相应专业教学研究现状，就融合性课程的计划与设计与有特殊教育资质的教师及其他教育学人士合作，并与他们共同开发专业课程；
- 肩负社会、经济和发展生态的责任，与参与教育活动的机构和企业进行合作，进一步发展课堂、课程和学校等内容；
- 在职业工作领域和职业教育中，在教学背景下反思性地利用数字化的

新发展，继续开发课堂及课程的方案，对数字学习媒体的学习机会保持敏感，并使用数字媒体在课堂上进行差异化和个性化教学。

3. 学习内容

职业性专业的学习有助于获得所述能力及其可持续的发展，这可通过讲座和研讨会、教程和项目的方式得以实现。这些内容同样可以在分支领域（分科）中进行综合教学。

专业科学与职业科学内容

- 与各职业的工作流程有关的数学和自然科学基础
- 信息技术和通信技术基础，例如包括应用开发、网络技术和操作系统
- 机械技术和工艺技术基础
- 与各职业的工作流程有关的设计技术基础
- 从教师教育中至少选择两个重点，其中一个重点是一种印刷方法中的三阶段印刷过程（印刷前、印刷和印刷后），其他重点是 *：
  — 包含继续加工在内的数字印刷流程链
  — 包装技术的流程链
  — 按照当前的设计和技术标准，跨媒体和电子的设计和出版
  — 以视听技术的流程为例，进行视听的设计、生产、加工和复制
- 涉及计划和安全性相关执行的生产技术和生产管理的工作流程
- 印刷、媒体和包装技术的项目、质量和生产管理中选定的深化方向和应用，数字和模拟媒体生产流程的媒体法律和媒体生态方面；生产技术的安全相关方面
- 职业工作和工作过程的分析及其前瞻性观点 **

“印刷与媒体技术”职业性专业的教学论

- 职业、专业教学论思想及其关联论证
- 职业的教与学流程的计划、执行、反思、分析和评价
- 职业教育流程和资格化流程中的教学论分析、设计和评价
- 印刷和媒体技术职业的系统边界和接口的认知

• 针对个体促进、绩效评定的诊断方法和思想，包括异质性和融合性的处理
• 含诊断方法在内的职业教育研究和专业特性的教与学研究
• 关于交流形式及其传统文化的工作方式和语言应用的功能性、关联性和社会性知识

* 这些内容可根据各个高校所处地点设置不同的重点。
** 这些内容既可以在专业科学中，也可以在专业教学论或职业教育学中传授。

车辆技术

1. 特点

“车辆技术”职业性专业的特点在于相关学科领域具有很强的差异化，在技术领域和职业领域都有着很高的发展动力。其核心对象是“车辆技术”职业领域的专业能力和跨专业能力，以及教师在相应的校内外职业领域的能力和任务。教师的培养必须紧跟发展动态并对此快速反应。

对于所选择的学习重点需考虑到：“车辆技术”的特定技术对象的教学应与职业工作和相关的职业行动相结合，以便学生可以建立对专业技能及其相关应用情境的理解。

在“车辆技术”的职业科学、专业科学和专业教学论的内容里，应充分考虑生态、经济、社会和伦理方面的内容。如同工业技术专业一样，职业教育学和教育学内容应当与“车辆技术”职业性专业的教学论相辅相成。

职业性专业的教学论核心要点在于，所培养的教师应当能够分析、设计与职业工作、技术相关的职业教育和学习过程，并能在科学认知和职业实践的背景下进行反思。基于此，学习者能够应对职业行动情境并解决重要任务。

在“车辆技术”教师教育课程内可提供汽车机电一体化技术、车身和整车制造技术、农业和建筑机械机电一体化技术和两轮机电一体化技术等深化方向。

2. 专业特定的能力描述

毕业生掌握科学的车辆技术和教学能力。他们在“车辆技术”的职业领域中具备充分的专业学科知识、专业教学论知识（包括生态、经济、社会和伦理方面的知识），能够针对职业领域的教与学过程进行计划制定、执行、分析和反思。毕业生能够认识和吸收相关职业情境中的新发展，并纳入职业领域相关的课程、教育过程和课堂的设计中。

毕业生：

- 掌握劳动、职业及其相关概念的知识，与教育过程相关的车辆技术的专业知识和综合的、以科学为基础的关于工作、职业及相关思想的知识，如资格、能力及专业教学论理论、思想的知识，并能在不同的职业领域活动中应用自如；
- 能够运用科学方法处理学科和跨学科的问题，评估和评价相关发现；
- 在“车辆技术”的服务、维修、诊断、装配、改装、生产和维护职业领域中，应用科学方法检查业务和工作流程；
- 能够将研究成果用于分析技术、工作和教育，在教学情境中进行反思与运用，为专业教学论、课程论的理论和思想的进一步发展贡献力量；
- 基于专业和专业教学论知识，学习条件的诊断，异质性的处理，车辆技术、职业工作和职业教育之间联系的知识，以及按照外部合作伙伴（主管部门和企业）的要求，能够计划、组织职业教育流程；
- 匹配专业教学论研究现状，就融合性课程的计划与设计与有特殊教育资质的教师及其他教育学人士合作，并与他们共同开发专业课程；
- 根据实践中所掌握的一手资料和车辆技术职业领域和其他车辆技术教学过程的能力，促进课程的计划、组织和执行；
- 在独立或与其他教育者合作中，发起、指导和反思行动导向的学习过程，发展融合教学理念；
- 能够按照社会、经济和生态领域中劳动世界和社会所共同塑造的教育目标，与教育活动的参与机构和企业进行合作，进一步发展课堂、课程和学校；
- 在职业工作领域和职业教育中，在教学背景下反思性地利用数字化的新发展，继续开发课堂及课程的方案；对数字学习媒体的学习机会保持敏感，并使用数字媒体在课堂上进行差异化和个性化教学。

3. 学习内容

“车辆技术”职业性专业的学习应针对专业特性的能力描述，通过对其进行分析、设计和评估，进一步发展最新研究。

专业科学与职业科学内容

涉及职业性专业工作及其系统的流程、体系和组织方案相关的专业和职业科学*内容：

- “车辆技术”职业领域的企业、劳动和教育结构，及其服务功能
- 与车辆技术应用相关和考虑学习特定需求的数学和自然科学基础
- 与职业领域相关的测量、控制和调节技术
- 车辆技术系统的气动学和液压学
- 具有汽车特性的电工学、电子学和机电一体化
- 驱动流程的热力学
- 内燃机（发动机和驱动机技术）
- 车辆中的多驱动和回收系统
- 传动和驱动技术
- 车身技术
- 行驶力学和行驶机构技术
- 农业和建筑机械技术
- 车辆动态系统，包括相关的制动系统
- 舒适、安全和驾驶辅助系统
- 车辆联网和诊断技术
- （经济视角下）服务、维护、诊断和维修策略，工作计划
- 质量、社会和环境管理，劳动安全
- 劳动与职业科学*
- 具有职业特性的文档和知识管理

在选定的专业化方向中，可以对以下领域进行应用和深化：

- 车辆机电一体化，包括车辆操作中的诊断方法和服务管理

- 事故车辆的损坏分析、计算和处理及其修理，包括测量、校直、车身和喷漆工作以及汽车车身
- 农业和建筑机械机电一体化的服务、诊断和修理方法
- 两轮机电一体化的服务、诊断和维修方法
- 铁路车辆的服务、诊断和修理方法
- 飞机的服务、诊断和修理方法

“车辆技术”职业性专业的教学论

- 车辆技术职业教育中的教学论思想，及其关联论证
- 职业工作分析，包含其发展和职业领域“车辆技术”职业能力的发展
- 车辆技术及其相关教育课程的职业教育和资格化过程的规划、实施、反馈、分析和评价
- 在学校和企业课程中的课程开发和职业知识、能力的确定
- 个体促进、绩效评估的诊断方法和思想，包含异质性和融合性的处理
- 专业教学论和专业特性的教与学过程，包含诊断方法
- 融合性课堂的规划和设计基础

* 职业科学在一些高校地点中被视为独立领域，可以相应地融合在教学中。

营养与家政

1. 特点

“营养与家政”职业性专业的教学论涉及职业学校的教与学过程。该专业包括工业技术、商务类和个人相关的服务类和生产类职业。其重点是食品和酒店业，其次是家政服务。以不同的毕业证书和资格水平呈现为：从职业准备教育到专科学校证书，从主体中学证书到一般高校入学资格。

这一职业领域的职业种类繁多，内容各异。根据教育专业不同，其重点在于医疗 / 营养生理、食品技术、社会科学 / 家庭经济或经济科学 / 商务等内容，即重点是完全不同的学科。职业学校教学的学习领域来源于不同的企业活动领域。

因此，教师教育必须从多个角度，即从学习者的生活世界、职业世界、相关的专业学科、社会科学和专业教学论的角度，实现广泛、坚实和相互联结的教育。

2. 专业特定的能力描述

毕业生具有营养学和家政学子学科以及相关职业领域导向教学论的基础性专业科学和专业教学能力。他们有能力处理和评估复杂的任务和问题，以及自主规划，实施和评估教与学过程，尤其是在营养和家政职业领域的教育和职业。

毕业生：

- 具有营养和家政中针对对象领域广泛的专业的、相互关联的基础知识、核心模式和方案以及相关的职业领域导向的教学论知识；
- 熟悉职业性专业的基本工作和认知方法，在关键领域应用这些方法，评估职业教育的重要性，开拓新的问题情况和相关解决方案；
- 对职业道德和职业可持续性发展具有反思性理解，能够评估自然科学、技术、道德和社会经济的专业内容；
- 分析食品生产与营养以及膳食和护理服务的价值链上的职业行动情境，并制定相关示范性教学安排；
- 在不同学习和工作地点，针对该专业的职业与工作领域的教与学过程，实施教学理论和方法；
- 鉴于职业典型的工作流程和业务流程，在教学参考框架的背景下分析课程和（如问题导向的、基于经验的、行动导向的）学习领域；
- 鉴于学习者的社会文化、教学心理和职业环境，能够计划、分析、实施、反思和评估学生的成绩；
- 为异质性学习群体的学习过程制定教学论方案，并考虑到全纳教育对教师角色的要求，能够就全纳课程的规划与设计与有特殊教育资质的教师及其他教育学人士合作，并与他们共同开发专业课程；
- 推导全球化和移民运动对职业领域的影响，并认识到教师和学习者跨文化能力的重要性；
- 借助不同的方法探索当前的专业科学和专业教学论主题、理论与实践中的任务和解决方案，并根据教育设计范围进行区分性的认知评价；
- 具有与企业相关的行动和过程知识，并能够和愿意及时获取最新情况；
- 在职业工作领域和职业教育中，在教学背景下反思性地利用数字化的新发展，继续开发课堂及课程的方案；对数字学习媒体的学习机会保持敏感，并使用数字媒体在课堂上进行差异化和个性化教学。

3. 课程内容

营养和家政 *

- 职业领域和专业领域相关的自然科学基础，例如，生物学、化学、物理学和数学
- 营养学的生理和生化基础
- 人类营养和整体营养思想的基础
- 病理生理学和营养相关疾病预防
- 营养学的社会文化和社会经济基础
- 食品科学与感官
- 食品生产、加工、包装和储存
- 食品技术
- 食品化学
- 食品微生物学
- 食品法
- 卫生和工作安全及健康保护
- 生态和可持续发展
- 沟通基础（客人，销售和个人护理）
- 专业语言教学
- 企业经济基础
- 餐饮和供应系统，质量管理
- 职业领域的数字应用程序

“营养和家政”职业性专业的教学论

- 职业领域中职业教育和教育过程的体系、机构和条例
- 营养和家庭职业性专业教学论的理论和模型（如行动导向、学习领域、建构主义教学论）
- 规划、实施、反思以及分析和评估职业教与学过程
- 职业教育和资格化过程中教学的分析、设计和评估
- 职业性专业中教育诊断的基础和过程以及促进和实施
- 课堂研究的基础和方法
- 营养和家政职业性专业的教学论研究对象、思想、方法和结果
- 根据专业教学的研究和发展，在职业性专业中对学习群体的异质性处理，以及个性化的教学

* 营养和家政的专门化需要在相应的重点中补充与职业相关的选修模块。另外可考虑：家政管理、家政技术、家庭照顾、客人服务。

社会教育学

1. 特点

“社会教育学”职业性专业的特点是社会教育职业领域的多样性和复杂性，其中各个年龄段人群的社会工作和社会教育工作是在不同的组织环境中以及与许多职业群体合作而进行设计的。儿童 / 幼儿教育、初等教育、社会教育、教育学、心理学、社会学和其他相关科学的内容是“社会教育学”职业性专业的对象。

教师教育的对象是社会教育专家职业活动的能力和内容，以及教师在学校和校外活动领域的能力和活动。这要求教师教育与社会职业任务及其教学论的发展动态高度关联。未来教师的大学学习是为了在社会教育学的职业初始、继续教育中进行教学，以及在职业准备教育和通往普通学历教育的教育形式中进行教学。对于社会教育学专业人员的教育，除了学校作为学习场所外，实践学习地点也具有特殊意义。

关于大学学习内容，应该考虑到除了处理社会教育事实之外，职业工作的发展在其多样性中发挥着至关重要的作用。在这里，教养、教育和照顾任务与生活设计性任务和日常应对任务同等重要。与所有职业性专业一样，职业教育学、教育科学和教育心理方面教学内容是对社会教育学教学论的补充。“社会教育学教学论”的主要目的是使未来教师能够分析和构建社会职业工作和设计相关的职业教育和学习过程。这需要培养分析性和反思性的知识和认知技能，使学习者能够在此基础上解决与职业有关的任务。

2. 社会教育学专业特定能力描述

毕业生具有与专业相关的科学和教学能力。他们有社会教育学的基本知识。同样，他们有与职业领域动态发展相关联的专业科学和职业教学论知识。他们具备在科学和教学知识的基础上为社会教育学职业性专业的课程设计过程作出贡献的基本能力。毕业生能够在社会教育学专业框架下分析教与学过程。此外，他们能够按照学习地点实践的要求规划和实施教学，并对其进行反思和评估。

毕业生：

- 能够基于专业行动的条件和限制，评估社会教育工作的不同领域，包括幼儿教育、教养和照看等；能够开发组织和机构相关的问题，并在专业讨论背景下对其进行定位和反思，并加以发展；
- 了解社会教育学实践领域的专业理论问题、理论思想和研究成果的重要性；他们熟悉社会教育学领域核心的行动方法，并有能力根据专业行动的可能性和限制来评估这些方法；
- 对特定生活情况、年龄和社会问题和挑战有深入的理论知识和经验知识；能够在社会教育学和相关机构的不同行动领域情境中评估和反思由此产生的专业行动需求；
- 能够与受过特殊教育学专门训练的教师和其他教育工作人员合作进行全纳教育的规划和设计，并与他们一起发展专业学习机会；
- 观察和分析社会和政治发展，熟悉社会政策的基本理论方法和问题，并且可以根据专业行动的条件和限制来评价它们；能够开发组织和机构相关的问题，将其置于专业话语背景下并加以反思；

- 了解社会教育学职业性专业各种教育专业的教学和研究的结构和内容框架；他们熟悉融合性教学的原则以及诊断方案和个体促进，能够在考虑到实践教育的要求下实施和反思初步的教学计划，以面向目标群体的方式制定教学决策，以及评价教育目标和其专业发展对于学校和教学创新的重要性；他们还能够在社会教育专业中启动高质量的开发进程，从而为学校发展做出贡献；
- 了解社会教育学领域中特定主题和问题的不同定量和定性研究方法，并可在调查中应用并批判性地反思这些方法；
- 在职业工作领域和职业教育中，在教学背景下反思性地利用数字化的新发展，继续开发课堂及课程的方案；对数字学习媒体的学习机会保持敏感，并使用数字媒体在课堂上进行差异化和个性化教学。

3. 课程内容

社会教育学及参考科学的理论和思想

- 社会教育学的历史基础
- 社会教育学的思想、模型和理论形成
- 社会教育学和参考科学的相关理论
- 发展社会类职业及其教育，特别是以女性职业发展为例
- 初等教育学的思想
- 多样性教育的思想

社会教育学的工作领域

- 儿童和青年支持，尤其是：
  — 托儿机构和儿童日托照顾
  — 全天护理
  — 儿童和青年工作
  — 教养支持
- 家庭教育
- 儿童与青年支持和全日制学校之间的接口

- 与残疾儿童、青少年和成年人的共同工作

社会教育学组织

- 福利国家的社会政策和法律框架
- 建立社会服务体系
- 自由和公共实体之间的合作（辅助性）
- 慈善组织研究

社会教育学的行动方法

- 社会教育学方法
- 专业化理论问题（特别是关于它们的社会、社会政治和教育意义）
- 处理多样性和融合性
- 数字媒体学习

社会教育学的对象

- 不同生活状况、年龄和社会问题的经验和理论基础
- 特殊生活状况、年龄和社会问题及其对社会教育的挑战（如全球学习）

社会教育学职业性专业的教学论

- 职业教育领域目前的发展和结构
- 社会教育学职业性专业的课程
- 不同教育课程的教学框架条件和教学理念
- 职业教育诊断和个体支持的框架条件和思想
- 融合性教学作为横贯任务的教学原则
- 作为教学项目和方法出发点的多样性方面
- 教育专业工作，鉴于实践培训的要求来计划、实施、评估课堂
- 职业性专业自我理解的研究方法和教学模式
- 学习领域和模块化思想、行动和能力导向、课程规范，教学和多专业团队工作的专业特性实现

• 职业教学过程作为学校质量发展要素，其专业特性的规划、实施、反思和优化

信息技术 / 计算机科学

1. 特点

“信息技术 / 计算机科学”职业性专业是一个相对较新并且具有跨学科特点的职业和工作领域。IT 教育职业源于电信行业，显现了参考领域的多维性：计算机科学、电气计划和经济是主要的参考科学。在其他职业学校的教育专业和学校形式中，“信息技术 / 计算机科学”也作为独立的科目，是课程的一部分。在进一步的分析中，“信息技术 / 计算机科学”将通过技术和工作变革扩散到其他职业性专业中。另外，其与作为普通教育科目的信息技术学也有重叠之处。

在“信息技术 / 计算机科学”或者仅计算机科学的就业领域，在某些情况下，非学术和学术的工作任务之间没有明确的界限。因此，掌握它们需要具备理念性和计划性的能力。例如，系统设计、系统开发和系统维护以及用户支持属于各个专业人员的任务领域。

“信息技术 / 计算机科学”专业人员几乎在所有经济部门都从事与信息和通信技术（IT）现有工作过程和业务流程相关工作。因此，团队沟通和解决冲突技巧是信息技术专业人员最重要的能力之一。除了发展在专业化方向具有很高动态性的基础专业能力外，应发展项目管理领域的能力。

“信息技术 / 计算机科学”职业性专业的教师教育必须与相应的技术、职业工作以及教学论的发展动态相适应。除了教授专业科学相关知识之外，还必须考虑到职业工作的多样性。同样，在创新发展背景下，生态、经济、社会和道德方面应该在教学论内容中予以考虑，并尽可能在“信息技术 / 计算机科学”职业性专业的专业科学内容中予以考虑。

2. 专业特定能力描述

毕业生掌握专业相关的科学和教学能力。他们具有“信息技术 / 计算

机科学”和信息技术职业领域的基本知识，能够在相应的教育课程范围内分析、计划和实施学校教与学过程，并对其进行反思和评估。

毕业生：

- 掌握计算机科学领域中与发展动态相关联的、坚实和宽广的专业知识，以及电气技术和经济领域专业基础知识，包括生态、经济、社会和道德方面的相关知识，对工作、职业和生活世界变化的反思性知识以及广泛的专业教学理论和理念知识，并可灵活应用于不同职业需求；
- 根据所掌握的知识和技能，自主开发“信息技术 / 计算机科学”和职业工作的新发展，并根据目标群体引入课堂；
- 能够运用科学方法处理信息技术 / 计算机科学职业性专业的各种技术与工作领域的学科和跨学科研究问题，并评价和评估相应的发现；
- 能够合理地接受技术、工作和教育分析的研究成果，在教学环境中进行反思性地运用，并为专业教学和课程理论及方案的进一步发展作出贡献；
- 可以运用专业相关的教学研究和诊断工具的教学理念和实证研究结果，根据学生的个人素质、以往的经验和能力分析学生的个人思维和想法，激励学生进行与专业相关的学习，并促进和评价个人学习进程；
- 在信息技术职业和“信息技术 / 计算机科学”职业领域的其他职业专业中，计划、组织和实施促进能力的教学方面拥有初步的反思经验；在此过程中，他们能够发起、指导和反思学习过程，同时考虑到异质性和融合性的处理；
- 能够与受过特殊教育学专门训练的教师和其他教育工作人员合作进行全纳教育的规划和设计，并与他们一起发展专业学习机会；
- 针对“信息技术 / 计算机科学”专业概念，选择反思性和一致的技术术语；
- 具有使用相关的硬件和软件方面足够的实际能力，尤其是评价和评估使用辅助技术提供的机会；
- 在以社会和生态责任共同设计工作世界和社会的教育目标的意义下，与教育培训的参与机构共同合作，进一步发展教学、课程和学校；
- 了解不同的校外资助机会（计算机科学竞赛、课程等），并鼓励学生根据个人能力参与；

- 在职业工作领域和职业教育中，在教学背景下反思性地利用数字化的新发展，继续开发课堂及课程的方案；对数字学习媒体的学习机会保持敏感，并使用数字媒体在课堂上进行差异化和个性化教学。

3. 学习内容

职业性专业的大学学习有助于获得上述所描述的能力及其持续性发展。这是由讲座伴随的试验和项目进行支持。内容也可以在一些子领域进行综合传授。

专业科学与职业科学内容

- 应用相关的数学基础
- 与计算机科学技术相关的电气工程基础
- 企业经济学和法律领域的基础（重点关注信息技术/计算机科学相关业务流程和流程管理）
- 信息和通信系统的基础
- 算法和数据结构（算法原理、算法分析和设计、抽象数据类型及其通过数据结构的实现、分布式算法和并行处理过程）
- 数据建模和数据库设计（设计理论、查询语言及其形式语义、结构和领域特定完整性、数据库模型、数据库管理系统的方案）
- 编程和软件工程（编程范例和语言、编程语言语法和语义、开发软件系统的过程模型和系统、软件生命周期、面向对象设计的方法和语言、架构示意图、设计模式、软件测试方法、程序规范和验证）
- 为项目和质量管理选择基础知识和应用程序
- 计算机结构和分布式系统（通过数据、编码、微控制器的结构和功能以及计算机和网络系统、网络结构和基本技术、协议架构、特征、应用领域和操作系统的使用、IT 系统的安全）
- 信息技术系统/计算机科学（人与社会的要求、人机交互原则、信息技术系统的人机工程学和可访问性、辅助技术基础、数据保护，特别是信息自决、数字媒体的版权和个人权利）
- 职业工作及其发展的职业与专业科学分析

• 至少在以下领域中的深化方向：
— 开发 IT 系统
— IT 系统的运行与安全
— 企业经济运用
— 其他的深化领域也是可考虑的

“信息技术 / 计算机科学”职业性专业的教学论

• 职业和专业教学论理念及其关联论证以及当前的框架规范
• 教师宏观、中观和微观层面的教学行动领域
• 对能力导向教与学过程基于理论的规划、实施、反思及分析、评估
• 用于开发相关信息技术和信息学内容的方法、技术和媒体，以便解决视觉、听觉和触觉的感知问题，并考虑对语言敏感的教学的要求
• 通过职业行动情境的教学重建和教学简化，并在考虑学习领域思想和能力导向的情况下，对教学情境进行了解、分析和教学方面的准备
• 职业教育研究与专业特定的教学研究
• 诊断程序和个人促进与绩效评估的理念
• 处理个体促进和绩效评估方面的异质性和融合性

农业经营

1. 特点

“农业经营”职业性专业涵盖了大量不同资格等级的职业教育课程。其特点是自然科学、技术和经济科学领域中极大的职业专业分化，以及可持续发展性和保障共同利益的发展动力。

这一专业教师培养的核心一方面是农业和相关职业领域专家的职业活动，另一方面是职教教师在学校和课外环境中的活动，也就是双重实践活动。

教师培养必须考虑到职业专业工作中与农业技术、信息技术、农业政策、工作方法、环境、生产、营销和服务相关的变化以及该专业的职业教育学和专业教学论发展。教师培养必须能够培养特定专业和跨专业能力以及专

业教学或职业教学能力。

2. 专业特定能力描述

“农业经营”职业性专业的科学主题领域是鉴于整体能力发展，在环境利益、社会和企业利益之间的紧张关系领域中，在以实践和行动为导向的实例的基础上进行开发，核心在于促进教师的系统思维。

在农业和园艺科学以及职业和专业教学论课程中，应充分考虑自然科学、生态、经济、社会和道德方面。职业和专业教学论课程通过职业教育学和教育学的学习元素进行补充。“农业经营”职业性专业的教学论以面向职业领域的职业为根本。因此，专业教学论的教学是整体系统设计的，并且存在许多跨学科的联系。

从职业领域科学来看，“农业经营”职业性专业的教学论有助于获得工作和学习过程知识，从而有助于在科学认知的背景下分析、构建、设计和反思专业工作。在此基础上，可以制定与职业和社会相关的，以行动为导向的职业教育课堂的任务。

毕业生

- 在考虑到科学、生态、经济、社会和道德方面的情况下，掌握关于农业广泛的科学知识以及特定学科和/或职业教学基础知识，考虑到科学、生态、经济、社会和道德方面；
- 掌握相关的农业和园艺科学的专业能力以及农业职业领域工作的反思性工作知识和过程知识，并能够在职业领域的不同职业需求背景下灵活地运用这些能力；
- 能够认识、接受农业多样化职业领域的新职业发展，并在职业领域相关课程和职业课堂设计中考虑到这些因素；
- 根据所获得的能力，从科学、职业或专业教学和职业实践的视角来评估职业领域和职业或专业教学论新的和进一步的发展，并在教学实施中考虑这些认知；
- 承担在社会和生态方面塑造劳动世界和社会的责任，与参与职业教育的机构和组织合作，进一步发展教学、课程和学校；
- 能够考虑到社会文化、教学心理和专业条件，与学习者、同事和职业教育伙伴进行适当的交流；

- 能够与受过特殊教育学专门训练的教师和其他教育工作人员合作进行全纳教育的规划和设计，并与他们一起发展专业学习机会；
- 能够运用科学方法处理农业职业性专业及其职业教学论领域中各个工作和技术领域的学科和跨学科研究问题；
- 在可持续发展原则的基础上发展导向性的职业伦理，并在农业职业教育领域关于行动和能力导向教学的规划、实施和评估方面拥有初步的反思性经验，
- 在职业工作领域和职业教育中，在教学背景下反思性地利用数字化的新发展，继续开发课堂及课程的方案；对数字学习媒体的学习机会保持敏感，并使用数字媒体在课堂上进行差异化和个性化教学。

3. 学习内容

“农业经营”职业性专业的大学学习有助于上述所描述能力的获得和持续发展，并使学生掌握该领域最新研究动态。在“农业科学”和“园艺科学”概况中介绍了专业科学相关内容领域，部分内容由学习地点决定，以便学习地点能根据各自关注确定重点。应当注意，概况还可以进一步区分为特定的学习重点。

在此背景下，以下列出的与专业相关的学习内容可以根据概况和学习地点的重点设置不同而有不同的加权。

专业科学内容 *

基础知识

- 职业领域相关的自然科学基础
- 经济学基础
- 应用相关的土壤学

农业科学概况

- 农业作物生产系统
- 畜牧业生产系统
- 农业技术

- 数字化
- 农业经济学
- 农业生态系统
- 农业经营和生产系统
- 农业科学的选定领域

园艺科学概况

- 园艺作物生产系统
- 园艺产量和生产生理学
- 园艺技术
- 园艺经济
- 户外的植物知识
- 园艺经营和生产系统
- 园艺和园林绿化、绿地管理
- 园艺科学的选定领域

“农业经营”职业性专业的教学论

- 职业领域的教育专业和条例，双元制的合作伙伴
- 职业和专业教学理论、模型和方案，包括它们的关联论证
- 为学校和企业开发与能力相关的课程
- 异质性的教学处理，个性化教与学
- 个人促进和成绩考核的教育诊断方法和方案
- 融合性课程的规划和设计基础
- 职业工作的分析和职业领域职业所需职业能力的开发
- 规划、实施、反思和评估职业教与学过程
- 职业教育研究和职业领域相关的教学研究的基础，包括课堂研究（方法的）基础

* 由于农业经营专业的广度，各个大学学习地点可以通过设立重点区分不同的学习概貌。尤其是对于园艺和景观美化，根据学习地点的专业科学来确定重点。

建筑技术

1. 特点

“建筑技术”职业性专业的特点在于核心建筑技术能力同时分化为不同的领域。对象涉及扩建技术、高层技术、地下技术和测量技术不同领域的专业及跨专业能力，及其相互关联的能力。教师培养必须考虑建筑技术领域众多具有代表性的手工业和工业职业的建筑技术，并使之兼容。同样，必须考虑全日制学校教育所需的建筑技术能力。

对于选定的领域，必须考虑到在相关或典型的职业行动框架下进行特定的、技术对象的教学及获取相关的能力，以便师范生能够建立教学对象的职业行动能力以及职业应用情境的理解。

在“建筑技术”的专业科学及专业教学论内容中，应充分考虑生态、经济、社会、伦理和性别等方面。与所有工业技术专业一样，职业教育学和教育科学的大学内容是对建筑技术职业性专业的教学论补充，并提供了反思职业活动的社会和伦理方面的可能性，特别是在融合和处理异质性的背景下。

该职业性专业的教学论的核心是，使未来教师能够根据科学认知和职业实践分析，设计和反思职业学习过程，以使学生更好地应对职业行动环境，能够解决生活中重要的任务。

在“建筑技术”专业的师资培养中，应形成扩建技术、高层技术、地下技术和测量技术不同重点。

2. 专业特定能力描述

毕业生具备专业科学和教学能力。他们在“建筑技术”领域要有坚实的和背景化的专业科学和专业教学知识，包括相关的职业教育学、生态、经济、社会、道德以及性别的考虑，使他们能够计划、执行、分析和反思职业领域特定的教学过程。具备手工业和工业职业领域广泛的建筑技术知识。拥有职业相关—专业科学的和教学的认知，并将其应用到“建筑技术”职业领域的课程设计过程之中。

毕业生

- 拥有全面的建筑技术专业知识，关于工作与职业反思性的知识及专业教学理论知识和方案，并且能够灵活地应用于不同的职业需求场景；

- 在获得知识和技能的基础上，可以独立开发建筑技术和推进职业工作的新发展；
- 能够使用科学方法来处理建筑技术职业性专业各个技术和工作领域中的学科和跨学科研究问题，并对其进行相应的评价和评估；
- 能够恰当接受分析技术、工作和教育的研究成果，将其用于教学背景下，并为进一步发展教学理论和课程理论与概念作出贡献；
- 能够分析、评估和专门使用建筑技术系统，并认识到建筑技术专业中数字化的重要性以及系统的网络化；
- 在“建筑技术”职业及建筑技术职业领域的其他教育专业中具有计划、组织和实施能力导向课堂的初步经验，能够发起、陪伴和反思学习过程，也包括考虑融合性和异质性的教学处理；
- 能够与受过特殊教育学专门训练的教师和其他教育工作人员合作进行全纳教育的规划和设计，并与他们一起发展专业学习机会；
- 在共同设计工作世界和社会的教育目标意义下，以社会、经济和生态责任感与参与职业教育的机构合作，进一步发展教学、课程和学校；
- 在职业工作领域和职业教育中，在教学背景下反思性地利用数字化的新发展，继续开发课堂及课程的方案；对数字学习媒体的学习机会保持敏感，并使用数字媒体在课堂上进行差异化和个性化教学。

3. 课程内容

该职业性专业的大学学习有助于获得以上所描述的能力和未来的持续发展。通过讲座伴随的方式和项目来进行。这些内容也可以在以下部分领域中进行一体化传授。

专业科学内容

- 数学—自然科学基础
- 技术力学（侧重结构分析 / 承重结构学）
- 建筑物理及其应用（测量技术 / 实验室）

- 结构分析 / 承重结构学
- 建筑施工（木结构 / 钢结构 / 砖石结构 / 钢筋混凝土结构）
- 地下建筑（交通路线 / 下水道 / 管道建设）
- 扩建、高层和地下建筑的建筑技术程序
- 设计和构建的基础知识
- CAD/CAM/BIM
- 建筑材料知识，包括建筑化学和材料知识应用（测量技术 / 实验室）
- 施工管理学，包括职业安全和健康保护
- 根据 BGB、VOB 的建筑法规和工作合同法

“建筑技术”职业性专业的教学论

- 专业教学论思想及其关联论证
- 计划、实施、反思及分析和评估能力导向的教学过程
- 职业教育和资格认证过程的教学分析、设计和评估
- 个人促进和绩效评估的诊断方法和方案
- 融合，语言敏感的专业课堂及处理异质性
- 职业教育研究和专业特定的教学研究，包括诊断程序
- 分析和反思建筑职业教育学校和（跨）企业结构和组织过程
- 职业工作及其新发展的职业科学和专业科学分析 *

* 此内容可在专业科学以及专业教学论或职业教育学中讲授。

木材技术

1. 特点

“木材技术”职业性专业的一个特点是在手工业和工业影响下的程序技术性业务流程和工作过程的高度差异化。“木材技术”领域的职业活动特点是，一方面是特定场地的车间生产，另一方面是建筑工地和客户的制造和装配过程。特别是，当在建筑工地上工作时，需要了解不同行业的关联以及与上游和下游活动领域的专业人员进行协调。木工技术职业需要在

考虑技术、功能、美学、环境和经济方面因素的情况下，具有设计和实施工作过程的能力。通常，工作流程与客户委托相关。基于业务和参考领域的广度以及木材技术的发展动态，关于传统的、机器辅助的以及计算机控制的计划和生产过程的能力都是必不可少的。此外，木材技术中的职业安全、健康保护和环境保护方面也尤为重要。

“木材技术”专业的专业科学和专业教学论内容以及在大学学习中所获得的能力具有双重对象关联：一方面涉及“木材技术”领域专业工人所追求的能力和职业活动内容，包括专业科学基础；另一方面是在职业教育过程中教学者的职业活动要求也是决定性的。与所有工业技术专业一样，教学论内容补充了职业教育学和教育科学内容。

2. 专业特定能力描述

毕业生具有基于科学的、坚实的专业相关的及教学的能力。他们拥有木材技术领域的综合知识和木材技术职业的职业活动能力。毕业生能够分析、计划、实施、反思和优化性评估木材技术的职业教育过程。他们能够以团队工作进行课程开发和学校与课堂的质量发展。通过专业科学和专业教学论的学习，他们具有考虑生态、经济、社会和道德方面问题的能力。

毕业生：

- 了解木材技术领域的职业教育课程和教学行动领域；
- 拥有对木材技术专业知识以及对材料和加工工艺的深入了解，这些能力涉及技术、功能、设计、环境、经济和社会方面；
- 具备用科学方法分析和反思木材技术职业工作和业务流程发展的能力；
- 了解木材技术领域的职业工作任务以及与其他行业相关和重叠的工作领域；
- 能够根据他们的能力自我组织地开发木材技术专业科学新进展及其相关的工作过程；
- 能够根据职业教育理论和模型以及专业教学论，计划、执行、反思和评估木材技术教育教学过程，同时建立与职业活动概况的关联；在学习过程中能够联系个人角色自我批判地反思自己的行动；
- 能够通过个性化的教学安排促进在异质和融合的学习群体中的学习和

行动；

- 能够与受过特殊教育学专门训练的教师和其他教育工作人员合作进行全纳教育的规划和设计，并与他们一起发展专业学习机会；
- 在塑造社会、经济、生态责任的劳动世界的教育目标的意义上，表现出与参与培训的机构合作进一步发展教学、课程和学校的意愿和能力；
- 在职业工作领域和职业教育中，在教学背景下反思性地利用数字化的新发展，继续开发课堂及课程的方案、对数字学习媒体的学习机会保持敏感，并使用数字媒体在课堂上进行差异化和个性化教学。

3. 课程内容

专业科学内容

木材技术的数学和自然科学基础

- 技术数学及其在木材技术中的应用
- 建筑与木材物理基础
- 建筑和木材化学基础
- 建筑和木材生物基础

材料和结构相关内容

- 木材和木制材料
- 塑料、玻璃、金属和其他材料
- 联接工艺
- 锻造工艺
- 保护和改进材料和表面

计划和生产流程

- 结合工具和机器工艺的木工加工工艺
- 涂层和应用工艺
- 装配工艺
- 技术交流
- 数字化规划和生产流程（CNC、CAD、CAM）
- 重建和恢复程序

产品相关和设计的专业内容

- 家具构造与设计
- 室内构造和设计
- 建筑构件（门、窗、楼梯）的构造和设计
- 建筑与艺术史

职业和工作相关的专业内容

- 职业行动领域和工作任务
- 职业工作和技术的发展
- 工作和业务流程
- 劳动组织基础
- 跨行业领域
- 社会、经济和生态方面
- 质量和环境管理
- 工作安全与健康保护
- 法律基础，包括根据 BGB、VOB 的建筑法和工程合同法、法规和标准

“木材技术”职业性专业的教学论

- 职业教育研究和专业特定领域的教学研究，包括诊断程序
- 作为教育规划决策的基础，分析木材技术的工作和业务流程以及相关的职业工作任务
- 职业课程的系统化原则和课程开发程序
- 专业教学论理论及其关联论证
- 在宏观和微观教学层面分析、规划、实施、反思以及评估和优化职业教学过程，特别是在考虑行动和能力取向以及学习领域教学论方面
- 考虑数字化的工业技术职业教育的方法和媒体
- 个人支持和绩效评估的诊断程序和方案，包括处理异质和融合
- 学校和教学的发展和质量保证的专业教学方面
- 分析和反思木材技术职业教育的学校和（跨）企业的结构和组织过程
- 职业工作及职业科学与专业科学分析

实验室技术 / 过程技术

1. 特点

“实验室技术 / 过程技术”职业性专业重点涉及实验室和生产中已建立的化学技术类专业，例如：化学实验室助理、药剂师、化学人员或化学品专业生产人员，其实质是通过化学、物理和 / 或生物原理改变物质，以实现生产物质（也包括物质回收）或进行分析。因此，物理学或生物学相关职业也考虑在内，例如，物理实验室助理和生物实验室助理以及环境技术类职业，如水供应技术人员或回收与废物管理专家。随着生产和实验室新的分析性和程序技术性解决方案中化学、物理或生物原理的发展和技术实施，因此而改变或出现的职业活动领域也需要考虑在内。在教师培养模型的框架下（包括职业性专业与第二专业的结合），“实验室技术 / 过程技术”职业性专业的广泛概况，要求将学习量区分为总体方面和可选的专业 / 重点。因为相关技术领域的广度和变化，这尤其是在工程科学视角下是必要的。总体方面，诸如过程和设备技术和自动化技术的基础是教师在不断变化的技术领域中保持灵活性的基础，并由具有特定内容的可选择方向 / 重点来补充，例如，化学技术或环境技术，以便更集中地关注这些技术领域中的特定职业。

因此，“实验室技术 / 过程技术”的双重参考对象一方面来自（处于改变中的）上述专业工作和职业行动能力，另一方面来自专业教学的和职业教育学的以发展这一行动能力的教师活动。

2. 专业特定能力描述

毕业生具有专业相关的专业科学、职业科学及职业教学能力。这些能力的基础是具有坚实的和与相关专业的职业动态发展相适应的专业科学、职业科学 / 教学论知识。这包括生态、经济、社会和道德方面（可持续性）。毕业生能够分析、计划和实施所有学习场所的教学过程，并反思和评估这些教学过程。

他们认识并分析相关职业背景下的新发展，并在职业教学过程以及学校发展的设计中独立考虑这些发展。在科学和教学认知基础上，他们能够为“实验室技术 / 过程技术”职业性专业的特定的职业教育以及教师培养与进修的课程设计过程作出贡献。

毕业生

- 掌握相关的自然科学、过程技术和环境技术的专业知识，能够理解化学的过程技术及环境技术的创新过程，并对其进行逻辑上的结构化；
- 了解核心的专业相关的工作方法以及自然科学认知方法，并能在实际中实施安全实验并指导实验活动；
- 获取与专业相关的职业工作内容，具有联结性的职业科学知识，特别是在不断变化的研究、生产和服务过程中分析和生产物质和混合物的行动领域，并能够识别和构建教育相关的事实和关联，以及语言上充分和清晰展现；
- 能够举例说明专业科学发展的过程；
- 获得相关的职业教学知识，特别是针对特定学科的职业教学概念和课程方法，尤其要考虑到能力导向的教学过程，以及职业教学和化学相关的教学研究结果与方法，能够工作任务相关和能力导向地设计教学过程及检测学习结果；
- 掌握在学习过程中诊断个人学习的先决条件和困难，并在学习安排的设计中充分考虑它们，并明确考虑各学习小组在融合要求下的异质性；
- 能够与受过特殊教育学专门训练的教师和其他教育工作人员合作进行全纳教育的规划和设计，并与他们一起发展专业学习机会；
- 在职业工作领域和职业教育中，在教学背景下反思性地利用数字化的新发展，继续开发课堂及课程的方案；对数字学习媒体的学习机会保持敏感，并使用数字媒体在课堂上进行差异化和个性化教学。

3. 课程内容

自然科学方面

- 数学、物理和生物学基础
- 通用和无机化学（如化学基础、元素化学、分子和固态化学、配位化学、原子和键合理论、化学反应基础等）

- 有机化学（如材料类别、功能团、反应机理、立体化学、异构、天然产物、大分子化学、生物化学等）
- 物理化学（特别是热力学、动力学、电化学）
- 分析化学（特别是容量法、重力法、仪器分析、分离技术）

工程科学方面

- 学校课程中的有害物质（特别是法理学和毒理学）和实验技术
- 工艺和设备技术基础（热、机械、化学、生物工艺技术等）
- 测量、控制和自动化技术
- 可选择的特定重点 / 深化，例如：

— 化学技术（化学工业、技术化学化学过程技术的大技术方法）

— 环境技术（空气污染控制、污水处理技术、供水技术、管道、下水道、工业服务、回收和废物管理）

实验室技术 / 过程技术的职业科学与职业教学论

- 职业工作的职业科学与专业科学分析，包括其在实验室技术 / 过程技术领域的发展
- 职业与专业教学理念及关联论证，特别是在实验室技术 / 过程技术领域的职业工作内容的背景下，职业相关专业科学（特别是化学）基本理论进行职业与专业教学论的反思和重建
- 基于理论分析和评估职业教育学习地点的专业相关课程理念和职业教学过程
- 在以能力为导向的职业学习过程（与普通教育的学校学习过程相比）背景下的学习困难、动机和兴趣，及其诊断和专业教学处理
- 基于理论计划、实施和反思职业教育所有学习场所的专业相关的职业教学过程，同时考虑认知支持工具（特别是实验化学课程的理论和实践，包括职业安全和模型使用的相关方面以及其他表现形式）
- 在融合性要求下，对个体学习先决条件和学习困难进行过程伴随诊断及其在异质学习小组学习安排设计中进行考虑

• 在实验室技术 / 过程技术领域的职业工作内容范围内，分析和设计学习地点的职业教育专业、方案、课程和体制框架，在实验室技术 / 过程技术的职业科学 / 职业教学论的行动和研究领域背景下的职业教育研究和专业相关的教学研究

纺织技术与设计

1. 特点

“纺织技术与设计”职业性专业包括服装技术和服装设计。它的特点是纺织生产链和生产的复杂性,从纤维原料开始,到成品直至回收或再循环。这反映在纺织品和服装的设计和生产中的许多商业和技术的职业描述中。必须区分手工业和工业的职业概况。

职业性专业包括不同资格水平的教育课程。职业资格覆盖了从职业准备教育到专科学校毕业的范围。

该职业领域职业具有很高的异质性和复杂性。根据教育专业的不同，重点是纺织技术的、服装 / 时装技术的或纺织品设计导向的内容。职业学校教学的学习、主题和任务领域来自不同的企业行动领域。

因此，教师培养必须从学习者的生活世界、职业世界及相关专业科学、教育科学和职业性专业教学论的角度出发，提供广泛、多视角、坚实和具有联结性的教育。

2. 专业特定能力概况

毕业生具有专业相关的专业科学、职业科学及职业教学能力。这些能力的基础是具有坚实的和与相关专业职业动态发展相关的专业科学、职业科学 / 教学论知识。这包括生态、经济、社会和道德方面。毕业生能够分析、计划和实施所有学习场所的教学过程，并且反思、评估和继续发展这些教学过程。毕业生能认识并分析相关职业背景下的新发展，并在职业教学过程以及学校发展的设计中独立考虑这些发展。在科学和教学认知基础上，他们能够为特定学科的职业课程设计过程以及纺织技术和设计领域的教师

培养和继续教育作出贡献。

毕业生：

- 可以收集和分析服装、家用纺织品和技术纺织品在纺织价值链中的业务和工作流程；
- 熟悉职业性专业的职业和认知方法，能够在关键领域应用这些方法，评估其与职业教育的相关性，并探索新的问题领域和相关的解决方案；
- 能够改进技术、工作和教育分析的研究成果，在教学环境中反思性地使用它们，并为教学和课程理论和概念的进一步发展作出贡献；
- 具备纺织和服装技术以及纺织和时装设计的历史专业知识，综合的和科学支撑的工作与职业知识及其参考理念，如资格、能力和专业教学理论与方案的知识，可以灵活地应用于不同的职业应用环境中；
- 基于专业和专业教学知识，学习条件的诊断和异质性的处理，以及纺织和服装技术、职业工作与职业教育之间的关联知识及外部合作伙伴的要求（“主管机构”和企业）计划和组织职业教育过程；
- 能够与经过特殊教育专门培训的教师和其他教育人员合作，共同规划和设计全纳教育，并与他们一起发展专业学习机会；
- 具备在纺织和服装技术职业及其相关教育专业领域中计划、实施和评估能力促进的课堂的初步经验；
- 在职业工作领域和职业教育中，在教学背景下反思性地利用数字化的新发展，继续开发课堂及课程的方案；对数字学习媒体的学习机会保持敏感，并使用数字媒体在课堂上进行差异化和个性化教学。

3. 课程内容

纺织技术和设计职业性专业的大学学习有助于上述最新研究状态所描述能力的获取和持续发展。

专业科学内容

纺织和服装技术基础

- 机械技术
- 纺织材料

- 纱线生产
- 面料生产
- 精加工
- 使用制造和加工技术的产品开发
- 制模
- 流程规划和控制
- 纺织品测试和纺织品标签（包括法规方面）
- 服装生理学基础
- 纺织品护理
- 质量管理
- 回收和处理
- 可持续性和生态学
- 环境保护
- 与职业领域相关的数学和自然科学基础

纺织和服装设计基础

- 产品设计
- 设计理论，设计和时尚理论
- 艺术和文化科学的基础以及时装和纺织品的文化历史

劳动科学基础

- 工作场所分析和设计
- 活动分析
- 工作与健康保护

纺织技术与设计职业性专业的教学论

- 职业工作的职业科学与专业科学分析，包括纺织与服装技术和设计领域的发展
- 职业和专业教学论理念和关联论证，特别是在纺织技术和设计领域的职业工作内容背景下职业相关专业科学的基本理念的职业教学和专业教学性反思和重建
- 基于理论分析和评估职业教育学习场所的相关课程方案和职业教学过程

- 在以能力为导向的职业学习过程（与普通教育的学习过程相比）背景下的学习困难、动机和兴趣，及其诊断和专业教学处理
- 基于理论，计划、实施和反思职业教育所有学习场所的专业相关的职业教学过程，同时考虑认知支持工具
- 个别学习先决条件和学习困难的过程伴随诊断，以及在设计异质性学习小组的学习安排时进行考虑
- 在纺织和服装技术与设计领域的职业工作内容情境内，分析和设计学习地点的职业教育、理念、课程和体制框架，在纺织和服装技术与设计领域的职业科学 / 职业教学论的行动和研究领域背景下进行职业教育研究和专业相关的教学研究

色彩技术，室内设计与表面技术

1. 特点

“色彩技术，室内设计与表面技术”职业性专业专注于以手工业为特色的业务和工作流程，其本质是设计理念和技术的计划和实施，以及颜色、涂层和表面工艺的规划和使用。

除了颜色/模塑和涂层加工类职业，以及空间和建筑（理念）设计类职业，该专业还包括展示商品、产品和服务为主而开发的视觉设计的职业教育。基于行动领域的广泛分析，该专业工作需要自然科学 / 工艺和设计性的核心能力。全日制职业教育的要求（包括职业准备教育、专科高中、专科学校和职业文理高中）也必须考虑到这些要求。

对于色彩技术，空间、车辆和物体设计以及表面技术的职业领域必不可少的一方面是建筑工地和客户的工作流程，另一方面是基于地点的、部分的工业化的车间生产。通常，工作流程与客户订单相关，需要专业的咨询能力。特别是在建筑工地活动范围内，必须与上游和下游活动领域的专业人员进行协调，这需要跨行业的知识和能力。

基于“色彩技术，室内设计和表面技术”职业性专业在传统和创新的手工工艺，如数字技术，以及业务领域发展动态的广泛剖析，大学学习侧

重以下科学和设计学科：颜色，涂层和表面技术内容和方法，专业相关的自然和工程科学工艺，设计科学的颜色、设计和建筑理论与历史内容和方法，色彩、空间和对象相关的设计实践的内容与方法。鉴于（变迁中的）专业工作的多样性，必须特别考虑专业工作的技术、文化、美学、历史、区域、生态、经济、社会和伦理方面。此外，必须整合职业安全、健康保护和环境保护以及可持续发展等方面。

“色彩技术，室内设计与表面技术”职业性专业的毕业生活动具有双重对象参考。这意味着，学习内容及所需获得能力一方面涉及“色彩技术，室内设计和表面技术”领域的职业活动，另一方面涉及来自教学活动自身产生的要求。毕业生决定自己的优势和发展潜力。

2. 专业特定能力描述

毕业生

- 具备关于设计工艺、科学和实践专业领域以及工作与业务流程的结构化、广泛的、坚实的和关联性能力和专业知识，使他们能够理解逻辑建构专业工作相关的内容，包括关键技术、文化、美学、历史、区域、生态、经济、社会和道德方面，并至少获得在一个专业科学或专业实践重点中深入的能力和专业知识；
- 熟悉职业性专业中必不可少的、最新的设计技术，设计科学和设计实践的发展，并能够根据职业领域中社会文化、技术和设计的动态变化独立发展专业知识和能力；
- 鉴于职业实践的反思性经验，能将该专业的设计技术、科学和实践相互联系及与其他学科和行业建立关联，并进行职业和科学系统化和历史性的定位；
- 熟悉该专业的设计技术、科学和实践的认知方法和工作方法及媒体，尤其是在分析、合理规划、设计和反思工作和业务流程以及研究与设计项目时，也包括其典型的实践实施；
- 了解、考虑和反思职业领域和职业教育当前的媒体化和数字化要求，以及数字世界中教育相关的职业领域和专业教学相关研究；
- 在职业工作领域和职业教育中，在教学背景下反思性地利用数字化的

新发展，继续开发课堂及课程的方案；对数字学习媒体的学习机会保持敏感，并使用数字媒体在课堂上进行差异化和个性化教学；

- 具备专业特定的、职业教学立场的关联性知识，并可以根据教育效果和教学分析，在综合背景下应用设计技术的、科学的和实践的内容和方法；
- 能够以适当的方式呈现复杂的设计技术、科学和实践问题；
- 了解、使用和反思“色彩技术，室内设计和表面技术”领域的教学研究成果；
- 了解符合专业及需求的绩效评估基础；
- 充分了解可以促进或抑制教育成功的学生特点，以及如何利用它们来区分教育环境并同时考虑个人促进和支持需求，在融合性教学中进行充分设计；
- 能够与经过特殊教育专门培训的教师和其他教育人员合作，共同规划和设计全纳教育，并与他们一起发展专业学习。

3. 课程内容

专业科学与专业实践内容

- 自然科学，如数学、（材料和结构）物理、化学及颜色，涂层和表面技术的工程科学基础
- 颜色、涂层，表面技术的测量和测试技术
- 物体和室内设计的材料技术和加工技术
- 基于能源效率的建筑施工和维护的专业相关的基本方面
- 颜色，设计和建筑理论和历史（包括建筑文化和纪念碑保护）
- 颜色和室内设计以及颜色，涂层和表面技术的理念、设计、规划和执行实践
- 颜色和室内设计的实践以及数字媒体的视觉设计（例如虚拟现实和增强现实）
- 工艺设计的理论与实践（当前和历史设计技术）
- “色彩技术，室内设计和表面技术”领域的结构和工艺组织流程
- 基于资源意识使用物质和材料的生态要求

职业性专业教学论内容

- 职业性专业教学论的理论与模型，包括其论证关联
- 职业课程的系统化原则和课程开发程序，包括在“色彩技术，室内设计和表面技术”职业性专业的学习场所对职业课程和资格进行分析和设计
- 分析“色彩技术，室内设计和表面技术”的传统和新工作和业务流程，以及作为教育规划决策基础的典型职业工作任务
- 鉴于认知支撑工具，基于理论地分析、合理规划，设计、实施和反思职业教育过程（特别是对象相关的表现形式和工作方法，如模型和实验）
- 考虑专业的职业教育的异质性、整合性和融合性

附录 4　德国不来梅大学职业教育硕士专业课程

“电气电子技术”职业性专业课程大纲

附表 4-1　德国不来梅大学学士学习计划（电气电子技术—信息技术职业性专业）

模块领域	模块名称	模块标记	学分	第 1 学期	第 2 学期	第 3 学期	第 4 学期	第 5 学期	第 6 学期
职业和企业教育学	职业教育基础	BBP-1.1	6	职业教育基础（6）					
	学生及其学习过程的伴随	BBP-1.2	6		学生及其学习过程的伴随（6）				
	获取、评价与评估学习进度	BBP-1.3	6			获取、评价与评估学习进度（6）			
	教育管理的行动领域	BBP-1.4	6				教育管理的行动领域（6）		
	项目管理：教育项目的设计	BBP-1.5	6					项目管理：教育项目的设计（6）	

续附表 4-1

模块领域	模块名称	模块标记	学分	第 1 学期	第 2 学期	第 3 学期	第 4 学期	第 5 学期	第 6 学期
职业性专业的职业科学	职业和规章制度	EIT-2.1	6	电气电子技术和信息技术的职业领域（3）					
				职业领域中教育培训和继续教育的规章制度（3）					
	职业科学方法 1	EIT-2.2	6		职业科学方法 1：职业形态组织的专业工作分析（6）				
	职业科学方法 2	EIT-2.3	6			职业科学方法 2：职业教育措施的设计（6）			
	职业教育实践研究项目研讨会 1	EIT-2.4	6				职业教育实践研究（6）		
	职业科学研究项目研讨会 2	EIT-2.5	6					职业科学研究（6）	

续附表 4-1

模块领域	模块名称	模块标记	学分	第 1 学期	第 2 学期	第 3 学期	第 4 学期	第 5 学期	第 6 学期
职业性专业的专业重点	电气安装	EIT-3.1	6	电气安装 I（3）					
				电气安装 II（3）					
	楼宇系统	EIT-3.2	6		楼宇系统 I（3）				
					楼宇系统 II（3）				
	办公系统	EIT-3.3	6			办公系统 I（3）			
						办公系统 II（3）			
	生产系统	EIT-3.4	6				生产系统 I（3）		
							生产系统 II（3）		
	新能源	EI-3.5	6					新能源 I （3）	
								新年能源 II（3）	

续附表 4-1

模块领域	模块名称	模块标记	学分	第 1 学期	第 2 学期	第 3 学期	第 4 学期	第 5 学期	第 6 学期
专业科学基础	数学基础	EIT-4.1	6	数学Ⅰ 数学Ⅰ-练习（6）					
	电气电子技术基础	EIT-4.2	12	电气电子技术基础Ⅰ(6)					
					电气电子技术基础Ⅱ(6)				
	信息技术基础	EIT-4.3	12		技术性信息学1（6）				
						技术性信息学2（6）			
	电气电子技术运用	EIT-5.1	12			电气电子技术基础实验（6）			
							电气电子技术的材料（6）		
	信息技术运用	EIT-5.2	12				实践性信息学1（6）		
								实践性信息学2（6）	
	电气电子和信息技术在特定领域的应用	EIT-5.3	6					电气测量技术（3）	
								计算机网络(3)	

续附表 4-1

模块领域	模块名称	模块标记	学分	第1学期	第2学期	第3学期	第4学期	第5学期	第6学期
专业科学的限选课一般研究		EIT-6	15	从目录中限选（15）					
毕业模块		EIT-7	15						研讨课（3）
									论文（12）

附表 4-2 德国不来梅大学硕士学习计划（自 2013/2014 起，适用于本硕一体化和插班生）（电气电子技术、信息技术、汽车技术或机械技术专业）

模块领域	模块名称	模块简称	学分	第一学期	第二学期	第三学期	第四学期
职业性专业教学论	职业性专业教学论与课程	FD-1	24	职业性专业教学论与课程（6）			
	职业性专业中的工作与技术	FD-2			职业性专业中的工作与技术（6）		
	专业教学论项目	FD-3			专业教学论项目 3（12）		
职业教育学	职业教育学导入	BP-1	12	职业教育学导入 I（3）	职业教育学导入 II（3）		
	学习、发展与社会化	BP-2			学习、发展与社会化 I（3）	学习、发展与社会化 II（3）	
核心能力模块	核心能力 / 与异质学生的交流	SQ	9	全纳教育学（3）		德语（3）	
				跨文化教育（3）			
硕士论文	硕士论文	MA	15				硕士论文（15）

电气电子技术职业性专业职教师资学士阶段课程[1]

如附表 4-1 所示，学士阶段的模块领域涉及：职业和企业教育学、职业性专业的职业科学、职业性专业的专业重点、专业科学基础、专业科学的限选课、毕业模块。该部分分别以各模块中的一门课程为例，代表性地介绍不来梅大学学士阶段的课程大纲内容。

1.“职业和企业教育学”模块

该模块领域包含 30 个学分，共 5 门课程：BBP-1.1：职业教育基础；BBP-1.2: 学生及其学习过程的伴随; BBP-1.3: 获取、评价与评估学习进度; BBP-1.4：教育管理的行动领域；BBP-1.5：项目管理：教育项目的设计。

附表 4-3 不来梅大学“BBP-1.1：职业教育基础”课程大纲

模块种类	必选
负责人	* * *
学期	冬季学期
时长	一学期
频率	每两学期一次
教学形式	研讨课
必需前提	无
所建议的前提	无
课程	·职业教学安排的计划 ·职业教学安排的组织

1 ITB Uni Bremen. Modulhandbuch Bachelor-Studiengang (Berufliche Bildung mit den beruflichen Fachrichtungen Elektrotechnik-Informationstechnik sowie Metalltechnik-Fahrzeugtechnik)[R]. 2012.

续附表 4-3

<table>
<tr><td rowspan="1">模块内容</td><td colspan="4">该模块的内容是在重要的企业、专业、教育学、经济、特定目标群体和组织的视角下对职业性教学安排的计划和组织
尤其以下内容属于该模块：
• 市场和技术发展
• 企业和员工计划
• 学习和资格要求
• 教育框架计划和进修条例
• 学习情境设计的框架方案
• 学习地点和学习媒体
• 时间、人员和费用计划</td></tr>
<tr><td>学习结果</td><td colspan="4">学生拥有关于职业性教育过程计划与组织宽广和融合的知识；学生拥有在该工作领域中对于加工复杂问题方法的宽广视域，能够加工新的解决方案，在考虑到不同标准的情况下并随着经常变化的要求对这些解决方案进行评价；学生能够面对学习者、负责人和专业人员就复杂的专业相关的问题和解决方案进行论证和与他们共同发展
尤其以下的技能和能力属于该课程：
• 分析涉及企业和员工计划的市场和技术发展
• 获得企业学习需求和资格需求
• 实施教育框架计划和进修条例
• 计划学习情境
• 组织学习地点和学习媒体
• 在教育培训和继续教育中实施时间计划、人员计划和费用计划
• 谈话式地开发计划，交流式地确定组织，交流式地确认计划数据和组织环境，并以此作出必要的决定</td></tr>
<tr><td>学分和工作量</td><td colspan="4">6 学分，180 小时</td></tr>
<tr><td rowspan="6">工作负荷
的分配</td><td></td><td>研讨课 1</td><td>研讨课 2</td><td>总学分</td></tr>
<tr><td>课堂出席</td><td>30 小时（1 学分）</td><td>30 小时（1 学分）</td><td>2</td></tr>
<tr><td>独立学习</td><td>30 小时（1 学分）</td><td>30 小时（1 学分）</td><td>2</td></tr>
<tr><td>小组工作</td><td>30 小时（1 学分）</td><td></td><td>1</td></tr>
<tr><td>模块考试</td><td></td><td>30 小时（1 学分）</td><td>1</td></tr>
<tr><td>总计</td><td>90 小时（3 学分）</td><td>90 小时（3 学分）</td><td>6</td></tr>
<tr><td>学分（CP）
给定前提</td><td colspan="4">学分不能在各门课中单独获得；成功通过模块考试方可结业</td></tr>
<tr><td>模块考试和
模块成绩</td><td colspan="4">该模块给出分数；其他规定见考试条例</td></tr>
</table>

2."职业性专业的职业科学"模块

电气电子—信息技术职业性专业的职业科学模块领域包含30个学分，共5门课程：EIT–2.1：职业和规章制度；EIT–2.2：职业科学方法1；EIT–2.3：职业科学方法2；EIT–2.4：职业教育实践研究/项目研讨会；EIT–2.5：职业科学研究/项目研讨会。

附表4-4 不来梅大学"EIT-2.1：职业和规章制度"课程大纲

模块种类	必选
负责人	* * *
教师	* * *
学期	冬季学期
时长	一学期
频率	每两学期一次
教学形式	研讨课
必需前提	无
所建议的前提	无
课程	• 电气电子技术和信息技术职业领域 • 电气电子技术和信息技术职业领域中教育培训和继续教育的规章制度
模块内容	电气电子技术和信息技术职业领域： • 电气电子技术和信息技术职业科学 • 电气电子技术和信息技术的职业教育研究 • 职业教育体系中的职业教育体系、责任领域和能力分布的结构 • 职业知识 • 电气电子技术和信息技术职业领域中教育职业的区分性和选择性 • 工业和手工业领域中职业形态组织的电气电子和信息技术专业工作 • 电气电子技术和信息技术中的生涯道路 • 教育培训、进修和继续教育的学习地点 教育培训、进修和继续教育的规章制度： • 历史性的职业领域研究（主导问题、争斗领域） • 职业结构（主体、方案、程序） • 职业管理（教育培训实践、教育培训监督和规章工作的法律基础）

续附表 4-4

<table>
<tr><td>模块内容</td><td colspan="4">• 电气电子和信息技术教育职业的产生与发展（家族史）
• 被承认的电气电子和信息技术教育职业体系的发展阶段
• 双元制职业教育的规章制度
• 进修和继续教育的规章制度
• 全日制教育的规章制度
• 课程分析</td></tr>
<tr><td>学习结果</td><td colspan="4">学生拥有以电气电子技术和信息技术职业领域中基本体系的结构和内容为重点的职业和规章制度的坚实知识，他们尤其能够在历史形成的背景下反思、评价和在教育培训措施设计的视角下继续开发深受两个职业领域影响的框架环境。
以下能力属于该课程：
• 学生具备在电气电子技术和信息技术职业领域背景下的相关知识，具备工业和手工业领域中电气电子职业和信息职业及其产生的知识；
• 学生能够批判性地反思电气电子技术和信息技术职业领域中技术和工作组织的变迁对职业形态组织的专业工作产生的影响，并且在设计学习过程时进行考虑；
• 理解规章制度产生和改变时的程序性流程及其对职业发展的影响；同时，他们尤其能够批判性地反思社会伙伴、职业教育研究者和国家规章制定者的角色，并且将其用于未来的职业工作中。</td></tr>
<tr><td>学分和工作量</td><td colspan="4">6 学分，180 小时</td></tr>
<tr><td rowspan="6">工作负荷的分配</td><td></td><td>研讨课 1</td><td>研讨课 2</td><td>总学分</td></tr>
<tr><td>课堂出席</td><td>30 小时（1 学分）</td><td>30 小时（1 学分）</td><td>2</td></tr>
<tr><td>独立学习</td><td>30 小时（1 学分）</td><td>30 小时（1 学分）</td><td>2</td></tr>
<tr><td>小组工作</td><td>30 小时（1 学分）</td><td></td><td>1</td></tr>
<tr><td>模块考试</td><td></td><td>30 小时（1 学分）</td><td>1</td></tr>
<tr><td>总计</td><td>90 小时（3 学分）</td><td>90 小时（3 学分）</td><td>6</td></tr>
<tr><td>学分（CP）给定前提</td><td colspan="4">学分不能在各门课中单独获得；成功通过模块考试方可结业</td></tr>
<tr><td>模块考试和模块成绩</td><td colspan="4">该模块是给出分数的；其他规定见考试规章
• 学习效力：实施研讨课汇报；课堂场景的计划、实施和评价
• 考试形式：监督下的书面考试、研究论文、案例研究、分析、项目工作</td></tr>
<tr><td>参考文献</td><td colspan="4">略</td></tr>
</table>

3.“职业性专业的专业重点”模块

职业性专业的专业重点模块领域包含 30 个学分，共 5 门课程：EIT-3.1：电气安装；EIT-3.2：楼宇系统；EIT-3.3：办公系统；EIT-3.4：生产系统；EIT-3.5：新能源。

附表 4-5 德国不来梅大学“EIT-3.1：电气安装”课程大纲

模块种类	必选
负责人	* * *
教师	* * *
学期	夏季学期
时长	一学期
频率	每两学期一次
教学形式	研讨课
必需前提	无
所建议的前提	无
课程	电气安装 I 电气安装 II
模块内容	电气安装是手工业和工业领域中电气电子和信息技术专业工作的对象；电气安装的使用价值、特性（电气电子技术安全，未来安全，操作舒适）和经济的、生态的和人类相关的特点。 • 电气能源中不同能源形式的转化 • 能源分配系统（网络形式），不同终端用户电气能源的输送，如住宅、商业企业 • 在住宅、商业设备和工业设备中电气能源的分配 • 在住宅、商业设备和工业设备中通信技术 / 信息技术安装 • 安装电路的计划、安装和调试 • 电气安装的元器件，费用预算 • 电线选择及其铺设类型，安装区域 • 总线系统的计划、安装和调试原则，例如 KNX/EIB • 网络相关与不相关的保护措施，特定要求的保护措施 • 电气安装领域（典型）的顾客订单的阶段 / 内容 • 项目任务：在私人对象和企业对象中的电气安装 所有的内容嵌入法律规定和技术条例以及安全和健康保护的规章中。

续附表 4-5

<table>
<tr><td>学习结果</td><td colspan="4">学生拥有电气安装领域中关于工艺、技术运用和职业专业工作的广泛知识；他们反思这些专业重点的专业工作、技术和职业教育的相互关联，能够以当前的案例分析性地展示职业教育相互关系的含义；他们运用这些知识，论证性地构建职业教育措施；除此之外，他们能够独立地、专业化地挖掘技术工艺的、劳动组织的和资格的发展，认识所呈现的设计可能性。
尤其以下能力属于该部分内容：
• 描述“电气安装”工作的技术产品、工具和方法相关的专业解决方案
• 开发“电气安装”技术服务方面使用价值导向的问题解决方案
• 反思安装技术和职业能力发展中的职业知识与能力间的相互关联，认清工艺革新开发的基础，分析和评价技术革新对工作世界、社会和环境的影响
• 评价电气基础设备及元器件的计划、安装、组装、配置、调试、维修和驱动的工作过程，以及它们对设计职业教育措施的意义
• 识别和评价“电气安装”的专业工作变迁</td></tr>
<tr><td>学分和工作量</td><td colspan="4">6 学分，180 小时</td></tr>
<tr><td rowspan="6">工作负荷的分配</td><td></td><td>研讨课 1</td><td>研讨课 2</td><td>总学分</td></tr>
<tr><td>课堂出席</td><td>30 小时（1 学分）</td><td>30 小时（1 学分）</td><td>2</td></tr>
<tr><td>独立学习</td><td>30 小时（1 学分）</td><td>30 小时（1 学分）</td><td>2</td></tr>
<tr><td>小组工作</td><td>30 小时（1 学分）</td><td></td><td>1</td></tr>
<tr><td>模块考试</td><td></td><td>30 小时（1 学分）</td><td>1</td></tr>
<tr><td>总计</td><td>90 小时（3 学分）</td><td>90 小时（3 学分）</td><td>6</td></tr>
<tr><td>学分给定前提（CP）</td><td colspan="4">学分不能在各门课中单独获得；成功通过模块考试方可结业</td></tr>
<tr><td>模块考试和模块成绩</td><td colspan="4">该模块是给出分数的；其他规定见考试规章</td></tr>
</table>

4.“专业科学基础”模块

专业科学基础模块领域包含 30 个学分，共 3 门课程：EIT–4.1：数学基础；EIT–4.2：电气电子技术基础；EIT–4.3：信息技术基础。

具体课程大纲略。

5.“职业性专业的专业科学”模块

职业性专业的专业科学模块领域包含 30 个学分，共 3 门课程：EIT–5.1：电气电子技术运用；EIT–5.2：信息技术运用；EIT–5.3：电气电子和信息技术在特定领域的应用。

具体课程大纲略。

6.“专业科学的限选课 / 一般研究”模块

专业科学的限选课 / 一般研究模块领域共 15 个学分，包含以下模块：电路、电气元件、电气驱动基础、调节技术和实验室、计算机和社会、媒体信息技术基础、数据库基础、计算机结构等。

具体课程大纲略。

7. 毕业模块

毕业模块共 15 个学分，包含 12 学分的学士论文和 3 学分的伴随研讨课。

电气电子技术职业性专业职教师资硕士阶段课程[2]

如附表 4–2 所示，硕士阶段电气电子技术职业性专业的模块领域包含：职业性专业教学论、职业教育学、核心能力模块和硕士论文四个部分。职业性专业教学论课程主要由职业性专业的教师队伍承担，并且与专业内容是相关的；职业教育学类课程和核心能力模块课程对于各个职业性专业是一致的，是跨专业或跨专业方向的。

该课程类所包含的模块领域涉及：职业性专业教学论：职业性专业的教学论与课程、职业性专业中的工作与技术、专业教学论项目；职业教育学：职业教育学导入、学习、发展和社会化；核心能力模块：科学化工作、与异质学生的交流、目录中的限选课程。

---

2 ITB Uni Bremen. Modulhandbuch Bachelor-Studiengang (Berufliche Bildung mit den beruflichen Fachrichtungen Elektrotechnik-Informationstechnik sowie Metalltechnik-Fahrzeugtechnik)[R]. 2013.

该部分同样分别以各模块中的一门课程为例，代表性地介绍不来梅大学硕士阶段的课程大纲内容。

1）职业性专业教学论

附表 4-6 德国不来梅大学“职业性专业教学论”课程大纲

模块名称	职业性专业教学论	
代码	ET-FD-1	
课程	电气电子技术职业性专业的教学论与课程	
学期	第 1 学期	
模块负责人	* * *	
导师	* * *	
语言	德语	
课程归属	电气电子技术、信息技术、汽车技术或机械技术职业性专业的职教师资	
学习形式 /SWS	研讨课、4 SWS	
工作量（小时）		研讨课
	出席	60
	独立学习	60
	小组工作	30
	模块考试	30
	总计	180
学分	6 学分	
根据考试规章的前提	无	
所建议的前提	无	

续附表 4-6

模块目标 / 所追求的学习结果	学生拥有电气电子技术职业领域、相关职业和教育领域中坚实的和贯通的知识；学生拥有关于双元制教育和全日制学校教育专业的细化知识；他们熟悉基本的教学论模型、方案和类型。基于职业性的，尤其是职业学校的教育措施的设计，能够反思和运用他们关于规章制度、职业、课程和教学论的知识。 因此，尤其需要获取以下一些能力： • 能够在职业教育的背景下对职业性专业、电气电子技术职业领域及相关的双元制和全日制教育职业进行归类和对内容进行区分 • 分析和评价横向和纵向的职业区分的宽度 • 熟悉工业与手工业行业中电气电子专业工作的核心任务领域、工作对象和工作行动，能够运用相关的知识 • 理解职业教育规章制度产生与发展的程序化流程和对职业发展和职业设计的影响，尤其能够在职业学校教育的背景下进行典型分析 • 理解职业构造作为社会伙伴与教育政策决策者之间利益导向的协商流程 • 了解德国职业教育体系和重要机构的组织架构，能够对教育体系中不同的学校形式、教育专业和机构进行定位和评价它们的地位与价值 • 了解学校和企业职业教育重要的法律规定（法律、规章、颁布条文），并且能够进行运用 • 了解职业教育中专业系统化和过程导向思想的区别，能够就教育措施的设计反思其重要性，尤其是关于学习领域思想的反思 • 能够分析职业课程，并能够从中推导出学校教育措施的目标和内容 • 评价工商—技术职业教育中“工作导向转折”的意义和结果，运用相关的认知设计课堂 • 具备基本的教学论知识，能够将其典型地贯彻到教学场景中
内容	• 电气电子技术职业性专业，电气电子技术职业领域 • 职业科学，职业教育的工作导向转折 • 工作、技术和教育的相互关系 • 工业与手工业行业中职业形态组织的电气电子技术专业工作 • 电气电子技术的教育职业（双元制、全日制） • 电气电子技术教育专业（职业专科学校、专业高中、职业高中、职业文理高中、专科学校） • 职业学校、教育培训企业和跨企业职业教育机构；学习地点合作 • 学校法规、规章和条例；学校法 • 职业知识

续附表 4-6

内容	• 职业构造和职业管理 • 开放式课程，行动导向，设计导向 • 双元制初始职业教育的规章制度，学习领域课程 • 全日制学校教育的规章制度 • 课程开发，课程分析 • 学习领域和学习情境，学习和工作任务 • 工作过程导向 VS 专业系统化 • 课堂设计：社会形式，行动方式，教学方法
学习效力 / 考试效力 / 考试形式	学习效力：实施研讨课汇报；课堂场景的计划、实施和评价 考试形式：监考下的书面考试、学习报告
媒体形式	学习平台 StudIP、多媒体学习环境、PowerPoint 汇报、工作纸、PPT 模板、复印材料、网页链接列表
参考文献	略

2）职业教育学类课程

附表 4-7　德国不来梅大学“职业教育学”课程大纲

模块名称	职业教育学
代码	BP-1
课程	职业教育学导论 I
	职业教育学导论 II
学期	第 1、2 学期
模块负责人	* * *
导师	* * *
语言	德语
课程归属	电气电子技术、信息技术、汽车技术或机械技术职业性专业的职教师资

续附表 4-7

工作量（小时）		研讨课
	大学出席	60
	独立学习	60
	小组工作	30
	模块考试	30
	总计	180
学分	6 学分	
根据考试规章的前提	无	
所建议的前提	无	
模块目标 / 所追求的学习结果	• 职业教育学导向知识的获得：职业教育学问题及其教育科学论证下的加工策略知识 • 在职业教育学概念库中人类学的基本设想和知识再论证情况下的职业教育学论证知识（例如职业、教养 / 教育 / 发展——社会化、教养目标、教养手段、课堂指导、核心资格—能力、教学论和教学法、社会行动—行为） • 学科的发展历史和系统归类的概览，相关职业教育学和教育科学经典知识 • 历史局限性的理解和双元制职业教育的发展阶段及其发展视角（双元制职业教育的建立阶段（1870—1920 年）、双元制职业教育的巩固阶段（1920—1970 年）、双元制职业教育的扩建阶段（1970 年后）、职业教育的发展前景） • 国际背景下对德国职业教育归类，设计职业教育与培训的政治和文化维度下与其他资格传统的比较 • 相关法律基础的知识 • 在社会—经济和机构背景下，考虑教育与就业系统、劳动力市场关联的情况下对职业教育学问题的归类能力 • 考虑到社会化理论模型下职业教育学论证知识（发展与社会化、功能性和目的性的学习，社会化代理，社会心理学，互动理论，象征性交互主义，结构功能主义，角色理论） • 考虑到职业社会化方案下职业教育学论证知识，如职业、职业原则、职业性、认同发展和职业自我方案、职业社会化和个性结构 • 将课程开发和教育条例开发归类到双元制和教育联邦制背景中 • 在专业化、责任、模式和教师—学生互动维度背景下的教师和培训者的角色反思能力	

续附表 4-7

内容	• 系统与概念：教育体系和职业工作背景中的职业教育体系，基本概念和理论形成 • 国际比较中的历史发展；国际比较中的职业教育和资格化的起源和发展 • 法律和机构：职业教育法律基础，职业学校和教育培训事业中职业教育与教育立法和机构 • 职业化的教与学：在职业教育培训与继续教育中的教学过程 • 教育学的学校发展：评估和质量保障，在职业教育培训和职业继续教育中的专业化 • 职业教育研究：在涉及传统与当前研究问题的情况下关于职业教育研究的历史和系统化概览（运用案例）
学习效力 / 考试效力 / 考试形式	学习效力：起草学期伴随的学习日志 考试效力：计划和实施某一教学课程单元，起草一份 Handout 考试形式：口头和书面
媒体形式	黑板、计算机辅助的展示、挂图、粘贴板
参考文献	略

2）核心能力模块

附表 4-8 德国不来梅大学“核心能力模块”课程大纲

模块名称	核心能力模块
代码	SQ
课程	从大学的一般研究库中进行自由选择 两个限选领域是给定的： • 科学工作 • 与异质性学生的交流
学期	第 1~4 学期
模块负责人	根据各专业选定
语言	德语
学习形式 /SWS	所有教学形式都可能出现

续附表 4-8

工作量（小时）	270 小时
学分	9 学分
模块目标 / 所追求的学习结果	该课程是自由选择的，不对学习结果进行规定

4）硕士论文模块

附表 4-9 德国不来梅大学“硕士论文模块”课程大纲

模块名称	硕士论文	
代码	MA	
课程	科学工作，硕士论文伴随课	
学期	第 4 学期	
模块负责人	各职业性专业的代表	
导师	职业性专业的教师	
语言	德语	
课程归属	电气电子技术、信息技术、汽车技术或机械技术职业性专业的职教师资	
学习形式 /SWS	研讨课、独立工作	
工作量（小时）		研讨课、独立工作
	大学出席	15
	独立学习	405
	考试准备	30
	总计	450
学分	15 学分	
根据考试规章的前提	无	

续附表 4-9

所建议的前提	无
模块目标 / 所追求的学习结果	学生能够完成一篇符合科学水准的硕士论文；描述一个研究问题，选择与他们所定义的任务相应的适合的研究问题，对该问题能够进行科学化的论证
内容	• 问题和假设的提出与定义 • 在问题和假设基础上的科学论文的结构化 • 经验性和理论性研究方法的方案 • 调研结果及其资料归档的评价方案 • 对调研结果进行阐释的方案 • 得出结论的方案
学习效力 / 考试效力 / 考试形式	学习效力：参加伴随课 考试效力：硕士论文和答辩会 考试形式：书面工作和口头考试
参考文献	根据研究主题的各种专业书籍；略

附录 5 德国弗伦斯堡大学职业教育硕士专业课程

1. 德国弗伦斯堡大学劳动、技术与职业教育学院职教师资培养框架

附表 5-1 德国弗伦斯堡大学劳动、技术与职业教育学院职教师资培养框架

<table>
<tr><td colspan="4">预备期 18 ～ 24 个月（根据各州要求）</td></tr>
<tr><td>学期</td><td colspan="3">职业教育硕士 职业学校师资
毕业文凭：教育硕士（M. Ed.）</td></tr>
<tr><td>4</td><td colspan="3">硕士论文 15CP</td></tr>
<tr><td>3</td><td rowspan="3">职业性专业
电气电子技术 / 汽车技术 / 信息技术 / 机械技术……
18CP</td><td rowspan="3">普通教育专业
英语 / 数学 / 物理 / 经济 / 政治……
60CP</td><td rowspan="3">职业教育学
27CP</td></tr>
<tr><td>2</td></tr>
<tr><td>1</td></tr>
<tr><td colspan="4">学士或硕士毕业
机械技术、电气电子技术、汽车技术、信息技术或相近的大学专业</td></tr>
<tr><td colspan="4">职业和企业实践（至少 12 个月）或职业教育</td></tr>
</table>

该新模式采用学分制，并且只有硕士阶段。该阶段的课程主要也分为三部分，其中，职业性专业课程 18 学分，第二专业课程 60 学分，职业教育学类课程 27 学分。另外，硕士论文 15 学分。

1）职业性专业课程

总共 18 学分的职业性专业课程是在本科所获专业能力的基础上继续在专业和专业教学能力方面的深化和拓展学习，以“电气电子 / 机械技术”为例，尤其注意以下三个重点：一，生产与过程设备：该重点包含了涉及生产程序和生产设备、制造方法和制造过程方面的课程，如机器人技术、设备的构建、计算和维修等；二，房屋与楼宇设备：该重点涉及楼宇控制技术、供能技术和电气技术设备方面的课程，如楼宇设备的供能和网络化、暖气和通风技术、供能工业设备的设计、成本核算和构建等；三，服务与支持方面：该重点涉

及专业相关的服务与支持，如机械技术专业的机械加工方面的维修、诊断和维护的方法，车辆技术专业的设备故障诊断和维修，汽车服务中汽车部件的功能和设计知识。该部分的专业课程主要以综合项目的形式完成。

此外，职业性专业的职业/专业教学论课程也属于该部分的内容，如职业性专业相应职业领域的工作、技术和职业教育的关系和发展，职业科学实践研究和职业教育实践研究，学习地点和课程开发，职业性教育教学过程的分析与设计等。

2）职业教育学类课程

该类课程主要是为了获得在不同职业教育机构和系统中工作所需的职业教育学和教育科学方面的能力，如核心概念的区分、职业教育的结构和形式、职业教育体系的比较、对于现代职业教育教学具有重要意义的核心职业教育理论等,如职业教育理论、职业教学论理论、职业教育历史和国际比较等课程。

3）第二专业课程

由于该模式的学士阶段未涉及第二专业的学习，因此，第二专业课程的比例在硕士阶段的学习中占据了一半。该校可选的第二专业包含数学、经济/政治、物理和英语。

该模式的课程设置是在学士阶段专业科学学习的基础上，尤其对作为未来职教教师所需的专业综合项目、专业教学论课程、职业教育学类课程和第二专业课程进行了补充和深化。在分析德国职教师资培养课程时，首先必须注意到，德国大多是工程师学士+职业教育硕士的本硕叠加培养模式。

2. 电气电子技术职业性专业培养框架

德国职教师资完整的培养过程包括本科、硕士与预备期三个阶段。分析该模式的本科与硕士两个阶段的课程，包含本科阶段的工程性专业科学课程、硕士阶段的职业性专业科学课程、职业教育学类课程、普通教育专业科学课程。[1]

---

1 与我国的职教教师相比较而言，对我国具有可比性和启示性的内容在于其职业性专业科学课程和职业教育学类课程，而其他的课程，如工程性专业科学课程和普通教育专业科学课程，前者由各个国家的工程科学的教学决定，后者在我国职业教育中由普通师范毕业的教师承担，因此，在此暂不予研究。

1）（电气电子技术）职业性专业科学课程[2]

（1）能力目标

根据德国州文教部长联席会议决议，职教师资专业应当培养学生的专业方面和教育方面的专业化行动能力。职教教师需要具备这些广泛的职业行动能力来自我负责地胜任职业中的各项任务。因此，在职教师资的大学学习中，除了职业和教育方面的专业能力外，也尤其需要促进职教师范生必需的核心能力，如方法能力、社会能力和个人能力等。因为，职教教师广泛地促进职校学生的职业行动能力，这又属于他们自身的核心任务。

设计电气电子技术课程的目标是传授科学知识和职业实践。该课程就高等教育教学论来说是根据大学学习模块来进行结构化，在内容和方法上获取必需的专业能力和核心能力。职业性专业科学类课程的硕士阶段学习追寻一体化促进核心能力的目标。

大学中核心能力的促进在学分比重上大约占课程的10%。核心能力应当尽可能连续性地在大学学习过程中进行开发和获得，并且体现在不同的学习模块中，通过：

- 独立计划和实施研讨课汇报及撰写报告；
- 独立实施职业科学工作研究的参观；
- 实施和纪录职业教育实践研究；
- 实施和评价专业教学或者专业方向相关的项目；
- 起草研究相关或实践相关的项目报告和汇报材料；
- 独立书面加工和归档硕士论文；
- 其他。

通过有目的性的媒体运用，这些学习形式以特别的方式促进了职教师范生的方法能力、社会能力和个人能力。在高校、学校和校外背景下独立的信息获取和加工的能力、根据需求运用工作技术和方法的能力、在学生群体中高度的交流和合作意愿、自我负责行动的能力都属于需要培养的能

2 Berufsbildungsinstitut Arbeit und Technik der Universitaet Flensburg. Modulhandbuch für den Teilstudiengang Elektrotechnik im Studiengang Master of Vocational Education / Lehramt an beruflichen Schulen (gewerblich- technische Wissenschaften) der Universität Flensburg[R]. 2010.

力。此外，相应的学习效力也同样体现了核心能力的促进，例如，个人能力和自我学习能力也在此过程中得到发展和提升。

（2）课程模块与课程

附表 5–2 是职教师资电气电子技术职业性专业科学课程的具体模块。除了表中所涉及的职教师资培养中普通教育专业类课程以及职业教育学类课程外，职业性专业科学课程为 18CP。如果再加上限选模块和硕士毕业论文的话，共为 44CP（如果选择职业性专业方向撰写论文，硕士论文为 15CP），占总学分的 37%。

附表 5-2 德国弗伦斯堡大学职教师资电气电子技术职业性专业科学课程

学习计划——职业教育硕士（M.Ed.）								
学期	第 1 学期		第 2 学期		第 3 学期		第 4 学期	
上课	9CP		7CP		16CP		12CP	
课后	6CP		3CP		6CP（不含硕士论文）		3CP（不含硕士论文）	
电气电子技术——职业性专业								
分模块（LV）	ET1-1：电气电子技术职业领域中专业工作、技术和职业教育的发展	3	ET3-2：电气电子技术职业领域中教育培训和课堂设计	3	ET2-1：职业科学研究	3	ET3-1：电气电子技术职业性专业教学论	3
	ET1-2：电气电子技术职业领域中学习地点和课程开发	3	WP-ET2-1：专业项目 I	4	ET2-2：职业教育实践研究 II	3		
	WP-ET1：职业教育实践导入	3			WP-ET2-2：专业项目 II	4		
					ET4：职业性专业方面的硕士论文（含答辩）			15
模块	ET1：电气电子技术职业领域中劳动、技术和职业教育（6CP）； ET2：职业科学和职业教育实践研究（6CP）； ET3：职业教育过程的分析和设计（6CP）； ET4：电气电子技术职业性专业的硕士论文（含答辩）（15CP） （其中，实践研究：ET3-1（3CP）和 ET2-2（3CP）） 限选模块： WP-ET1：职业教育实践导入（3CP）； WP-ET2：电气电子技术职业性专业项目（8CP）							

2）职业教育学类课程[3]

（1）能力目标

同职业性专业科学课程的能力目标描述。

（2）课程模块与课程

附表 5-3 所示是职教师资职业教育学类课程的具体模块。除了表中涉及的职教师资培养中普通教育专业类课程以及职业性专业科学课程外，职业教育学类课程为 27CP。如果再加上限选模块和硕士毕业论文的话，共为 48CP（在选择职业教育学方向撰写论文的情况下，硕士论文为 15CP），占总学分的 40%。

附表 5-3 职教师资职业教育学类课程

<table>
<tr><td colspan="9">学习计划——职业教育硕士（M.Ed.）</td></tr>
<tr><td>学期</td><td colspan="2">第 1 学期</td><td colspan="2">第 2 学期</td><td colspan="2">第 3 学期</td><td colspan="2">第 4 学期</td></tr>
<tr><td>上课</td><td colspan="2">9CP</td><td colspan="2">9CP</td><td colspan="2">15CP</td><td colspan="2">15CP</td></tr>
<tr><td>课后</td><td colspan="2">6CP</td><td colspan="2">9CP</td><td colspan="2">9CP（不含硕士论文）</td><td colspan="2">6CP（不含硕士论文）</td></tr>
<tr><td colspan="9">职业教育学</td></tr>
<tr><td rowspan="4">分模块（LV）</td><td>BP1-1：职业教育理论</td><td>3</td><td>BP1-2：职业教学论理论</td><td>3</td><td>BP3-1：职业教育史</td><td>3</td><td>BP3-2：国际背景下的职业教育</td><td>3</td></tr>
<tr><td>BP2-1：教育学知识和行动的基本形式（专业化背景下的教育和教养）</td><td>3</td><td>BP2-2：教育、差别和社会不公：在差别和异质条件下的教育学行动</td><td>3</td><td>BP4-1：促进体系、工具和措施</td><td>3</td><td>BP4-2：个体促进</td><td>3</td></tr>
<tr><td>WP-BP1：职业教育学导论</td><td>3</td><td>BP1-3：职业教育实践研究Ⅰ</td><td>3</td><td>WP-BP2：职业教育学展望</td><td>3</td><td></td><td></td></tr>
<tr><td></td><td></td><td></td><td></td><td colspan="3">BP5：职业教育学方面的硕士论文（含答辩）</td><td>15</td></tr>
</table>

3 Berufsbildungsinstitut Arbeit und Technik der Universitaet Flensburg. Modulhandbuch für den Teilstudiengang Berufspädagogik im Studiengang Master of Vocational Education/Lehramt an beruflichen Schulen (gewerblich - technische Wissenschaften) der Universität Flensburg[R]. 2010.

续附表 5-3

模块	BP1：职业教育的理论与实践（9CP） BP2：教育科学基础（6CP） BP3：历史和国际背景下的职业教育（6CP） BP4：职业融合促进（6CP） BP5：职业教育学硕士论文（含答辩）（15CP） （其中，实践研究：BP1-3（3CP）） 限选模块： WP-BP1：职业教育学导论（3CP） WP-BP2：职业教育学展望（3CP）

3．电气电子技术职业性专业的特色课程及其大纲内容

附表 5-2 和附表 5-3 所列举的职业性专业科学课程和职业教育学类课程，总共包含如下课程模块和具体课程。

<u>电气电子技术职业性专业科学课程</u>

ET1：电气电子技术职业领域中劳动、技术和职业教育（6CP）

ET1-1：电气电子技术职业领域中专业工作、技术和职业教育的发展（3CP）

ET1-2：电气电子技术职业领域中学习地点和课程开发（3CP）

ET2：职业科学和职业教育实践研究（6CP）

ET2-1：职业科学研究（3CP）

ET2-2：职业教育实践研究 Ⅱ（3CP）

ET3：职业教育过程的分析和设计（6CP）

ET3-1：电气电子技术职业性专业教学论（3CP）

ET3-2：电气电子技术职业领域中教育培训和课堂设计（3CP）

ET4：电气电子技术职业性专业的硕士论文（含答辩）（15CP）

限选模块：

WP-ET1：职业教育实践导入（3CP）

WP-ET2：电气电子技术职业性专业项目（8CP）

WP-ET2-1：专业项目 Ⅰ（4CP）

WP-ET2-2：专业项目 Ⅱ（4CP）

职业教育学类课程

BP1：职业教育的理论与实践（9CP）

BP1-1：职业教育理论（3CP）

BP1-2：职业教学论理论（3CP）

BP1-3：职业教育实践研究Ⅰ（3CP）

BP2：教育科学基础（6CP）

BP2-1：教育学知识和行动的基本形式（专业化背景下的教育和教养）（3CP）

BP2-2：教育、差别和社会不公——在差别和异质条件下的教育学行动（3CP）

BP3：历史和国际背景下的职业教育（6CP）

BP3-1：职业教育史（3CP）

BP3-2：国际背景下的职业教育（3CP）

BP4：职业融合促进（6CP）

BP4-1：促进体系、工具和措施（3CP）

BP4-2：个体促进（3CP）

BP5：职业教育学硕士论文（含答辩）（15CP）

限选模块：

WP-BP1：职业教育学导入（3CP）

WP-BP2：职业教育学展望（3CP）

这些课程是针对职教师资培养的特色课程。以其中的“ET1：电气电子技术职业领域中劳动、技术和职业教育”和“BP1：职业教育的理论与实践”课程模块为例，展现课程大纲的结构和内容。

1）电气电子技术职业性专业科学类课程

附表 5-4 “ET1：电气电子技术职业领域中劳动、技术和职业教育”课程模块及大纲内容					
专业：职业教育硕士 / 职业学校师资 电气电子技术职业性专业科学类课程					
模块名称：电气电子技术职业领域中劳动、技术和职业教育 210211000					ET1
模块种类（必选 / 限选）	学分	周期	学时	工作量	时长
必选	6	每年（冬季学期）	4SWS	上课：60h 自习：120h	1 学期
模块负责人：* * *					
能力目标	• 学生能够加工电气电子技术职业领域中关于教育培训的基础性职业教学和专业教学问题 • 学生分析工作、技术和职业教育的发展和关联，反思电气电子职业的发展，认识电气电子职业的职业教育培训中不同学习地点的任务和功能，认识作为电气电子技术职业领域教育培训基础的相关规章制度的构成和意义及其产生结构 • 学生在有目的性的信息获取和加工的基础上独立地就某个主题进行汇报准备，通过适当的媒体运用直观展示结果				
内容	• 电气电子技术职业领域、工业和手工业电类职业概貌 • 电气电子技术职业领域中历史发展、现状发展和未来发展 • 电气电子技术职业领域中专业工作的产生和变迁 • 电气电子技术职业领域中技术、劳动组织和资格发展 • 电类职业中教育培训的基本教学要求 • 手工业和工业中企业培训的发展 • 职业教育的规章制度和法律基础 • 电类职业新规章和课程设计结构 • 教学计划理论和课程理论的思想和模型 • 学校和企业教育培训形式，双元制体系外职教专业的特点和继续教育的形式 • 电气电子技术职业领域的职业教育中不同学习地点的角色，各类机构的意义（行会、协会、社会伙伴、联合会等）				
参考文献	略				
模块运用	职业教育硕士 / 职教师资 电气电子技术职业性专业课程				
参与前提	无				
分模块					

续附表 5-4

标记	分模块名称	类型	学时	学分	学习效力	导师
ET1-1 210211100	电气电子技术职业领域中专业工作、技术和职业教育的发展	研讨课	2	3	定期参与、汇报	* * *
ET1-2 210211200	电气电子技术职业领域中学习地点和课程开发	研讨课	2	3	定期参与、汇报	* * *
模块考试（210211500）：书面撰写						

2）职业教育学类课程

附表 5-5 “BP1：职业教育的理论与实践”课程模块及大纲内容						
专业：职业教育硕士 / 职业学校师资 职业教育学类课程						
模块名称：职业教育的理论与实践 210201000						BP1
模块种类（必选 / 限选）	学分	周期	学时	工作量		时长
必选	9	每年	6SWS	上课：90h	自习：180h	2 学期
模块负责人：* * *						
能力目标	• 学生理解职业教育的思想历史； • 学生加工、反思和批判职业教育理论，通过适当的和有目标性的信息获取来深化学习，并且从不同的视角思考各种职业思想和方案； • 学生在学校与企业双元性的特殊角度下认识职业教育的机构，深入研究结构化的方面，如职业教育计划、职业教育法律和力量关系等； • 学生就学校活动来理解普通教学论的重要理论，并且通过共同的研讨在职业教育中运用这些理论； • 学生对行动导向和设计导向的学习理论以及学习领域方案进行批判性的反思； • 学生分析理论与实践知识之间的区别和共同作用； • 在该背景下，关于主题、目标、方法和媒体之间的相互关联将得到理清。通过这些背景知识，学生为他们未来作为职业教育计划者这样的角色所会涉及的工作任务做好准备；他们出于教学者的视角来认识当前德国体系中的职业学校，以系统化的方式来反思他们的经验。					

续附表 5-5

<table>
<tr><td>内容</td><td colspan="6">• 功利主义和新人文主义的教育学
• 经典职业教育理论：凯兴斯泰勒（Kerschensteiner）、施普兰格尔（Spranger）、费舍尔（Fischer）及他们的观点和自我批判观点
• 职业和普通教育的融合
• 新兴的职业教育理论
• 历史、系统和国际比较视角下的职业思想
• 社会、心理、经济和教育政策视角下的职业思想
• 职业教育的法律和机构
• 职业教育中的力量关系
• 职业教育计划的程序
• 企业和学校的双元性
• 与职业教学论相关联的普通教学论的重要理论</td></tr>
<tr><td>内容</td><td colspan="6">• 行动导向、设计导向和学习领域方案
• 在科学理论基础上的理论与实践知识
• 系统知识和经验知识
• 目标、主题、方法和媒体之间相关依赖的关联性</td></tr>
<tr><td>参考文献</td><td colspan="6">略</td></tr>
<tr><td>模块运用</td><td colspan="6">职业教育硕士 / 职教师资</td></tr>
<tr><td>参与前提</td><td colspan="6">无</td></tr>
<tr><td colspan="7">分模块：</td></tr>
<tr><td>标记</td><td>分模块名称</td><td>类型</td><td>学时</td><td>学分</td><td>学习效力</td><td>导师</td></tr>
<tr><td>BP1-1
210201100</td><td>职业教育理论</td><td>研讨课</td><td>2</td><td>3</td><td>汇报或书面论文</td><td>* * *</td></tr>
<tr><td>BP1-2
210201200</td><td>职业教学论理论</td><td>研讨课</td><td>2</td><td>3</td><td>汇报或书面论文</td><td>* * *</td></tr>
<tr><td>BP1-3
210201300</td><td>职业教育实践研究 I</td><td>研讨课、练习</td><td>2</td><td>3</td><td>书面论文（以实习报告的形式）</td><td>* * *</td></tr>
<tr><td colspan="7">模块考试（210201500）：关于分模块 BP1-1 和 BP1-2 内容的书面论文</td></tr>
<tr><td colspan="7">备注：BP1-3 实习要求见实习规章</td></tr>
</table>